Berichte vom Wiederaufbau der Frauenkirche zu Dresden

Konstruktion des Steinbaus und Integration der Ruine

universitätsverlag karlsruhe

Herausgegeben von

Fritz Wenzel

mit Beiträgen von

Christoph Frenzel

Bernd Frese

Gerhard Glaser

Lutz Graupner

Markus Hauer

Werner Hörenbaum

Wolfram Jäger

Ekkehard Karotke

Uwe Kind

Jörg Lauterbach

Jörg Peter

Hartmut Pliett

Walter Simon

Volker Stoll

Fritz Wenzel

und unter Mitarbeit von

Sandra Tisken

Im Seminar

Beim Quellenstudium

Inhalt

Zur Vortragsreihe

In den Jahren 1993 bis 2005 wurde in Dresden die Frauenkirche wieder aufgebaut. Am Ende der Bauzeit, von 2003 bis 2005, wurden in einer Vortragsreihe in Dresden und Karlsruhe die dabei gewonnenen Einsichten und Erfahrungen wiedergegeben und zur Diskussion gestellt. Teilnehmer an den Veranstaltungen waren Architekten und Ingenieure aus Büros und Baufirmen, aus Baubehörden und Denkmalämtern, aus Universitäten, Hochschulen und Ausbildungszentren, Studenten zweier Aufbaustudiengänge, Restauratoren, Poliere, nicht zuletzt auch interessierte Laien.

Die Referenten der Vortragsreihe waren alle unmittelbar und direkt am Wiederaufbau der Frauenkirche beteiligt. Ihnen waren beim Planungs- und Baugeschehen besondere Kenntnisse zugewachsen, sie waren sich angesichts der fachlichen Herausforderungen, die der Wiederaufbau in vielfältiger Weise mit sich brachte, auch persönlich nähergekommen, und so fanden sie sich unabhängig von Rang und Stellung zusammen, um das weiterzugeben und mit den Veranstaltungsteilnehmern zu diskutieren, was sie in den Jahren des Planens und Bauens an der Frauenkirche erdacht, getan und gelernt hatten. Insgesamt kamen 11 Seminartage informativer und ungeschönter Sachdarstellung, kritischen Hinterfragens und kollegialen Austausches zustande.

Moderiert wurden die Referate und Diskussionen von 3 Fachleuten mit Altbauerfahrung: Dipl.-Ing. Gotthard Voß, Architekt, Landeskonservator und Leiter des Landesamtes für Denkmalpflege in Sachsen-Anhalt i.R., Dr.-Ing. Jürgen Vogeley, Architekt, Professor und Leiter der Abteilung Baustoffe und Produkte an der Fakultät für Architektur der Universität Karlsruhe, Dr.-Ing. Ralph Egermann, Bauingenieur, Projektleiter und Geschäftsführer im BFB – Büro für Baukonstruktionen GmbH in Karlsruhe.

Der Bauherr, die Stiftung Frauenkirche Dresden, hat die Vortragsreihe begrüßt. Der Baudirektor der Stiftung, Eberhard Burger, hat den Wiederaufbau als eine Gratwanderung zwischen der Kenntnis und Anwendung alter handwerklicher Methoden und dem Gebrauch neuester Technik bezeichnet. Dass und wie die Referenten darüber berichteten – mit persönlichem Engagement, freiwillig und kostenlos, um der Sache willen – sei von besonderer Bedeutung, und die Stiftung sei dankbar dafür.

Zu diesem Buch

Das vorliegende Buch ist nicht als Konkurrenz zur Festschrift gedacht, welche zur Weihe der wieder aufgebauten Frauenkirche erschien und sich mit ihrem Untertitel „Werden, Wirkung, Wiederaufbau" vorrangig als umfassende Baumonografie und Dokumentation des Wiederaufbaus versteht [1]. Hier in diesem Buch, auch Seminarbuch genannt, stehen mehr die Schilderungen Einzelner im Vordergrund – der Projektleiter und Projektbearbeiter in der Planung und auf der Baustelle, der Gutachter und Ratgeber aus Universitäten und Firmen, der Prüfer und Überwacher von Konstruktion und Baufortschritt.

Die Vorträge und Diskussionen wurden in den Seminaren auf Band festgehalten. Die Referate können hier nur gekürzt wiedergegeben werden, aber die Diskussionen mit ihren kritischen Fragen und offenen Antworten sind in voller Länge abgedruckt, sie spiegeln die Atmosphäre der Seminarveranstaltungen wider und machen gut 40 % des Textes aus.

Das vorliegende Buch handelt vorwiegend vom Entwurf und von der Konstruktion des Steinbaus, dazu von der Integration der Ruine in den Wiederaufbau. Es berichten der Denkmalpfleger, der Architekt, der Vermesser, im Wesentlichen aber die Bauingenieure. Baudirektor Eberhard Burger merkte zu deren Rolle beim Wiederaufbau an, es sei sicher ungewöhnlich, dass zuerst die Bauingenieure beauftragt wurden [2] und dann erst der Architekt [3]. Aber es sei zunächst zu untersuchen und zu prüfen gewesen, ob eine Steinkonstruktion, deren Aufbau und Gefüge wieder dem Original folgt, den Anforderungen und Bedingungen der heutigen Zeit überhaupt standhalten konnte. Und was den Architektenpart angeht: Letztendlich sei der Erbauer des Originals, George Bähr, auch der Architekt der wieder aufgebauten Frauenkirche geblieben, wenngleich der Wiederaufbau umfangreichste zusätzliche Architektenplanung nötig gemacht habe (worüber mehr in Band 2 des Seminarbuches nachzulesen sein wird) [4]. An dieser Stelle sei angemerkt, dass als Baueingabepläne für den Wiederaufbau Kopien von Zeichnungen eingereicht wurden, die der Architekt Arno Kiesling 1957-59 vom Originalbauwerk des Baumeisters George Bähr angefertigt hat, unterschrieben von den heute verantwortlichen Bauingenieuren Fritz Wenzel und Wolfram Jäger.

Das vorliegende Buch ist kein Forschungsbericht, aber die Ergebnisse der Untersuchungen, die in den Universitäten, Forschungsinstituten, Materialprüfungsanstalten, von Privatgutachtern und an Trümmerberg und Baustelle durchgeführt wurden, haben in die Lösungen der Praxis, über die hier berichtet wird, Eingang gefunden. Das gilt auch für die Ergebnisse der von der Deutschen Bundesstiftung Umwelt geförderten Untersuchungen über umweltbedingte Schäden an den Resten des Originals und über Schutz vor Umweltbelastungen und Vorsorge vor Umweltschäden beim Wiederaufbau [5].

Das Buch ist – auch das sei vorweg gesagt – kein Fachbuch im eigentlichen Sinne. Es befasst sich mit Fachfragen des Wiederaufbaus, ja, aber es berichtet auch von den Schwierigkeiten und Auseinandersetzungen, die es gab, vom Suchen und Finden ungewöhnlicher und doch einfacher Lösungen, vom Vorgehen abseits der Normen, von der besonderen Verantwortung, die zu übernehmen war. Ein zentrales Thema, das sich durch alle Beiträge zieht, ist das Zusammenfinden von Alt und Neu, von Ruine und Neuaufbau. Schließlich ist auch von Erinnerungen, Begebenheiten und Begegnungen die Rede, die über das Fachliche hinausreichen, und von Menschen, die den Wiederaufbau der Frauenkirche betrieben und begleiteten. Insgesamt wurde versucht – das war schon bei den Seminaren der Fall und setzt sich hier im Buch fort – eine Sprache zu finden, die fachlich korrekt und gleichzeitig für den baufachlichen Laien verständlich ist.

Gerhard Glaser

Das Prinzip des archäologischen Wiederaufbaues der Frauenkirche und seine Grenzen

Der Architekt Gerhard Glaser war als Sächsischer Landeskonservator von Beginn an beim Wiederaufbau der Frauenkirche dabei. Ihm oblag die denkmalpflegerische Begleitung des Vorhabens, er hatte Sitz und Stimme in verschiedenen Fachkommissionen, war und ist Mitglied des Stiftungsrates. Für die Bauingenieure war er ein praxiserfahrener Ansprechpartner und Ratgeber, wenn es um die Suche nach denkmalgerechten Lösungen ingenieurtechnischer Fragen ging.

Der Bitte, in diesem Seminar etwas von dem zu sagen, was mich beim Wiederaufbau der Frauenkirche besonders beschäftigt hat, bin ich gern nachgekommen. Hier hat sich, was heute überhaupt nicht mehr selbstverständlich ist, eine Werkgemeinschaft gebildet, von den planenden Architekten und Ingenieuren bis hin zu den ausführenden Handwerkern. Innerhalb dieser Werkgemeinschaft habe ich mich als Denkmalpfleger besonders mit dem Prinzip des archäologischen Wiederaufbaus und seinen Grenzen beschäftigt.

Zunächst zur Klärung des Begriffes „archäologischer Wiederaufbau". Archäologie meint die Erforschung der Bau- und Kunstdenkmäler sowie der materiellen Kultur einer Zeit mit Hilfe von Ausgrabungen. So steht es im Fremdwörterbuch. Wir haben hier bei der Frauenkirche zwar auch ausgegraben, die Trümmerstücke untersucht und identifiziert, aber auf unser Tun passt eigentlich besser der Begriff der Anastylose. Anastylose meint das Wiederaufrichten zusammengestürzter historischer Bauwerke. In der Charta von Venedig aus dem Jahre 1964 ist von „Restaurierung" die Rede, dieses aber durchaus im Sinne eines Wiederaufbaues, wie wir ihn bei der Frauenkirche betreiben. In Artikel 9 heißt es, die Restaurierung sei eine Maßnahme, die Ausnahmecharakter behalten solle. Ihr Ziel sei es, die ästhetischen und historischen Werte des Denkmals zu bewahren und zu erschließen. Sie gründe sich auf die Respektierung des überlieferten Bestandes und auf authentische Dokumente. Sie finde dort ihre Grenze, wo die Hypothese beginnt. Wenn es aus ästhetischen oder technischen Gründen notwendig sei, etwas wieder herzustellen, von dem man nicht wisse, wie es ausgesehen hat, solle sich das ergänzende Werk von der bestehenden Komposition abheben und den Stempel unserer Zeit tragen. Zu einer Restaurierung gehörten vorbereitende und begleitende archäologische, kunst- und geschichtswissenschaftliche Untersuchungen. Soweit der Artikel 9.

Bei der Frauenkirche ging es darum, ein ganz außerordentliches Werk nicht nur substanziell zu bewahren, sondern auch seine Botschaft wieder zu erschließen. Baugeschichtlich gehört dazu das Erkennen, dass und wie der lutherische Kirchenbau in Europa mit diesem Prototyp der Predigtkirche in genialer Weise auf die im Lande vorhandenen Vorbilder zur Lastabtragung, nämlich die obersächsischen Hallenkirchen mit ihren nach innen einspringenden Scherwänden, zurückgegriffen hat. George Bähr hat sozusagen die Längswand gekrümmt, und so fanden bei der Frauenkirche die Scherwände innen an den Pfeilern zusammen.

ICOMOS, der Internationale Rat für Denkmale und Kulturstätten, hat auf seiner Regionaltagung in Dresden 1982 zum Thema „Wiederaufbau kriegszerstörter Baudenkmale" auf der Basis der Charta von Venedig die Erklärung von Dresden verabschiedet. In den Punkten 6 bis 8 heißt es, dem Interesse an der geistigen Aneignung der Denkmale sei vielfach der Wunsch entsprungen, über die Konservierung hinaus das Denkmal zugunsten seiner Aussage und Wirkung zu restaurieren. Art und Umfang der Restaurierung seien abhängig von der Bedeutung und den Eigenarten des Denkmals, vom Grad seiner Zerstörung und der ihm übertragenen kulturellen und politischen Rolle. Bei der Wiederherstellung von kriegszerstörten Denkmalen seien mannigfaltige methodische Möglichkeiten entwickelt worden. Die Vielfalt der Überlegungen reiche von der Konservierung von Ruinen als Mahnmale bis zur vollständigen Restaurierung eines Denkmals wegen seines Symbolwertes oder zur Wiederherstellung einer unverzichtbaren städtebaulichen Situation. Die vollständige Restaurierung von Denkmalen setze voraus, dass eine zuverlässige Dokumentation ihres Zustandes, wie er vor der Zerstörung bestand, ausgewertet werden kann. Bei der Restaurierung kriegszerstörter Denkmale sei besonders darauf zu achten, dass ihr geschichtlicher

Entwicklungsweg bis in die Gegenwart zurückverfolgt werden könne. Dazu gehört natürlich auch die Leidensgeschichte.

Die in beiden internationalen Verabredungen – der Charta von Venedig und der Erklärung von Dresden – geforderten Voraussetzungen für den Wiederaufbau sind bei der Frauenkirche in allerhöchstem Maße gegeben. Außerdem ist der Anteil der erhalten gebliebenen Originalsubstanz außen wie innen durchaus beträchtlich. Und mit historischen Quellen sind wir bei der Frauenkirche ausgestattet wie bei nahezu keinem anderen Bau, den ich hier im sächsischen Bereich kenne. Wir verfügen z.B. über sämtliche Rechnungen, sämtliche Begleitzettel von Sandsteinfuhren die Elbe abwärts, dieses sogar bei nur wenigen 100 g Farben. Wie durch ein Wunder hat sich das alles im Stadtarchiv Dresden, wo es ansonsten viele Kriegsverluste gab, erhalten. Mit der Auswertung dieser historischen Quellen waren mehrere Jahre lang die Kollegin Gitta Kristine Hennig und andere in unserem Denkmalamt befasst. Die Aussagen dieser Quellen sind in unmittelbare Beziehung zu den Beobachtungen am Bau gesetzt worden. Ein Mitarbeiter des Landesamtes, Torsten Remus, ist in den ersten Jahren ständig vor Ort

gewesen und ist den Beziehungen zwischen den Quellen und dem Befund sorgfältigst nachgegangen. Das eigentliche Denkmal ist – abgesehen von den Teilen, die substanziell übrig geblieben sind – natürlich verloren, aber die Beschäftigung mit den Quellen und den Befunden hat uns doch in die Lage versetzt, die Voraussetzungen für ein authentisches Bild des Denkmals zu schaffen. Jedes im Trümmerberg gefundene Stück wurde vom Bauarchäologen, vom Steinmetz und vom Architekten gemeinsam begutachtet: War es wiederverwendungsfähig, war es sinnvoll, es als Modell aufzuheben, weil es von seinem Zustand, seinen Rissen usw. nicht mehr instandgesetzt werden konnte? Jedes Stück wurde fotografiert, digitalisiert und am Ende, wenn es zweckmäßig erschien, auch gezeichnet. Dann wurde in die Fassaden eingetragen, welche originalen Teile noch eingefügt werden konnten. Das waren nicht wenige, auch wenn es jetzt beim Wiederaufbau aus bautechnischen Gründen nicht mehr ganz so viele wie beabsichtigt geworden sind.

Es gab nicht wenige, die die Ruine für das eigentliche Denkmal hielten, sie als das Mahnmal gegen Krieg und Zerstörung begriffen. Wir haben uns aber gefragt, ob die zweifellos starke von ihr ausgehende

Abb. 1   Mit der Frauenkirche hat das Stadtbild sein Gleichgewicht wiedergefunden

Wirkung nicht auch und gerade durch den horror vacui, die große Leere ringsherum, bedingt war. Wenn das gesamte Neumarktgebiet wieder bebaut sein würde, wäre dann das Mahnmal nicht geschrumpft zu einem Trümmerhaufen? Es war nie die Absicht derer, die den archäologischen Wiederaufbau von Anfang an vertreten haben, hier etwas zu schaffen, was sich schöner denn je gab, und die Leidensgeschichte dieses Baues, unseres Landes, unseres Volkes und Europas etwa wegzuwischen. Landesbischof Hempel hat dazu gesagt, man solle die Wunden nicht künstlich offen halten, aber indem man die Narben zeige, würde man sie auch nicht verschweigen. Gewiss, wir schaffen mit dem Wiederaufbau der Frauenkirche, aufs Ganze gesehen, ein Abbild des Denkmals. Aber nur durch dieses Abbild ist die Botschaft, die dieser Bau kirchengeschichtlich, baugeschichtlich, städtebaulich ausgesandt hat, überhaupt wieder zu erleben. Die Ruine sprach von Anklage und Leid, der Wiederaufbau spricht auch von Überwindung. Das war das Ziel.

Ein möglichst authentischer Wiederaufbau dient auch dem Städtebau: Durch die Wiedererrichtung der Frauenkirche wird das Zentrum Dresdens städtebaulich vervollkommnet, weil es durch die Spannung zwischen der Bündelung der Türme im Westen und dem Kontrapunkt Frauenkirche im Osten wieder sein Gleichgewicht erhält (Abb. 1).

Die Relativität des archäologischen Wiederaufbaues und damit seine Grenzen sind auch im Inneren der Kirche erfahrbar. Bei der Orgel steht hinter dem Prospekt ein anderes Werk als früher. Trotzdem wird der Prospekt rekonstruiert, weil er in der erhalten gebliebenen Apsis einen eher geringfügigen Umfang gegenüber der insgesamt dort erhaltenen originalen Substanz aufweist. So wurde entschieden, kein neues, modernes Gehäuse zu bauen, sondern den alten Prospekt im Sinne der künstlerischen Ganzheit des Chores zu rekonstruieren. Und was den Altar angeht, der, bei aller Beschädigung, als Original auf uns überkommen ist, so wird er trotz der Restaurierungsarbeiten, die an seinen Teilen stattfinden, als Original klar erkennbar bleiben.

Im Äußeren ist das Originale der Ruine und der eingesetzten dunklen Steine im ansonsten noch hellen Gesamtgehäuse sofort ablesbar. Das wird zusammenwachsen. Andere Spuren des Zusammensturzes werden bleiben. So gibt es im östlichen Teil der Nordwand nach wie vor die Schiefstellung der Außenwand, die durch den Einsturz der Kuppel hervorgerufen wurde. Wir haben auch nicht alle Risse beseitigt, sie zwar verfüllt, aber einige von ihnen außen erkennbar gelassen.

Ein besonders heikles Thema war das steinsichtige Dach über dem Choranbau. Wir mussten uns, um das Durchschlagen der Witterung ins Innere zu vermeiden, entschließen, etwas mehr davon abzutragen, als wir ursprünglich dachten. Wir kamen aber mit den Ingenieuren überein, doch einen Teil der unteren schwarzen Dachplatten am Rand der Apsis zu belassen, also auch hier wieder einen Kompromiss zu schließen, eine Einigung, die das witterungstechnisch Nötige mit dem denkmalpflegerisch Erhaltenswerten verbindet (Abb. 2).

Abb. 2   *Chorapsis mit altem Dachrand, Neubau mit eingesetzten Altsteinen*

Viele hundert Einzelteile des Altars lagen herum, wurden gesammelt und zunächst in Obstkisten gelagert. Unser junger Kollege Torsten Remus hat dann so in dem Bauwerk gelebt und auch mit jeder Einzelfigur gelebt, dass er, in ständiger Diskussion mit den Bildhauern und Steinrestauratoren, wesentliche Bruchstücke gefunden und ihren Ort identifiziert hat, und dann ging es beim Zusammensetzen des Altars immer weiter ins Kleinere und ins noch Kleinere und schließlich stand die Figur wieder beisammen. Die bauarchäologische Begleitung hat also ein hohes Maß an Authentizität für den Wiederaufbau bewirkt. Es ging ja letztlich um die innere Wahrheit des Ganzen, es ging darum, dieser inneren Wahrheit wieder möglichst nahe zu kommen.

Und dann stand in der Mitte des Kellers ein Pflock mit einem Nagel drin, und von diesem Pflock aus hat George Bähr, wie der Gärtner ein Rundbeet, offensichtlich erst mal den Kreis abschnüren lassen, und mit dem Meterstrich an den Untergeschosswänden hat er auch die Höhe festgelegt. Wir haben, mit Rötel markiert, schließlich auch die Festlegung der Hauptachsen in der Unterkirche gefunden. Der Pflock war mit Spolien der gotischen Frauenkirche, der Vorgängerkirche also, umlegt und damit geschützt. Das Ganze ist beim Wiederaufbau unberührt belassen worden (Abb. 3), darüber steht der neue Altarblock von Anish Kapoor.

Wir sind schon früh, bei der ersten Wiederaufbaukonferenz im Jahre 1991, zu der Überzeugung gekommen, dass die innere Wahrheit der alten Konstruktion respektiert werden muss, dass es nicht darum geht, die Kirche postkartengleich mit neuen konstruktiven Überlegungen zu erstellen, sondern „wie aus einem Stein", also als reinen Steinbau wieder zu errichten. Nach dem gleichen statisch-konstruktiven Verständnis und mit artgleichem Material. Bähr ist nie in den Ländern gewesen, in denen man Kuppeln baute, in Italien oder Frankreich, sondern diese Bauaufgabe war ihm von Amts wegen zugefallen, ohne die Möglichkeit, sich dort kundig zu machen. Dass die Eleganz des Baues auch den Hofarchitekten mit zu verdanken ist, das haben die neuen Forschungen ergeben. Das schmälert aber nicht die Leistung George Bährs, die ja nicht nur im Sinne des statisch-konstruktiven Grundkonzeptes liegt, sondern vor allen Dingen auch in der Gestaltung des Innenraumes. Wir können rückblickend sagen, dass dieses Prinzip der inneren Wahrheit und der Authentizität des Bildes wei-

testgehend gewahrt werden konnte, aber nicht gänzlich. Und darüber möchte ich jetzt noch sprechen.

Die Wiederverwendung aller geeigneten Steine aus dem Trümmerberg war postuliert. Aber wie war das bei der Kuppel? Es gab ein gewaltiges Stück ihrer Oberfläche, ein sogenanntes Großteil, fast 3 m breit und über 3 m hoch (Abb. 4). Wir wissen genau, von welcher Stelle es stammt, vom Kuppelbereich über dem nordwestlichen Treppenturm, etwas östlich davon, es hing auch noch ein Stück Rippe daran. Natürlich muss man das, haben wir zunächst gesagt, wieder in die Kuppel einfügen, denn es ist ja das einzige überhaupt im Zusammenhang vorhandene Kuppelstück. Aber hier musste doch der Homogenität des neuen Steinmauerwerkes, der Qualität der Fugen und der Wasserundurchlässigkeit Vorrang vor dem archäologischen Wiederaufbau gegeben werden. Es wäre nicht zu verantworten gewesen, wenn nach relativ kurzer Zeit ähnliche Reparaturen hätten vorgenommen werden müssen, wie zum Beispiel in den 20er und 30er Jahren an der Bedachung des Choranbaues. Also das ist eine echte statisch-konstruktiv-bauphysikalische Grenze, steinmörtel-fugentechnisch bedingt, an die wir hier stoßen, die aber das Prinzip des archäologischen Wiederaufbaues nicht grundsätzlich konterkariert. Dieses große alte Kuppelstück soll nahe der Kirche im Zusammenhang mit der Neugestaltung des Umfeldes stehen bleiben.

Der Konstruktionsaufbau des Kuppelanlaufes, also der steinsichtigen Bedachung des quadratischen Unterbaues, die zum Kuppeltambour hinführt, hat sich nicht bewährt, hat Regen und Feuchte in das Bauwerk durchgelassen. Aber wir hatten im Hinterkopf, dass die Frauenkirche der einzige Bau hier in unserem Bereich ist, der auf den Steinplatten keine Dachhaut besaß. An diesem Prinzip wollten wir festhalten. Wie diese Frage gelöst

Abb. 3   *Die Spolien, die den zentralen Pflock von George Bährs Kirche umlagerten, mit einem Schutzring versehen*

Abb. 4   *Das große Kuppelstück auf dem Trümmerberg vor dem Abheben*

wurde, mit einem dem alten Steinbau angepassten neuen Unterdach, auf dem durchgedrungenes Wasser ablaufen kann, erfahren Sie in diesem Seminar und Seminarbuch an anderer Stelle. In vielen Diskussionen zwischen dem Architekten Uwe Kind, dem Bauingenieur Fritz Wenzel und mir suchten wir nach einer Lösung, die dem Geiste des Baus, des Steinbaus, so nahe wie möglich kam. Wir glauben, dass uns das gelungen ist.

Was die Verglasung der Kirche angeht, so wurde die originale Konstruktion für sich allein nur für die Treppenhäuser nachgebaut. Bei den Fenstern, die zum Kirchraum liegen, stellt die nachgebaute originale Verglasung nur einen Wetterschutz dar, während aus bauphysikalischen Gründen innen Fenster mit Doppelverglasung versehen sind.

Darüber, dass die Konstruktion der Emporen nicht mehr wie früher aus Holz und später aus Holz und Stahlträgern besteht, sondern aus einem Stahlfachwerk, welches hinter der Verkleidung unsichtbar geführt wird, darüber wird Fritz Wenzel noch berichten. Hier spielte bei der Entscheidung auch die ungenügende Dokumentation der alten Konstruktion und ihr erkennbar zu geringes Tragvermögen eine Rolle. Tatsachen, die einer archäologischen Rekonstruktion Grenzen setzen. Und bleiben wir bei den Emporen: Die Sitzreihen konnten wegen ihres geringen Abstandes für die heute größeren Menschen nicht mehr so eng gebaut werden, wie ursprünglich. Das wäre nicht mehr zumutbar gewesen, wenn der wiederaufgebaute historische Bau von uns neu in Besitz genommen werden soll.

Etwas anderes: Nach erheblicher Diskussion konnten wir, die Vertreter des Landesamtes für Denkmalpflege, uns damit durchsetzen, dass die Chorschranken erhalten bzw. wieder aufgebaut werden und auf sie nicht im Interesse großer Musikaufführungen verzichtet wird; die Chorschranken sind ein konstitutives Element dieses Baues.

Und dann die Beleuchtung: Ursprünglich gab es nur die Kerzenbeleuchtung. Sie war am Gestühl angebracht und teilweise seitlich an den Pfeilern. Später war es eine Gasbeleuchtung. Heute ist die Beleuchtung elektrisch, im Wesentlichen verdeckt, mit wenigen Leuchten, die in die Kuppel gerichtet sind bzw. von oben den Raum beleuchten, dazu eine geringe Zahl von Beleuchtungskörpern unter den Emporen. Die Lichtplaner hatten erst viel, viel mehr konzipiert. Auch hier ist ein vernünftiger Kompromiss gefunden worden. Trotzdem werden noch Leuchter angeordnet, in denen bei besonderen Anlässen Kerzen angezündet werden können. Das hat

ja auch etwas mit dem Geist des Baues zu tun. Was die Kuppelausmalung angeht und die Ausmalung der Kirche überhaupt, so möchte ich hier auf andere Referate in diesem Seminar verweisen.

Es soll noch einmal von der Orgel und dem Altar die Rede sein. Ein Teil der Vertreter des Musiklebens hat gesagt, die Orgel, die über diesem erhaltenen, wenn auch stark restaurierten Altar zu stehen kommt, muss im Sinne des archäologischen Wiederaufbaus so wiederhergestellt werden, wie sie 1736 gebaut worden ist. Aber die Stiftung Frauenkirche konnte sich nicht dazu entschließen. Günter Ramin hat bei der Abnahme der letzten Erneuerung der Orgel 1942 ins Protokoll geschrieben, es sei nicht tunlich, dieses (damals vorhandene) Werk noch als Silbermannorgel zu bezeichnen. Sie war bereits 30 Jahre nach ihrer Erbauung nicht mehr so recht brauchbar. Nicht, weil sie von Silbermann schlecht gebaut worden wäre, sondern von ihrer Disposition her, und sie ist dann ständig verändert worden. Wenn wir den Bau neu in Besitz nehmen, für die heutige und künftige Zeit, dann müssen wir dafür sorgen, dass auch die Musik, die nach Bähr, nach Bach geschaffen worden ist, in diesem Raum zum Klingen gebracht werden kann. Deswegen eine neue Orgel. Hier wären wir sonst wirklich an Grenzen gestoßen.

Das trifft ähnlich für den Altar zu. Der Altar könnte natürlich im archäologischen Sinne mit den vernadelten Figuren, also als archäologisches Element, phantastisch in dem wiederaufgebauten Raum stehen, aber er hat eben auch eine geistliche Bestimmung. Jedes Denkmalschutzgesetz in Deutschland schreibt vor, dass die gottesdienstlichen Belange Vorrang haben. Der Pfarrer, der Bischof, die Kirchenleute haben darauf gedrungen, dass der Altar in seiner geistlichen Botschaft voll ablesbar bleibt. Und hier sind wir noch immer in der Diskussion um den Kompromiss, wo genau die Grenze zu finden ist. Das ist ein hochinteressantes Thema für sich. Wir nähern uns da an, aber es darf über der geistlichen Aussage, über der Ganzheit der geistlichen Aussage, nicht die Leidensgeschichte des Baues verloren gehen.

Ich möchte zusammenfassen: Wir haben es hier bei der Frauenkirche mit der Zurückgewinnung eines Monuments von identitätsstiftender Bedeutung zu tun, von höchster Symbolkraft, sowohl aus der Vergangenheit heraus als auch im Prozess der Wiedererrichtung. Wo ist denn auf der Welt in den letzten Jahrzehnten so etwas überhaupt möglich gewesen? Auch was die weltweite Unterstützung angeht! Das Ganze ist, das können wir heute wohl sagen, von großer Authentizität durch die nach archäologischen Grundsätzen wieder verwendete Originalsubstanz und die Abbildung der verlorenen Teile auf der Grundlage exzellenter Quellenlage. Die erneute Inbesitznahme der Frauenkirche am 30. Oktober 2005 geschieht aber durch uns Heutige, zum Nutzen heutiger und künftiger Lebensgestaltung. Der archäologische Wiederaufbau kann deshalb nicht allein der Vergangenheit verpflichtet sein.

Diskussion am 17.10.2003 in Dresden

Hartmut Pliett: Der Innenausbau, die innere Fassung, schreitet fort und nähert sich mehr und mehr dem Altar. Als ich sah, wie sich der Rohbau Schritt für Schritt entwickelte, hatte ich immer den Eindruck, dass das Gebäude eigentlich bei den Apsispfeilern eine Zäsur hat. Aber jetzt, da sich die neue Fassung dem Choranbau und dem Altar nähert: Gibt es da überhaupt noch Entscheidungsspielräume, die Zäsur zwischen Neu und Alt an der Apsis (Abb. 5) und am Altar erkennbar zu lassen?

Gerhard Glaser: Im Jahre 1991, als wir zum ersten Mal zusammen kamen, habe ich gesagt, vielleicht bleibt der Raum als Ganzes zunächst einmal leer, um auf diese Weise den horror vacui, der über zwei Generationen

Abb. 5   Blick in den Chor zur Bauzeit

in Dresden geherrscht hat, zu tradieren. Und man veranstaltet in dem leeren Raum etwas, in sehr vielfältiger Weise, auch künstlerische Installationen, wie man es heute nennt. Den Innenraum dagegen vollständig zu rekonstruieren erschien zwar möglich, aber wir dachten, unsere Generation wird das nicht mehr leisten, nicht einmal entscheiden können. Das war damals unser allgemeines Empfinden.

Nun ist es aus vielerlei Gründen sinnvoll gewesen, den Innenraum doch schon vollständig wiederherzustellen. Dabei ergab es sich zwangsläufig, dass der Raum einen sehr neuen, zwar barocken, aber doch neuen Eindruck vermittelt. Da ist es nun eine ästhetische Frage, ob ein versehrt belassener alter Bereich, wie die Apsis, dazu erträglich ist. Man hätte sich zu den Brüchen bekennen müssen und auch bekennen können.

Die für die gottesdienstlichen Belange Verantwortlichen waren anderer Meinung. Wir, die Denkmalpfleger, hatten zunächst vorgeschlagen, das Architekturgrundgerüst des Altars weitgehend wieder herzustellen, aber die Figuren versehrt zu lassen. Ich spreche jetzt zunächst einmal nur vom Plastischen, noch nicht von der Farbfassung. Die Geistlichkeit hat gesagt, dass gerade bei den Figuren die Zusammenhänge zwischen Alttestamentlichem und Neutestamentlichem sehr wichtig seien – Aron und Moses, Paulus und Philippus, die Ölbergszene. Das Hadern mit Gott und der Engel, der verloren gegangen war, weil aus Holz und Stuck hergestellt, seien unverzichtbar. Wenn aber der Engel jetzt neu hergestellt wird, dann kann er ja nicht auf irgendeine beliebige Art und Weise – auf welche? – versehrt hergestellt werden, also daraus die Folge, dass die anderen Figuren auch weiter ergänzt werden müssen. So dass es also nun weitgehend zu einer plastischen Ergänzung gekommen ist, mit Ausnahme der unteren Zone. Der Altartisch selbst bleibt so versehrt, wie er ist. Wenn man aus der Ferne schaut, sieht man diese offene Wunde nicht, aber wenn man sich ihr nähert, kann man sie durchaus wahrnehmen.

Die farbige Fassung des Altars bleibt, nach gegenwärtiger Überlegung, wesentlich zurückgenommener, als das sonst in einer Kirche der Fall wäre. Ich bin überzeugt, wir werden uns hier noch einigen können. Und mein Ziel ist auch noch – ich hoffe, damit durchzukommen – ganz fein alle Bruchstellen zu markieren. Also damit ich, wenn ich unmittelbar davorstehe, sehe, dass der Paulus aus 120 Einzelteilen wieder zusammengesetzt ist. Es wird also aus der Ferne eine Ganzheitserscheinung bis zu einem gewissen Grad auch in der Farbigkeit geben, aus der Nähe noch erlebbar sein. Was wir miteinander abwägen und dann beschließen, geschieht in einem Prozess, und es ist nicht nur der Denkmalpfleger, der an einem solchen Bau das Sagen hat.

Eberhard Alscher: Meine erste Frage bezieht sich auf Ihre Bemerkung, dass die gottesdienstlichen Belange bei der Fassung und Ausstattung der Kirche Vorrang haben. Das bedeutet ja auch, dass der eigentliche Nutzer, die Kirche selbst, Vorrang hat. Aber ich weiß aus DDR-Zeiten noch, dass die Frauenkirche auch deshalb nicht aufgebaut wurde, weil es keine Gemeinde gab. Und ich weiß aus der Diskussion über den Wiederaufbau, dass die Evangelische Kirche ziemlich als Letzte mitgesprochen hat, als Nutzer. Ist da eine neue Position oder eine neue Situation entstanden?

Gerhard Glaser: Der kultur- und identitätsbewussten Öffentlichkeit hat der Wiederaufbau der Frauenkirche von 1945 an vor Augen gestanden. Das zeigen alle Protokolle der ersten Bergungs- und Wiederaufbausitzungen. 1947 hat die Synode der Landeskirche den Wiederaufbau beschlossen. Dann kam eine politische Entwicklung bis hin fast zum Kirchenkampf. Die war nicht förderlich. Als ich meinen Antrittsbesuch als neuer Chefkonservator beim Präsidenten der Landeskirche machte, das war 1982, habe ich das Thema Frauenkirche auch angeschnitten. Mitglieder des Kulturbundes hatten gerade angefangen, Teile zu beräumen, soweit, dass man wieder in einige Keller hereinkommen konnte. Und ich habe vorgeschlagen, diese Räume zu nutzen, sei es für Ausstellungen oder vielleicht auch für Gottesdienste. Obwohl sich die Lage wesentlich entspannt hatte, habe ich aber gemerkt, dass die Leitung der Landeskirche von diesem Thema sehr weit entfernt war. Natürlich gab es keine Gemeinde, das ist klar. Und die künftige Frauenkirche wird auch allenfalls eine Personalgemeinde, dann allerdings eine weltweite Personalgemeinde haben, wie der Meißner Dom zum Beispiel und viele andere Kirchen. Die Landeskirche und die Pfarrer im Lande haben natürlich auch einen Prozess durchlebt. Zur gleichen Zeit, als wir hier mit den statisch-konstruktiven Kollegen im Landesamt für Denkmalpflege tagten, das war 1991, tagten alle Bauchefs der deutschen Landeskirchen und verfassten eine Resolution gegen den Wiederaufbau. Der Präsident unserer Landeskirche saß aber mit im Landesamt für Denkmalpflege in der Diskussion um die konstruktiven Möglichkeiten des Wiederaufbaus. Es hat dann eine umfängliche innerkirchliche Diskussion gegeben, aber auch einen neuen Synodenbeschluss mit reichlicher Zweidrittelmehrheit für den Wiederaufbau der Frauenkirche, unter der Einschränkung, dass die Landeskirche die finanzielle Last nicht tragen kann. Konnte sie auch nicht, und deswegen ist ja die Stiftung, wie Sie wissen, zustande gekommen. Schon im Ruf aus Dresden [6] und dann auch in den Leitlinien, die der Stiftungsrat verfasst hat, steht, dass die wiederaufgebaute

Frauenkirche ein Ort des Gottesdienstes, der Kirchenmusik und – ich sage es jetzt mal mit meinen Worten – all solcher Veranstaltungen werden solle, die der Würde dieses Ortes gemäß sind. Also durchaus eine Art Kongresszentrum, wenn Sie so wollen. Aber dennoch, dieses ist eine Kirche, ein Gotteshaus gewesen, so dass ich es persönlich schon für gerechtfertigt halte, dass man die Gemälde wieder bringt und auch die Chorschranken. Da hätte natürlich Herr Professor Güttler es viel lieber gesehen, wenn die Chorschranken nicht gekommen wären, dann hätte man leichter Podeste für ein großes Konzert aufbauen können. Aber wir haben uns dann anders geeinigt. Das auch deshalb, weil wir uns alle dem Geist dieses Bauwerkes verpflichtet fühlten. Wir haben dann eben die vorderen beiden Sitzreihen demontierbar gemacht, so dass auch ein größerer Platz für das Orchester geschaffen werden kann.

Eberhard Alscher: Es gibt ja nicht nur die gottesdienstliche Nutzung, sondern – Sie sprachen davon – auch die neue säkulare Nutzung. Ist in der ganzen Diskussion um die Ausmalung auch überlegt worden, die Kuppelmalereien als moderne Gemälde auszubilden?

Gerhard Glaser: Die Frage einer modernen Ausmalung ist auch diskutiert worden. Man könnte ja sagen, dann sieht man bzw. dann sieht die Nachwelt, zu welcher Zeit dieses Wiederaufbauwerk zustande gebracht worden ist. Das haben wir im Stiftungsrat erörtert. Wir haben aber entschieden, dass es die Unterkirche sein soll, die für Veranstaltungen vieler Art geschaffen wurde. Dort ist inzwischen ja auch die zeitgenössische Kunst bereits zu ihrem Platz gekommen durch den Berliner Bildhauer Michael Schönholz. In der Unterkirche, die es in dieser Form ja ohnehin früher nicht gab – das waren alles Grablegen – kann ich ablesen, am dargestellten künstlerischen Werk und am Ausdruck der aus gesägtem Sandstein ergänzten Wand- und Gewölbepartien, wann dieses Wiederaufbauwerk vollbracht worden ist. Für die eigentliche Kirche oben haben sich alle an der Entscheidung Beteiligten dann doch für die Wiederherstellung in Gänze entschieden. Wir haben das auch getan, weil wir über die handwerklichen, kunsthandwerklichen und künstlerischen Potenzen im Lande verfügen, die dieses Werk möglich machen.

Ingrid Rommel: Wir haben jetzt das Bild vor uns, dass Stehengebliebenes und Wiedereingefügtes aus dem schwarz patinierten Stein besteht und die neu aufgebauten Teile aus hellem, frisch gebrochenem Elbsandstein. Irgendwann wird dieses Bild ja einmal verschwinden. Die Steine wurden ja nicht konserviert oder

so behandelt, dass sie dieses Bild auf lange Zeit sichtbar lassen. Gibt es ein Konzept, diese Differenzierung
zu erhalten, oder soll beides bewusst im Laufe der Zeit
zusammenwachsen?

Gerhard Glaser: Das ist ein vieldiskutiertes Thema,
welches Sie angeschnitten haben. Für die nächsten
Generationen wird, hoffentlich, der zweite Weltkrieg so
weit entrückt sein, dass die Mahnung gegen den Krieg
aus einem Farbkontrast der alten und der neugebro-
chenen Steine nicht mehr so elementar wahrgenommen
wird (und wahrgenommen werden muss) wie heute. Bis
dahin ist die Kirche zusammengewachsen. Aber weil sie
zusammenwachsen wird, haben wir Zeichen, die nicht
vergehen werden, wie die schiefstehende Nordwand
(Abb. 6, 7), oder der Riss im Chorvorbau, bewusst belassen. Natürlich wurde er konstruktiv geschlossen, aber
ästhetisch bleibt er erkennbar und damit offen. Auch
der leicht nach vorn gekippte Treppenturm Nordwest
springt gegenüber dem anschließenden Mauerwerk vor,
das kann jeder sehen, wenn er denn sehen will. Also das
Geschehen der Zerstörung, welches jetzt noch unmittelbar ablesbar ist, wird am Bau ein Stück zurücktreten,
denn der neu eingesetzte Stein wird dunkel, es liegt in
seiner Natur, seinen Eisenanteilen. Aber ganz verloren
gehen wird es nicht. Das heißt, wir haben nicht vor,

etwas künstlich zu erhalten, sondern das Leben auch
hier weitergehen zu lassen. Wir sehen dieses auch als ein
Zeichen von Überwindung.

Fritz Wenzel: Über das, was Ingrid Rommel und
Gerhard Glaser gesagt haben, habe ich mir viele Gedanken gemacht. Ich denke, was da passiert, das ist eigentlich
ein Geschenk für uns, die Schwärze der Ruine, das ist
ja kein Umweltschmutz, das sind die ferritischen Teile
des Postaer Sandsteins, die an die Oberfläche kommen,
oxidieren und die schwarze Farbe hinterlassen. Natürlich ist die Botschaft der Ruine jetzt nicht mehr derart
intensiv, wie sie es war, als die Ruine für sich allein stand,
aber im Wiederaufbau ist sie immer noch erkennbar.
Das heißt aber, dass für die ältere Generation, für meine
Generation, die das Kriegsgeschehen noch miterlebt
hat, dieses Denkmal nicht ganz verloren geht, auch in
nächster Zeit nicht. Das ist uns wichtig. Aber für die
jüngere Generation, in 20 bis 30 Jahren, da sind die neu-
gebrochenen Steine auch dunkel geworden und für sie
wächst Alt und Neu farblich zu einer Kirche zusammen.
So wird, trotz der Einweihungsfeier am 30. Oktober
2005, die Frauenkirche nicht fertig sein, Gott sei Dank.
Kirche ist nie fertig. So viel zum Äußeren.

Was das Innere angeht, so fehlt mir dort ein nicht auf-
dringliches, aber doch erkennbares Zeichen, was denn
einmal Ruine war und was als Neubau dazukam. Wenn
eine einheitliche Raumfassung über alles hinweggeht,
dann ist diese Unterscheidung nicht mehr da.

Gerhard Glaser: Die Kapitelle an den stehengebliebenen Apsispfeilern sollen so bleiben, wie sie jetzt
sind, sollen nicht restauriert werden. Aber Sie haben
recht, von selbst sieht man nicht, dass sie alt sind, man
muss darauf hingewiesen werden.

Fritz Wenzel: Ich habe einmal den Vorschlag
gemacht, die Apsispfeiler in ihrem damals noch unver-
putzten Zustand noch 20 bis 30 Jahre stehen zu lassen,
so dass der Ort des Zusammenfindens von Alt und Neu
als Zeugnis glücklicher Überwindung von Leid und
Not und Zerstörung auch im Inneren noch eine Weile
erkennbar geblieben wäre. Und wenn dann später die
Kirche außen farblich zusammengewachsen war, hätte
die fehlende Marmorierung auf die alten Pfeiler immer
noch aufgetragen und auf die innere Zäsur zwischen
Alt und Neu auch verzichtet werden können. Aber es
ist schon so, wie Gerhard Glaser sagte, solche Gedanken wurden diskutiert, fanden dann aber doch keinen
Anklang.

Abb. 6   Die schiefstehende Nordwand vor der Integration

Abb. 7   Die schiefstehende Nordwand nach der Integration

Zum Referat von Wolfram Jäger

Die archäologische Enttrümmerung:
Verfahren und Vorgehensweise

Wolfram Jäger hat als Bauingenieur zusammen mit seinem Ingenieurbüro in Radebeul die nicht alltägliche Aufgabe übertragen bekommen, das behutsame Abtragen des Trümmerberges der Frauenkirche und das Bergen der wiederverwendbaren und bewahrenswerten Fragmente zu planen, die Ausschreibung dafür anzufertigen und die Arbeiten dann begleitend zu betreuen und zu überwachen.

Das Thema „Archäologische Enttrümmerung" ist ein sehr umfängliches. Es konnte von W. Jäger im Referat am 12.9.2003 nur verkürzt abgehandelt werden. Die nachfolgende, noch weiter verkürzte Zusammenfassung wurde vom Herausgeber anhand des Vortragsmitschnittes erstellt. Eine mehr detaillierte Darstellung von W. Jäger selbst findet sich in „Die Frauenkirche zu Dresden. Werden, Wirkung, Wiederaufbau" [1] auf Seite 225 – 234.

Wolfram Jäger begann sein Referat mit dem Hinweis, dass der Begriff des archäologischen Wiederaufbaus

der Frauenkirche vom Dresdner Denkmalpfleger Hans Nadler geprägt wurde. Mit dem in diesem Begriff enthaltenen Anspruch ließen sich die Reste des Bauwerkes im Trümmerberg über viele Jahre und Jahrzehnte bewahren (siehe dazu auch S. 142). In dieser Zeit haben sich die Ruine und ihr Umfeld durchaus verändert. Abb. 1 zeigt den Trümmerberg und den eingerüsteten Chor vor Beginn der Beräumung. Abb. 2 zeigt eine Teilsituation, wie sie im Jahre 1991 bestand: Der Nordwesteckturm war eingerüstet und wurde gesichert, die benachbarte Ruinenwand war abgestützt. Im Herbst des gleichen Jahres

Abb. 1   Trümmerberg und eingerüsteter Chor 1992

Abb. 2   Eingerüsteter Treppenturm im Nordwesten und abgestütze Wand im Norden vor der Enttrümmerung 1991

hat W. Jäger seine Vorstellungen, wie solch eine archäologische Enttrümmerung vor sich gehen könnte, dem Landeskirchenamt vorgetragen. Als sein Ingenieurbüro dann den Auftrag für die Planung der Enttrümmerung auf archäologischer Basis erhielt, musste es sich erst einmal mit den Arbeitsweisen der Archäologie auseinandersetzen. Eines wurde da schon deutlich: Die Archäologen graben in der Regel im Sommer und werten im Winter aus. Soviel Zeit gab es bei der Frauenkirche nicht. Also war klar, dass hier auf besondere technische Methoden zurückgriffen werden musste und nicht einfach den eingespielten Regeln der Archäologie gefolgt werden konnte. Trotzdem war das Wissen, wie die Archäologen vorgehen, wichtig. Dazu kam aber gleich die Erkenntnis, dass auch Vorgehensweisen und Methoden der Informatik benötigt werden würden. Was für Möglichkeiten gab es damals, den Ablauf zu automatisieren, wie konnte man mit modernen technischen Mitteln an die Aufgabe herangehen? Den Vertragsrahmen, also den Rechtsrahmen, sollte die Honorarordnung für Architekten und Ingenieure, die sogenannte HOAI, bilden.

Zu Beginn stellte sich das Büro Jäger die Frage, wie die Fundstücke, die von archäologischem und planerischem Interesse für den Wiederaufbau und Wiedereinbau waren und die verstreut auf und in dem Trümmerberg lagen, zu identifizieren und wieder dem Bauwerk zuzuordnen wären. Und in welcher Zeit das möglich wäre. Es wurden dann vom Trümmerberg sechs Fundstücke herausgesucht, ziemlich willkürlich, und es wurde überlegt, wie sie sich identifizieren ließen, wie ihr originaler Platz im Bauwerk gefunden werden konnte. Es wurden für jedes Fundstück Stunden gebraucht, und so hat man festgestellt, dass die Identifikation zwar unter Mühen zu leisten war, es aber erst einmal darauf ankam, alle Quellen und Materialien, die es über die Frauenkirche gab, eingehend kennenzulernen. Hier war die Fotodokumentation des Landeskirchenamtes, insbesondere der Schäden und Reparaturen in den 20er und 30er Jahren des vergangenen Jahrhunderts, eine wertvolle Hilfe. Zwischenerkenntnis: Eine archäologische Enttrümmerung war möglich, allerdings war die Geschwindigkeit wesentlich zu erhöhen. Wie konnte das geschehen?

Das Büro Jäger hat die Plangrundlagen zusammengestellt und versucht, den Trümmerberg und seine Dichte einzuschätzen. Es wurden Schnitte und Grundrisse angefertigt und in etwa die Trümmerverteilung aufgezeichnet, um einen Ausgangspunkt für die Arbeiten zu haben. Die Kollegen sind auch in die Keller hineingekrochen und haben dort die Schäden aufgenommen, nicht nur bei den Steinen, sondern auch beim Holzwerk,

welches durch Pilze zerstört war; auch die Schäden aus der Hitze des Brandes wurden von ihnen dokumentiert. Sie fanden Kristallisationen von Salzen, Flecken der verschiedensten Art, dazu weitere Schadenszeichen. Das alles wurde aufgenommen und in Pläne gezeichnet. Auch ging es um die Standsicherheit der Ruinenteile, wenn die Arbeiter dort ihr Werk verrichteten. Wo gab es Risse, was bedeuteten sie, was passiert, wenn der Schutt weggenommen wird, wenn die Auflasten nicht mehr da sind? Es ging also um eine genauere Erfassung des Ist-Zustandes, um die Erfassung der Geometrie des Trümmerberges, nicht zuletzt auch, um für die anstehenden Auftragserteilungen und Abrechnungen entsprechende Grundlagen zu bekommen. Der Einsturzhergang musste analysiert werden, damit man es bei der Identifikation der Trümmerteile leichter hatte und eine Zuordnung vornehmen konnte. Es war festzustellen, welche Veränderungen im Laufe der Zeit am Trümmerberg vorgekommen sind bzw. vorgenommen worden waren. Was ist seinerzeit passiert, gleich nach dem Krieg, als Arno Kiesling und Walter Henn begannen, eine erste Enttrümmerung vorzunehmen? Da gab es einzelne, steinmetzmäßig bearbeitete Fundstücke, die numeriert und abgelegt worden sind, bis dieser erste Versuch einer ordnungsgemäßen Enttrümmerung dann abgebrochen werden musste. Zu kümmern hatte sich das Büro Jäger auch um die im Laufe der Zeit entstandenen Verluste: Welche Steine sind weggenommen, für Kaimauern verwendet worden usw.? Was passierte alles in der Zeit, bevor die Ruine ringsherum mit der Rosenhecke versehen war und schließlich als Mahnmal liegen blieb?

W. Jäger und seine Mitarbeiter fanden heraus, wie der Einsturz der Frauenkirche vor sich gegangen ist. Sie erkannten, dass der südöstliche Pfeiler zuerst versagt haben musste, sich die Kuppel dann nach Südosten gesenkt hat, danach die anderen Pfeiler überlastet wurden und ebenfalls geborsten sind. Die Kuppel hat sich gedreht und ist nach unten gefallen. Mit diesem Wissen ließen sich die Fundstücke besser zuordnen und identifizieren.

Es musste auch die Standsicherheit der verschütteten Ruinenteile eingeschätzt werden. Es wurden Deformationsmessungen durchgeführt und versucht, auch die thermischen Bewegungen zu erfassen. Man bekam es mit Messungenauigkeiten durch die Witterungseinflüsse zu tun. Und es war Sorge dafür zu tragen, dass, wenn die Trümmer weggenommen wurden, nicht der ganze Nordwest-Eckturm umfiel. Der war zwar oberhalb der Ruine gesichert, aber über die genaue Situation darunter wusste damals niemand so recht Bescheid. Die Standsicherheit musste aber gewährleistet sein, während der ganzen Zeit, also beim Herunternehmen der Steine vom Trümmerberg, und natürlich auch am Ende, wenn die Ruine ausgeräumt war. Man hatte nach besonderen Fundstücken Ausschau zu halten, nach zusammenhängenden Großteilen zum Beispiel. Sie waren zu orten, zu identifizieren, und dann musste geklärt werden, wie sie geborgen werden konnten, ob sie eventuell wieder eingebaut werden konnten, so dass man sie für einen solchen Wiedereinbau vorhalten musste. Es gab Fundstücke mit zum Teil sehr abgerundeten Ecken, also solche, die als Formsteine keine Anwendung mehr finden konnten – eine Einschätzung, die ihnen von vornherein mit auf ihren weiteren Weg zu geben war. Und es ging um den Grad der Schädigungen: Waren die Steine durch den Einsturz geschädigt, waren sie brandgeschädigt, oder was noch? Irgendwann – so Wolfram Jäger – tauchte schließlich auch die Frage auf, ob die akribische Freilegung der einzelnen Steine im Hinblick auf eine Wiederverwendung überhaupt einen Sinn machte.

Dann war zu klären, welche wesentlichen Schritte bei der Beräumung getan werden mussten, wie sich der Ist-Zustand in einer ersten Ansprache dokumentieren ließ, wie der Befund festgehalten werden konnte, und mit welcher Grabungsmethode man vorzugehen hatte. Ein schichtweiser Abtrag bot sich an, und eine fortlaufende Dokumentation der Befunde. Aber das Problem war, dass man hier nicht, wie es in der klassischen Archäologie geschieht, nach dem Abtragen einer Schicht warten und auswerten konnte, was man gefunden hatte, um erst dann weiter abzutragen. Manchmal – so W. Jäger im Referat – schien der Abtrag ganz schön durcheinander geraten zu sein, aber in Wirklichkeit sei alles geordnet und nachvollziehbar vor sich gegangen.

Es stellten sich andere Fragen: Wie sollte die Kennzeichnung der Fundstücke erfolgen, wie die Informationsaufnahme, wie das Kerndatenblatt für die Fundkartierung aussehen, wie eine schonende Bergung vor sich gehen? Wie weit konnte Technik eingesetzt werden? Musste eine Zwischenlagerung vorgenommen werden? Die Funde wurden in solche ganz besonderer Art, in steinerne Fundstücke aus der Fassade und in Stücke aus dem Innenraum eingeteilt. Dann gab es die Grundstücke aus der Hintermauerung, bei denen aber keine Aufnahme des Fundortes und keine Identifizierung gemacht werden musste, sondern die nur geborgen und zur späteren Wiederverwendung abgelagert wurden.

Es waren die technischen Randbedingungen für einen Kraneinsatz zu definieren und die Zahl der Arbeitskräfte, die man zur Bergung von Fundstücken benötigte, abzu-

schätzen. Welcherart Arbeitskräfte, mit welchen Kenntnissen? Auch dieses letztendlich wieder unter dem Gesichtspunkt, zu einer Kostenschätzung zu kommen und Preisvorstellungen zu gewinnen. Auch mussten Vorschläge unterbreitet werden für die Katalogisierung und Lagerhaltung, so dass man am Ende alles wiederfinden konnte.

Platz zum maßstäblichen Auslegen der Fundstücke und Fassadenflächen war nicht vorhanden, also hat sich das Büro Jäger für die EDV entschieden, jedem Fundstück einen sogenannten Index gegeben, über den man in der Datenbank Informationen finden konnte, wie sonst durch Hingehen zum Regal, in dem das Fundstück gelagert war. Dann wurden die Fundstücke in die Fassadenzeichnungen eingetragen und die inneren Funde ebenfalls in Planunterlagen.

Wie konnte die Baustelle während der Enttrümmerung zugänglich bleiben? Und was wäre passiert, wenn in ein oder zwei Jahren der Wiederaufbau des Neumarktes begonnen hätte? Aus diesem Grunde ist man mit den Funden auf öffentliche Flächen gegangen bzw. auf Flächen, auf welche die Stadt den Zugriff hatte. Die privaten Grundstücke wurden frei gelassen. Es ergab sich auch, dass verschiedene Funde durchaus auf entfernteren Lagerplätzen abgelagert werden konnten, auf dem Heller oder direkt an der Elbe. Vorüberlegungen waren auch nötig, wie mit sterblichen Überresten, die eventuell gefunden werden konnten, umzugehen war, oder mit Gräbern in den verschütteten Bereichen.

Baurechtliche Aspekte waren abzuklären, die Planung zur Genehmigung einzureichen und die Träger öffentlicher Belange, die Ämter also, zu hören.

Dann war eine Kostenschätzung über das Ganze durchzuführen. Woher Angaben finden, wie viel das alles kostet? Welcher Technikeinsatz war erforderlich, was kostete er? Man ist damals auf eine Gesamtsumme für die Enttrümmerung von 7 bis 8 Millionen DM gekommen. Am Ende ist es dann doch mehr geworden, es blieb aber einigermaßen in der Größenordnung. Man muss immer bedenken, dass Erfahrungswerte ja überhaupt nicht vorlagen.

Plötzlich – so W. Jäger – ging auch das Gespenst des Steinzerfalls um, weswegen mit Professor Bock ein bekannter Mikrobiologe aus Hamburg geholt wurde. Der sei dann doch einigermaßen enttäuscht gewesen, als er feststellen musste, dass der Postaer Sandstein nicht allzu viel Betätigungsfeld für Mikroorganismen geboten hatte.

Zum Brandhergang führte W. Jäger in seinem Referat aus: Die Fenster seien bei den Bombenangriffen teilweise zugemauert, teilweise noch offen gewesen. Dort, wo sie zugemauert waren, gab es größere Schädigungen des Steines als dort, wo sie offen geblieben waren. Man hat sich dann mit Professor Grunert zusammengesetzt, dem Sandsteinexperten der TU Dresden, und hat gefragt, wie das vor sich geht, das Abschalen, das Rotwerden bei Brand und großer Hitze? Es sind die Tonminerale, die rot werden, und man kann dann sehen, ob der Stein geschädigt ist, man kann ihn aussortieren, man kann auch feststellen, ob Schäden im Inneren des Steines vorhanden sind.

Was die Ausschreibung angeht, so hat man sich nach Abklärung mit der Vergabestelle in Dresden für eine funktionale Leistungsbeschreibung entschieden und für einen Teilnahmewettbewerb mit anschließender Verhandlungsvergabe. Da es eine sehr spezielle Aufgabe war, kam eine öffentliche Ausschreibung nicht in Betracht. Und eine Leistungsbeschreibung mit genauen Mengen und Massen war tatsächlich nicht möglich, deshalb wurde eine funktionale Leistungsbeschreibung erarbeitet.

Bei den Überlegungen zur Technik des Beräumens stand man immer wieder im Widerstreit zwischen den klassischen Methoden – der Handaufnahme, dem Zeichnen mit dem Rahmen und den Fäden, dem Fadenkreuz usw. – und der modernen Informationstechnologie, die war schneller, die Geräte waren aber sehr teuer und man bekam im Vorfeld einfach keine verbindlichen Preisangaben für alles. So war es wirklich nicht möglich, eine regelrechte Leistungsbeschreibung anzufertigen. Weder von den Geräten her, noch von den Massen, noch von den benötigten Stunden und auch nicht von der Bearbeitung der Teile her. Gewiss, indem man sich für eine funktionale Leistungsbeschreibung entschieden hatte, sei den Bietern quasi der schwarze Peter zugeschoben worden. Man wollte damit aber auch erreichen, dass eine Freiheit in der Wahl der Mittel bestand. Die große Frage sei gewesen, wohin das Pendel ausschlagen würde: Zur Tradition oder zur Innovation? Schließlich sei auch noch ermittelt und vorgegeben worden, dass die archäologische Enttrümmerung nicht länger als 18 Monate in Anspruch nehmen durfte. Es habe sich dann eine ganze Anzahl renommierter Bieter gemeldet. Es wurde europaweit ausgeschrieben und erst einmal ein Teilnahmewettbewerb durchgeführt. Geholfen hat dabei das Büro Bösch und Gebauer aus München. Dann wurden mit einem beschränkten Kreis von Anbietern Verhandlungen geführt. Den Zuschlag hat die Arbeitsgemeinschaft SPESA/SSW/IVD (Spezialbau- und Sanierungstechnik Nordhausen / Sächsische Sandsteinwerke Pirna / Ingenieurvermessungsbüro Dresden) bekommen. Klargeworden war, dass es nur unter Einsatz von moderner Technik gelang, die vorgegebene Zeit einzuhalten.

Jetzt tauchte das Problem der Trennung von Informationsgewinnung und Informationsauswertung auf. Mit dieser Trennung wurde eine Überlappung der einzelnen Prozesse möglich. Das heißt, wenn die Informationen elektronisch aufgenommen waren, konnte man sofort weiterarbeiten, sofort weiter bergen. Das Ganze war auch unter dem Aspekt zu sehen, dass ein vertretbarer Aufwand herauskam. Die finanzielle Situation für das Unternehmen Frauenkirche sei am Anfang ja gar nicht rosig gewesen, der Topf habe nicht viel mehr enthalten, als was die Enttrümmerung gekostet hatte. Die Auseinandersetzung zwischen Tradition und Innovation ging also zugunsten der Innovation aus. Am Trümmerberg wurde die Informationsaufnahme gemacht und die Informationsspeicherung durchgeführt, während die Auswertung und Aufbereitung dann an einem anderen Ort stattfinden konnte. Man hat sich auch entschieden, eine Trennung von Ansprache des Fundstückes und Identifikation vorzunehmen. Wenn nämlich vor Ort identifiziert werden muss, – das kann je Stück 2 Minuten

Abb. 3   Ein Sauggerät holt kleinteiligen Schutt zwischen den Steinen hervor

dauern, oder auch 5 –, vergeht für den Unternehmer und für alle kostbare Zeit. Wenn der Unternehmer da feste Preise hat oder ein gewisses Preislimit, kann das zum Problem werden. Und insofern wurde beides voneinander abgekoppelt. Die Herren Dieter Rosenkranz und Torsten Remus haben die sogenannte Ansprache vor Ort durchgeführt und damit den Unternehmer entlastet. Hier war wieder die Fotodokumentation des Landesamtes für Denkmalpflege sehr hilfreich.

W. Jäger hatte auch das Glück, einen Mitarbeiter zu bekommen, der bei der Dislozierung von Denkmalen in Ägypten am Nil mitgewirkt hatte und sofort verstand, worum es ging. Er hat einen Steinplan, der aus den Kieslingschen Aufmaßen hergestellt worden war, noch einmal abgezeichnet, hat die Fotos dazugenommen und hat mit beidem den letzten Stand des Steinschnittes produziert. Damit gab es eine Grundlage für die Identifikationszeichnungen, in die die Funde eingetragen werden konnten.

Einiges musste geschehen zur Ruinensicherung und zur Sicherung der Großteile. Die Bergetechnologie war vom Unternehmer zu stellen und zu lösen, und das machte ein sehr enges Miteinander aller Beteiligten nötig, um die beste Lösung zu finden.

Abb. 4   Rasternetz auf dem Trümmerberg

Die ganze Maßnahme der Enttrümmerung ist dann vom Büro Jäger auch betreut worden, im Auftrag und gemeinsam mit dem Bauherrn. Da ging es um die fachliche Kontrolle, die Mengen- und Kostenbeurteilung, die Nachverfolgung, die Weiterentwicklung und Beschleunigung. Zum Beispiel das Problem der Sauger: Zu Beginn war man gar nicht der Meinung, dass man mit Sauggeräten hier arbeiten konnte, aber dann ging es doch, mit solchen Saugern die Schuttmassen zwischen den Steinen herauszubekommen (Abb. 3).

Aufmaß und Abrechnung waren auch Aufgabe des Büros Jäger. Die tägliche Dokumentation war Aufgabe der Arbeitsgemeinschaft, eine baubegleitende Dokumentation wurde aber auch vom Büro durchgeführt. Dort flossen auch die Leistungen der anderen Beteiligten ein. Am Ende entstand eine große Wand von Ordnern und ein Schrank mit CDs und Bildern, die in Zukunft für eine weitere wissenschaftliche Auswertung und Bearbeitung zur Verfügung stehen.

Wenn man – so W. Jäger – an klassische Stätten der Archäologie fährt, dann hängen dort Schnüre, und da wird mit Schnüren und mit dem Lot gearbeitet und das Fundstück dann ausgemessen, dass es in dem und dem Quadrat liegt, in der und der Position. Das ging hier nicht zu machen. Die Fundstücke mussten dann ja auch hochgehoben und abtransportiert werden können, so dass die Fäden im Weg gewesen wären. Es ging also nur geodätisch. Abb. 4 zeigt ein Raster zur Orientierung, um Arbeitsanweisungen geben zu können, was wo zu tun ist. Wenn die erste Ansprache erfolgt war, das Fundstück erkannt worden war, hat es eine Nummer bekommen, die Nummer ist fest eingeschraubt worden, eine Messingnummer. Sie musste fest eingeschraubt bleiben, durfte nicht verlustig gehen. Der Transport des Fundstückes vom Trümmerberg herunter erfolgte mit Greifertechnik, mit Bändern, Turmdrehkran, je nachdem, um welche Größen und Gewichte es sich handelte. Die Greifer wurden gepolstert, um keine Beschädigungen an den Stücken zu verursachen.

Es wurden 22.000 m³ Trümmervolumen geräumt. Ungefähr 8.400 Funde, das sind 25 % der zerstörten Kirchenoberfläche, wurden an Fassadensteinen geborgen, wiederum gut 25 % von diesen konnten wieder eingebaut werden. 84 große Trümmerstücke wurden aufgenommen, einige davon konnten geborgen werden. 2.900 Stücke stammten vom Altar, wo aber dann eine andere Arbeitsweise nötig war, hier seien Pinsel, Löffel und Lupe gefragt gewesen, um die Einzelteile zu erkennen. Ähnlich passierte es mit Fundstücken von der Kanzel.

Das sei alles anders bearbeitet worden als die Stücke vom Trümmerberg. Jedenfalls sei eine große Datenbank entstanden, eine Fundkartierung mit 90.000 elektronischen Fotos.

Um die Ursachen für den Einsturz besser kennenzulernen, galt es auch, sich um die schmiedeeisernen Anker aus der Zeit George Bährs und besonders um die Reste der Innenpfeiler, die schichtweise auseinandergebaut wurden, zu kümmern. Dann waren die Stahlbetonringanker von Georg Rüth zu bergen, die Stahlträger der Emporen, die kupfernen Anker der Laterne, Gewändesteine, Reste vom Holztragwerk, Teile der Innenkuppelabdeckung, Farbbefunde aus dem Innenraum, Geländer, Handläufe, Fensterstücke usw. Alles Funde, die für den Wiederaufbau als Informationsträger hilfreich waren.

Noch zum Ablauf: Abb. 5 zeigt das Zwischenlager auf dem Neumarkt. Dort wurden die Teile abgelegt, wie sie kamen. Die Regale waren alle numeriert, so dass es kein Problem war, ein Fundstück hier zu finden.

Wolfram Jäger schloß sein Referat mit der Einschätzung, dass mit der Enttrümmerung eine wesentliche Grundlage für den Wiederaufbau der Frauenkirche geschaffen werden konnte. Die Deutsche Bundesstiftung Umwelt hat – und dafür ist ihr herzlich zu danken – Forschungsprojekte beim Wiederaufbau gefördert, die sich mit den umweltbedingten Einflüssen auf das Bauwerk auseinandersetzten. Das betraf Materialuntersuchungen, spezielle Prüfungen von Altsteinen, die statistische Absicherung von Festigkeitswerten des Altmaterials, die Dokumentation und wissenschaftliche Begleitung der Enttrümmerung, ferner Untersuchungen zu Fugenverbindungen zwischen Alt- und Neusteinen sowie Untersuchungen zur Steinauswahl für den Wiederaufbau, schließlich auch genauere Auswertungen der

baukonstruktiv-bauphysikalisch-mineralogischen Zusammenhänge zwischen der Bauwerksfassade und den Umweltbedingungen. Die Umweltschäden wurden entsprechend analysiert und dokumentiert, es gibt eine informative CD darüber.

Diskussion am 12.09.2003 in Dresden

Wolfram Jäger (auf eine Frage aus dem Teilnehmerkreis): Die Fundstücke, die wieder eingebaut wurden, mussten ausreichende Festigkeit aufweisen, ihre Schäden durften nur so groß sein, dass sie sich einfach reparieren ließen. Das geschah mit der üblichen Vierungstechnik.

Besonderes Augenmerk galt den Brandschäden. Das, was eindeutig durch den Brand rot geworden war, musste ausgesondert werden. Steine, deren Eignung zur Wiederverwendung optisch nicht sofort zu erkennen war, bei denen also Zweifel blieben, sind zunächst mal auf Lager genommen worden. Wenn ein Stein sich dann als Ganzes für den Wiedereinbau nicht geeignet zeigte, wurde er an der Schadstelle, zum Beispiel einem Stich oder Riss, zerschnitten, und dann wurde er für die Reparatur eines anderen Steines verwendet, oder seine schadhafte Vorderseite wurde abgeschnitten und durch einen Vorsatz aus neu gebrochenem Stein ersetzt. Das heißt, es sind mehr Steine im Wiederaufbau der Fassade verwendet worden, als man an den schwarzen Flächen sehen kann. Also wir haben, wenn beim ersten Anblick des Fundstückes gewisse Zweifel entstanden, uns geeinigt, dieses erst einmal vorzuhalten und dann später zu entscheiden, ob es genommen wird oder nicht.

Wolfram Jäger (auf eine Frage von Fritz Wenzel): Es ist richtig, wir sind mit einem hohen Anspruch an die Enttrümmerung herangegangen, ohne zu wissen, ob das alles so durchzuhalten war. Heute kann man über das eine oder andere anders urteilen, hier und da noch optimieren. Konkret war es so, dass die Datenbank ein wunderbares Hilfsmittel und schon allein von der Lagerhaltung her notwendig war, um überhaupt mit den Fundstücken zurechtzukommen. Die Informationen, die in der Datenbank stehen, sind, denke ich, alle gebraucht und verwendet worden. Und sie sind mehrfach verwendet worden, so auch für die Abrechnung, für die Klassifizierung des Leistungsumfanges usw. bis hin zu den einzelnen Phasen des Wiederaufbaus. Und die Fotos, die angefertigt worden sind, waren eine gute Grundlage für die Weiterarbeit. Wobei sich Christoph Frenzel dann doch mehr und mehr dafür entschieden hat, an das Fundstück selbst

Abb. 5   Regallager für die Fundstücke auf dem Neumarkt

zu gehen und nicht nur mit den Fotos und Daten zu arbeiten. Insgesamt gesehen möchte ich sagen, dass es zum größten Teil sinnvoll und nutzbringend war, was wir an Technologie bei der archäologischen Enttrümmerung eingesetzt haben. Unsere Fundkartierung war sicherlich hilfreich, um mit den Fundstücken weiterzuarbeiten. Einiges von dem, was dann später nicht voll angewendet wurde, war und ist für zukünftige Forschung von Nutzen.

Fritz Wenzel: Herr Kollege Magirius, Sie waren ganz von Anfang an dabei, Sie hatten auch Ihre Vorstellungen, wie die Enttrümmerung vorgenommen werden könnte und was als Ergebnis eigentlich herauskommen sollte. Darf ich Sie nach Ihren Eindrücken fragen?

Heinrich Magirius: Ja, wir waren natürlich nicht gewohnt, mit solchen Massen umzugehen. Wir hatten Steinaufmaße gemacht, in ganz klassischer Weise, von allen Seiten. In etwa war es schon unser Wunsch, zu einer ähnlichen Auswertung und einem ähnlichen Ergebnis zu kommen. Das war mit einer solch großen Masse an zusammengestürztem Stein aber überhaupt nicht möglich. Wir haben dann zugestimmt, dass diese genauere Aufnahme auf bestimmte Teile der Kirche beschränkt wird. Sich mit sehr viel Zeit mit dem einzelnen Stück zu beschäftigen, war hier bei der Frauenkirche gar nicht möglich. Und das insbesondere auch unter dem Zeitdruck, hier mit der Enttrümmerung überhaupt weiterzukommen. Natürlich, man könnte archäologisch für dieses Material ganz andere Forderungen stellen und an dem Material erfüllen, aber es wäre wahrscheinlich gar nicht sinnvoll gewesen, in dieser akribischen Art nun Stein für Stein zu arbeiten. Natürlich sind die Informationen etwas grob, aber für den Zweck des Wiederaufbaus ist das akzeptabel.

Siegfried Kendel: Ist zu irgendeinem Zeitpunkt einmal überlegt worden, dass man vielleicht hätte darauf verzichten können, die Steine am richtigen Ort wieder einbauen zu wollen? Ist zur Diskussion gestanden, dass das Steinmaterial einfach nur als Stein verbaut, einfach vermauert wird, weil es ja sehr schwierig ist, einen geschädigten Stein an der richtigen Stelle ohne Ergänzung wieder einzubauen. Ich kann mir das gar nicht so richtig vorstellen.

Wolfram Jäger: Dazu wird Christoph Frenzel noch etwas sagen. Solche Diskussionen hat es aber gegeben. Einer der Architekten, der sich mit dieser Frage befasste, hatte auch den Vorschlag unterbreitet, alles Schwarze zusammenzuschieben und damit die Ansicht strikt dunkel und hell zu machen. Aber das war nicht im Sinne des archäologischen Wiederaufbaus, und vielleicht kann Professor Magirius dazu noch etwas sagen.

Heinrich Magirius: Na ja, das war natürlich unser Idealziel, dass die Steine an der tatsächlich historischen Stelle erscheinen, das war schon von der Denkmalpflege so gewollt. Das wurde auch, so muss ich sagen, in dankenswerter Weise ernst genommen, sowohl von der Baudirektion als auch von denen, die es dann haben durchführen müssen. Aber der theoretische Ansatz war schon so, dass die Denkmalpflege auf die Positionierung des richtigen Steines an der richtigen Stelle großen Wert gelegt hatte. Dass dieses am Ende nicht in idealer Weise möglich war, wurde uns dann schon von einem bestimmten Punkt an klar, auch aus rein werktechnischen Gründen, auch wegen der Dauerhaftigkeit. Dass aber der archäologische Ansatz erst einmal grundsätzlich von der Denkmalpflege formuliert worden ist, finde ich auch heute noch richtig.

Fritz Wenzel: Was würden Sie heute an der Vorgehensweise und am Verfahren der archäologischen Enttrümmerung anders machen?

Wolfram Jäger: Also ich denke, am prinzipiellen Vorgehen und an der prinzipiellen Technologie nichts. Man hat heute bessere Geräte, das würde schneller gehen und wäre auch billiger, man hätte auch eine höhere Präzision. Und vielleicht würde man in einzelnen Abschnitten der Enttrümmerung stärker Leute heranziehen, die mit der Materie besser vertraut sind. Es ist schon irgendwie schwierig, einen Vermesser – Entschuldigung, Herr Graupner, ich meine das nicht persönlich – Architekturdetails malen zu lassen. Es gibt heute Geräte, die liefern Bilder, wie man sie eben mit einem Stift zeichnen kann. Das wäre eine Sache, die ich heute machen würde, dass ich also Denkmalpfleger und Architekten mitzeichnen lassen würde und der Vermesser jetzt vielleicht bloß noch zwei oder drei Leute stellen müsste, und damit käme dann ein weicheres Ergebnis heraus.

Fritz Wenzel: Hat es Leute gegeben und andere Stellen, die sich nach dem Verfahren erkundigt haben und nachgefragt haben, ob es übertragbar auf ihren Fall ist?

Wolfram Jäger: Ich denke, es gibt genügend Einsatzgebiete, aber bis heute ist noch niemand gekommen, der danach gefragt hat.

Lutz Graupner

Messtechnische und photogrammetrische Erfassung von Trümmerberg und Fundstücken

Für Lutz Graupner und seine Mitarbeiter im IVD Ingenieurvermessungsbüro war die geodätische Arbeit beim Abtragen, Sichten und Sortieren des Trümmerberges der zusammen-
gestürzten Frauenkirche – genau wie bei Wolfram Jäger – ohne vorangegangenes Beispiel,
an dem man sich hätte orientieren können.

Der Komplex der Bestandserfassung, mit dem wir uns
als Vermesser zu beschäftigen hatten, machte etwa 15%
von den Gesamtkosten der Enttrümmerung aus. Das
ist nicht wenig und erscheint als Aufgabe relativ kompliziert. Ausgangspunkt war, dass zur Bestimmung des
ursprünglichen Einbauortes eines Fundstückes seine
Fundlage auf bzw. im Trümmerberg wichtige Hinweise
gab. Deshalb konzentrierten sich unsere Messungen zunächst sehr auf die Erfassung der Fundlage (Abb. 1).

Die Enttrümmerung begann im Januar 1993. Das war
vor mehr als 10 Jahren. Seitdem hat sich unser Arbeits-

feld samt den zugehörigen Gerätschaften rasant entwickelt. Alles, was ich hier zu berichten habe, war damals
absolutes Neuland. Die Ausschreibung der Arbeiten erfolgte im Sächsischen Amtsblatt, dort waren die archäologische Bestandsaufnahme von Fundstücken und ihrer
Lage im Trümmerberg sowie die Katalogisierung der
Fundstücke als Fachlos 1 aufgeführt. Die Bestimmung
des Einbauortes eines Fundstückes war insbesondere
dadurch möglich, dass es für den Einsturz der Frauenkirche und die Fallrichtung ihrer Teile eine Theorie gab,
die sich vor Ort mehr und mehr bestätigte. Auf dieser
Basis und aus der Lage der Trümmerstücke im Trümmerberg ließ sich dann der Einbauort der Fundstücke
rekonstruieren. Deshalb die Bedeutung der Fundlage.

Die wichtigsten sieben Punkte in der funktionalen Leistungsbeschreibung, die wir zugeschickt bekamen, waren: Das periodische Anfertigen von Übersichtsfotos,
das mehrseitige Fotografieren der Fundstücke vor Ort,
die Vermessung der Lage der Fundstücke im Trümmerberg, die Markierung der Fundstücke, die Datenerfas-
sung für jedes Fundstück in seiner Ursprungslage, die
Bergung vom Trümmerberg, danach ein verformungsgerechtes Handaufmaß und allseitige fotografische Dokumentation.

Was hätte ein verformungsgerechtes Handaufmaß an
Zeit gekostet? Wir hatten eine geschätzte Anzahl von
8.000 Einzelfunden. Man kann rechnen, dass ein allsei-
tiges Aufmaß eines Fundstückes bei hohen Ansprüchen
an die Verformungsgerechtigkeit zwischen 6 und 12
Stunden dauert, je nachdem, wie kompliziert so ein Teil
ist. Man bräuchte also eine Vielzahl von Teams, um das
Aufmaß durchzuführen, dazu ausreichend Platz um die
Frauenkirche herum. Aufmassplätze also, die regen- und
witterungsgeschützt sind, weil ja auch bei schlechtem
Wetter und im Winter gearbeitet werden musste. Das
heißt, es hätte eine gigantische Zeltstadt errichtet wer-

Abb. 1   Messung zur Erfassung der Fundlage

den müssen. Als uns das klar war, haben wir gesagt, dass ist nur sehr bedingt möglich.

Wir haben uns also dafür entschieden, diese herkömmliche Technologie abzuwandeln und davon auszugehen, dass die Erfassung des Fundstückes vom Auswerten zu trennen sei. Die Information, die durch die Erfassung gewonnen wird, ist entscheidend. Bei einer Enttrümmerung ändert sich die Situation auf dem Trümmerberg stündlich. Wenn aber eine Fundsituation (Abb. 2) beseitigt ist, kann sie nicht wieder rekonstruiert werden, deswegen war Konzentration auf das Erfassen der Situation vor dem weiteren Auswerten der Daten angesagt. Es gab aber kein Medium in der Vermessung, mit dem man die geometrische Situation eines Objektes so schnell und präzise erfassen konnte, wie mit einem photogrammetrischen Messbild. Alle anderen Vermessungsmethoden dauerten länger, waren komplizierter.

Dann trat folgendes Problem auf: Wird kein Handaufmaß gemacht, sondern wird fotografiert, dann bekommt man eine Unmenge von Film. Hunderte laufende Meter Fotoabzüge. Man müsste fotografieren, den Film fortschaffen, ihn entwickeln lassen, und erst dann ließe sich eine Qualitätskontrolle anstellen. In der Zwischenzeit hätte sich die ganze Situation auf dem Trümmerberg aber verändert.

Was hier eigentlich nur ging, war die digitale Bilderzeugung. Aber: Scanner waren damals ganz exotische Geräte, die kaum einer besaß. Und auch beim Scanner muss man den Film erst entwickeln, und das kostet Zeit. Man hätte also 4 – 5 Stunden des Fotografierens und Filmentwickelns gebraucht, um erst dann sagen zu können, es kann weiter enttrümmert werden. Wir hatten aber Kontakt mit einer Firma, die sich mit digitaler Fotografie befasste. Das war zum damaligen Zeitpunkt noch etwas ganz Außerordentliches. Mit dieser Firma, der AVI, entwickelten wir also ein System derart, dass die Messbilder direkt digital erzeugt und auf CD-Rom gespeichert werden konnten. Ein digital erzeugtes Bild hat den großen Vorteil für diese Aufgabe, dass man fotografiert, die Bilder in den Rechner eingibt und sofort kontrollieren kann, ob sie etwas geworden sind.

Die neue Technologie konnte wegen des festgesetzten Starts der Enttrümmerungsarbeiten aber vorher nicht ausprobiert werden, sie wurde also auf der Basis von Fachartikeln, von Händlerauskünften und allen anderen greifbaren Informationen zusammengestellt. Es gab damals weder das Internet noch irgendetwas anderes, wo man schnell hätte an Informationen kommen können. Als die Geräte in der ersten Januar-Woche eingetroffen waren, klappte natürlich überhaupt nichts. Mein Rat: Glaube keinem Händler, lese die Fachartikel sehr kritisch, in ihnen werden immer nur die positiven Dinge dargestellt, nie die Probleme. Also, die Technik kam, sie funktionierte nicht, sie wurde optimiert, das dauerte so ungefähr bis in den März. Ende März konnte ich das erste Mal wieder ruhig schlafen.

Ich möchte Ihnen jetzt die Bestandserfassung im Detail vorstellen, auf die Besonderheiten und Probleme hinweisen, denn es soll hier ja ein Workshop sein. Der Teufel liegt immer im Detail, im Großen klappt es in der Regel immer gut.

Zuerst die Übersichtsaufnahmen. Wir haben fotografiert, das Bild wurde unverzüglich auf einem Laserdrucker ausgedruckt, danach sind die Mitarbeiter vor Ort gegangen und haben in das Bild die Fundstücksnummern eingetragen, und abschließend wurden dann die Num-

Abb. 2   Fundsituation

Abb. 3   Übersichtsaufnahme

mern mit Hilfe von Photoshop in das digitale Bild ein-gearbeitet (Abb. 3). Damit war ein eindeutiger Bezug zu den Fundstücken gegeben. Die Messung der Lage der Fundstücke im Trümmerberg erfolgte mit tachyme-trischen Vermessungsmethoden. Es wurden also dreidi-mensionale Koordinaten von mindestens drei Punkten der oberen Fundstücksfläche in der Fundlage gemessen, dadurch konnte man auch eine Verkippung der Fläche dokumentieren. Den Koordinatenursprung haben wir durch die Kirchenmitte gelegt. Das Ergebnis unserer Aufnahmen waren sogenannte Tageskarten. Vor Ort wurden auch noch sogenannte Lagebilder fotografiert. Es wurden laufend Dokumentationsfotos angefertigt. Daneben wurde eine Vielzahl von Steinmetzzeichen erfasst (Abb. 4).

Im Zuge der Enttrümmerung und des Abtragens des Trümmerberges tauchte plötzlich aufgehendes Mau-erwerk auf, welches wir erfassen mussten. Es war zum Teil so marode, dass es später abgetragen werden musste, weil es keine statische Sicherheit mehr bot.

Im Zuge einer zweiten Beauftragung nach Abschluss der Enttrümmerung waren steingerechte Aufmaße anzufertigen. Hier ging es nicht nur um Abplatzungen, sondern auch um Bemoosungen, um Kristall-, also Salzaustritte und anderes mehr.

Vor Ort herrschte immer Zeitdruck; nicht nur wir Ver-messer hatten ständig den Bagger hinter uns, sondern auch die Architekten und Denkmalpfleger, die hier die Fundbestimmung machen mussten. Es ist für mich ein Wunder, dass es bis auf einen kleinen Arbeitsunfall eines Bauleiters während der ganzen Enttrümmerung zu kei-nen Unglücksfällen kam.

Noch einmal zusammengefaßt: Es wurden 8.467 Werk-steine inventarisiert, 3.830 Fundsituationen erfasst, das Ergebnis in 100 Fassadenzeichnungen und 124 Grund-rissen eingetragen (das war die Aufgabe des Büros Jä-ger). Wir haben 8.500 Kerndatenblätter erstellt, 4.000 Farbdrucke der elektronischen Bilder gemacht. Es wur-de extra ein Kodak-Drucker aus den USA eingeflogen, zum stolzen Preis von knapp 50.000 Mark. Verglichen mit jetzt: Heute bekämen Sie ein besseres Gerät viel-leicht für 4.000 Euro. Und von 7.176 archäologischen Funden wurden die drei-dimensionalen Koordinaten ermittelt. Es war eine sehr glückliche Lösung, die Ent-trümmerung im Rahmen einer Arbeitsgemeinschaft durchzuführen, denn bei der Unwägbarkeit der Tech-nologien gab es die verschiedensten Probleme, bei de-nen man sich helfen konnte.

Wolfram Jäger: Noch eine kleine Anmerkung. Die Architekten von IPRO haben dann das Material be-kommen und weiter damit gearbeitet, nicht mehr unter dem Gesichtspunkt der archäologischen Enttrümme-rung, sondern für die Wiedereinbauplanung.

Abb. 4   Steinmetzzeichen

Fritz Wenzel, Wolfram Jäger

Bauform, Kraftfluss, Material – damals und heute

Die Bauingenieure Fritz Wenzel und Wolfram Jäger berichten, aufgrund welcher Erkenntnisse – Schadensgeschichte, Bestandsdokumentation, Materialuntersuchungen – das Tragverhalten der alten Frauenkirche von der aus ihren Büros gebildeten Ingenieurgemeinschaft beurteilt werden konnte und welche Folgerungen – Verbesserungen beim Material, Regulierung des Kraftflusses – sich daraus für den Wiederaufbau ziehen ließen.

Fritz Wenzel

Zu Beginn des Jahres 1992 erhielten Wolfram Jäger und ich den Auftrag, innerhalb eines viertel Jahres zu überprüfen, ob die Frauenkirche ganz in Sandstein wiederaufgebaut werden konnte oder nicht. Damals haben wir uns die Arbeit derart geteilt, dass sich meine Karlsruher Gruppe um den Oberbau bis hin zur Kuppel kümmerte, während Wolfram Jäger mit seinen Dresdner Mitarbeitern sich das Untergeschoss und die erforderlichen Materialuntersuchungen vornahm. Später haben sich unsere Büros den Gesamtauftrag etwas anders aufgeteilt, hier in diesem Beitrag wollen wir aber der damaligen Teilung folgen.

Als George Bähr die große Kuppel in Stein statt, wie ursprünglich geplant, in Holz bauen ließ (Abb. 1 oben), haben ihn seine Berufskollegen und Konkurrenten gewarnt. Sie hielten ihm vor, dass er die Innenpfeiler (Abb. 1 unten) für das leichtere Gewicht der Holzkuppel und nicht für die große Last der Steinkuppel ausgelegt habe. Bähr erwiderte, es seien nicht nur die acht Pfeiler, die die Kuppellast abtrügen; mit jedem Pfeiler seien ja noch zwei nach außen weisende Wände verbunden, die auch einen Teil der Last übernähmen. Er nannte die im Grundriss Y-förmige Konstruktion aus Pfeilern und von Öffnungen durchbrochenen Wänden „Spieramen". Prinzipiell hat er mit der Lastverteilung recht gehabt, aber damals, vor Begründung der Baustatik, fehlten noch die Kenntnisse und Möglichkeiten, um

den gewünschten Lastfluss verlässlich zu steuern und auf Dauer sicherzustellen. Die Pfeiler spalteten auf (Abb. 2), und danach gab es immer wieder Bemühungen, sie zu reparieren und vor weiterem Schaden zu bewahren, mit kleinen Klammern, mit großen Umgürtungen und auch mit Steinaustausch bei den Kapitellgesimsen (Abb. 3). Starke Risse gab es auch im Tunnelumgang um die Kuppel herum.

Der Bauingenieur Georg Rüth und der Architekt Arno Kiesling haben in den Jahren 1937 bis 1942 die Schäden an der Frauenkirche systematisch aufgenommen und kartiert (Abb. 4). In den Spieramenwänden verliefen die Risse nicht vertikal, sondern diagonal nach außen geneigt, das heißt, ein Teil der Kuppellast wanderte tatsächlich von den Pfeilern in die angrenzenden Wände ab, aber dort gab es nichts, was den nach außen weisenden Kräften entgegengewirkt und sie nach unten umgelenkt hätte. Die aufgerissenen Wände gaben nach, wurden weich, die abgewanderten Lasten flossen zu den steif gebliebenen Pfeilern zurück, die nun die Gesamtlast der Kuppel tragen mussten, so dass es in ihnen zu großen Überbeanspruchungen kam.

Georg Rüth hat den Zustand des Baugefüges stabilisiert und sicherer gemacht, so gut das damals möglich war. Er hat zusätzlich zu den vier schmiedeeisernen Ringankern George Bährs noch drei Stahlbetonanker im Inneren der Kuppel angeordnet, hat Fundamentverstärkungen für die Pfeiler ins Erdreich eingelassen und hat die Risse im Mauerwerk durch Zementinjektionen geschlossen. Entlasten konnte Georg Rüth die Pfeiler nicht, eine Rückverlagerung von Lasten auf die angrenzenden Wände war in situ nicht möglich. Seine Berechnungen ergaben, dass in den Pfeilern Kantenpressungen bis zu 13 N/mm² aufgetreten sein konnten, und das ist tatsächlich eine Größe, bei der der dort verwendete Sandstein Risse bekommen musste.

Unsere Aufgabe als für den Wiederaufbau verantwortliche Ingenieure war eine doppelte: Die stehengebliebenen Ruinenteile des Kellers und des Kirchraumes in den Wiederaufbau zu integrieren, und die Kirche im wesentlichen so wieder aufzubauen, wie sie ihr Baumeister George Bähr geplant und verwirklicht hat. Die Satzung für den Wiederaufbau sah für das Mauerwerk wieder Sandstein vor und ließ für die Anker als artgleiches Material Stahl statt des ursprünglichen Schmiedeeisens zu. Die Veränderungen des historischen Baugefüges sollten möglichst gering gehalten werden.

An den starken Rissen im Traggefüge waren die nicht zustande gekommene Verteilung der Kuppellast auf Pfeiler und Spieramenwände schuld, aber auch Gefügeschwächen im alten Mauerwerk. Damit die Risse, wie sie in der alten Konstruktion entstanden waren, im wiederaufgebauten Traggefüge nicht erneut auftraten, haben wir zweierlei unternommen, eine gezielte Regulierung des Kraftflusses und eine Verbesserung der Material- und Bearbeitungsqualität des Mauerwerkes. Das eine hätte ohne das andere nicht ausgereicht.

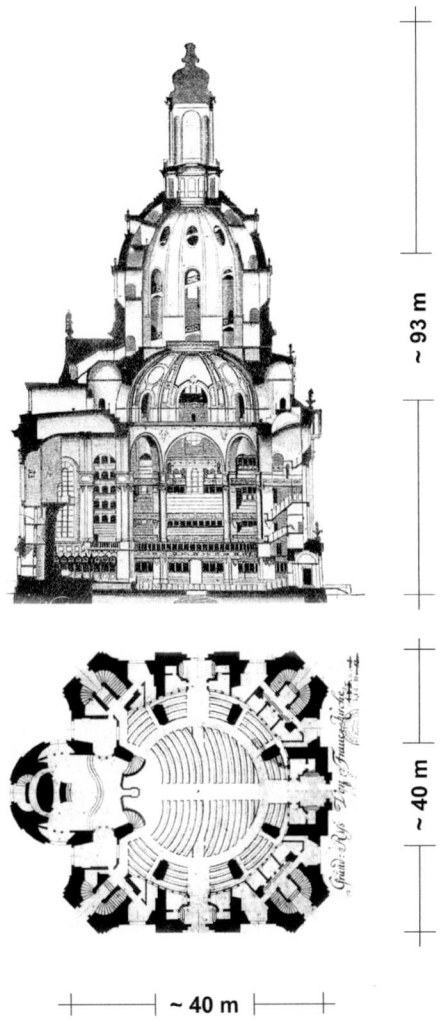

Abb. 1   Bähr'scher Schnitt und Grundriß mit den Hauptmaßen

Zunächst zur Verbesserung der Material- und Bearbeitungsqualität. Wir haben das Mauerwerk in vier Güteklassen unterteilt, von den gering belasteten alten Ruinenwänden bis zu den hochbeanspruchten neuen Pfeilerschäften (Abb. 1, S. 101). Wir arbeiteten mit gesägten statt behauenen Steinen, mit unterschiedlichen Fugendicken und mit verschiedenen Mörtelrezepturen. Bei den Innenpfeilern sind die Fugen planeben und vollflächig nur 6 mm dick. Wir haben viel Forschung und Entwicklung betrieben und eine eigene Mauerwerksrichtlinie erstellt; die bestehenden Regeln der Bautechnik reichten für den Wiederaufbau nicht aus. Schließlich konnten wir auf der Grundlage der erzielten Ergebnisse und erreichten Verbesserungen das Tragvermögen des Mauerwerks gegenüber früher auf das Doppelte steigern.

Jetzt zur Korrektur und Regulierung des Kraftflusses. Hier haben wir auf ein Prinzip zurückgegriffen, welches sehr alt und mauerwerkstypisch ist. Es gibt Hunderte von Gewölbebauten in aller Welt, bei denen Anker, die den Raum kreuzen, den Weg der Lastresultierenden in gemauerten Wänden und Pfeilern in verträgliche Bahnen lenken. Diese Anker tun das von jeher, oder sie wurden nachträglich eingezogen. Die Aufgabe solcher Anker ist es, aktive horizontale Kräfte auf das Mauerwerk abzusetzen, die, von außen nach innen gerichtet, dem Gewölbeschub entgegenwirken. In früherer Zeit wurden die Kräfte durch Erwärmen der Anker beim Einbau und die dann nachfolgende Abkühlung und Verkürzung des Eisens erzeugt, in späterer Zeit durch Vorspannen mit Hilfe von Ankermuttern.

Bei der Frauenkirche geht es nicht um das Kurzschließen großer Gewölbeschübe. Vielmehr werden - nach einer Idee meines Büropartners Bernd Frese - die aktiven horizontalen äußeren Kräfte eingesetzt, um Teile der Kuppellast in die Spieramenwände abfließen, sie dann aber nicht wieder nach außen ausbrechen zu lassen, sondern sie in den Wänden nach unten umzulenken. Vom Prinzip her, also der Zufügung horizontaler Kräfte, haben wir aber dasselbe gemacht wie bei den Gewölbebauten. Allerdings durchkreuzen unsere Anker nicht den Raum, sondern sind nur bis zu einem freischwebenden, nicht in das Traggefüge integrierten inneren Zugring geführt und gegen diesen angespannt. Der Zugring läuft polygonartig um die Kuppel und Pfeiler herum und ist im Kirchraum nicht sichtbar (Abb. 5). Zur Korrekturkonstruktion gehören dann noch Verankerungsblöcke aus Stahlbeton für die äußeren Enden der Spannanker, die in das Mauerwerk eingefügt sind, ferner strebenförmig geneigte Mauerwerkspartien über diesen Ankerblöcken und ein gemauerter Druckring am Kuppelfuß.

Diese Zusatzkonstruktion − Spannanker, Zugring, Ankerblöcke − ist die einzige strukturell neue Zutat zum Bähr'schen Traggefüge. Dank ihrer Hilfe beträgt die maximale vertikale Druckspannung im Pfeilermauerwerk jetzt nur noch 6 statt 12 bzw. 13 N/mm² (Abb. 6). Im oberen Teil der Spieramenwände herrscht nun Querdruck statt Querzug (Abb. 7). Das ist günstig, denn dadurch wird das Mauerwerk horizontal zusammengedrückt und erfährt zweiachsigen Druck. Durch Kriechen, Schwinden und Temperaturschwankungen ändern sich die Kräfte des Ankersystems im Gebrauchszustand um maximal ± 10 %, mehr nicht. Es wird nicht nötig sein, aber man könnte die Anker später nachregulieren.

Durch das doppelte Tragvermögen des Mauerwerks und die Halbierung der maximalen Kantenpressungen weist das Traggefüge jetzt, grob gesagt, gegenüber seinem früher kritischen Zustand eine vierfach höhere Sicherheit auf.

Man kann sagen, dass das neue Traggefüge dem alten Gefüge entspricht, mit geringstmöglicher Zufügung neuer Elemente und mit einer Materialauswahl und Bearbeitung, wie sie heute, zweieinhalb Jahrhunderte nach der Erbauung der Frauenkirche, mit entsprechend höherer technischer Qualität möglich sind. Damit folgen wir der alten Entwurfs- und Konstruktionsidee, verleugnen aber nicht, dass der Wiederaufbau an der Wende des 20. zum 21. Jahrhundert stattfindet.

Wolfram Jäger

Nachdem Fritz Wenzel über die Lasten aus dem Oberbau berichtet hat, insbesondere darüber, wie die Lasten aus der Kuppel ihren Weg nach unten gesucht haben, soll jetzt die Rede davon sein, wie die Lasten durch das Grundmauerwerk des Untergeschosses durchgegangen sind und ob die Wände, die Fundamente und der Baugrund sie ohne Schäden aufnehmen und weiterleiten konnten. Dazu stellten sich viele Fragen, und es war eine umfassende Analyse im Großen und im Kleinen notwendig, um Antworten mit Blick auf den Wiederaufbau zu finden: Wie ist der Baugrund beschaffen, ist er homogen oder inhomogen? In welchem Zustand befinden sich die Fundamente? Weisen sie Risse, ausgewaschene Fugen oder andere Schädigungen auf? Sind Setzungen der Pfeilerfundamente, von denen immer wieder die Rede war, tatsächlich erkennbar? Wie ist das Grundmauerwerk beschaffen, seine innere Struktur? Was sagen die Schadensbilder aus? Was ist mit den von Georg Rüth zusätzlich angeordneten Fundamenten?

Abb. 2   Gespaltener Pfeilerschaft mit Umgürtung

Abb. 3   Kapitellschaden (beide Fotos 1932)

Kann man sie aktivieren, soll man sie aktivieren, wie ist ihr Zustand heute? Welche Festigkeiten hatten und haben die alten Steine und der Mauermörtel? Wie hoch ist ihr Salzgehalt, muss etwas gegen das Salz getan werden, wenn ja was? Sind durch das verbleibende Salz künftige Schädigungen zu erwarten? In welchem baulichen Zustand befinden sich die Aufstandsflächen der Pfeiler, in denen sehr hohe Flächenpressungen herrschten und wieder herrschen werden? Und wie ist der Zustand der aufgehenden Ruinenteile? Über all dieses war eine umfassende Bestandsdokumentation erforderlich. Mehr noch: Mit den Analysen musste begonnen und Entscheidungen mussten schon getroffen werden, als der Trümmerberg noch nicht oder nur in Teilen weggeräumt war; die eingeschränkte Zugänglichkeit der Untersuchungspunkte machte die Sache nicht einfach.

Was die Baugrunduntersuchungen angeht, so haben wir mit den Herren Dr. Schulz und Dr. Rehfeld von Baugrund Dresden zusammengearbeitet. Professor Franke von der Technischen Universität Dresden hat dann noch ein zusammenfassendes Gutachten über die Erkenntnisse aus den Baugrunduntersuchungen geschrieben. Die Baugrunderkundungen erfolgten durch Schürfen und durch Bohrungen. Uns interessierte, ob es in den Kiesschichten Tonlinsen gab, wie das in Flusstälern häufig vorkommt. Auch waren wir nicht sicher, ob örtlich eventuell Pfahlgründungen verwendet worden waren. Also mussten wir auch, so gut es ging, die Erkundungen bis unter die Fundamentsohle ziehen. Heraus kam, dass die Kirche (ohne Pfähle) auf einem wunderbaren Kiesberg steht, der gut tragfähig ist. Dann, etwa 10 m unter Oberkante Gelände, folgt eine inkompressible Plänerschicht – eine Schicht sehr harten Kalksteines. Die Erkundungsergebnisse zeigen rings um die Frauenkirche herum weichere Bodenschichten, wie sie in Flussauen anzutreffen sind, aber der Platz unter dem Bauwerk war davon nicht betroffen. Schließlich war noch der Frage des Grundbruchs nachzugehen. Auch hiergegen half die inkompressible Plänerschicht. So ließ sich nachweisen, dass wir es beim Wiederaufbau im Wesentlichen mit Wiederverformungen des vorbelasteten und durch die Enttrümmerung entspannten Baugrundes zu tun haben würden und der Grundbruch keine Rolle spielte.

Wir haben die Bohrungen genutzt, um auch Informationen über das Material der Ruine zu bekommen, über den Sandstein, auch über den Beton der Rüth'schen Fundamente. Es kam heraus, dass bei den alten Sandsteinfundamenten ein recht fester und guter Stein vorhanden ist, von der Qualität her etwas geringer als beim aufgehenden Grundmauerwerk, aber doch gut ausreichend. Mit Hilfe von Endoskop-Untersuchungen konnten wir auch feststellen, dass die Struktur des Mauerwerkes ziemlich homogen war, das heißt, es war gut durchgemauert worden und der Mörtel in den Fugen war im Wesentlichen erhalten geblieben. Unsere Berechnungen ergaben, dass Bodenpressungen bis zu 1 MN/m² auftreten konnten, wobei aber die großen rechnerischen Spannungsspitzen durch Plastifizierung des Bodens abgebaut werden und außerdem die Vorbelastung des Bodens als günstig anzusetzen war.

Abb. 4   Rißbild nach Georg Rüth

Abb. 5   Blick auf das zusätzliche Ankersystem

Georg Rüth hatte ja das Problem, dass die Fundamente für die Hauptpfeiler mit den darin konzentrierten Lasten zu klein erschienen. Deshalb hat er zwischen das Grundmauerwerk in das Erdreich gegen den Boden gewölbte Bögen einbetoniert und unter Spannung gesetzt. Damit erreichte er, dass im Falle weiterer Setzungen die Fundamentfläche vergrößert worden wäre. Mich hat sehr interessiert, ob diese ergänzenden Fundamente heute noch funktioniert hätten, d.h., wie sie im Hinblick auf den Wiederaufbau der Kirche einzuschätzen waren: Ob der Beton weggebrochen ist, ob Risse erkennbar sind, ob die Bögen noch an den Fundamenten anliegen? Wir haben freigegraben und festgestellt, dass die Übergangsstellen in sehr gutem Zustand sind (Abb. 8). Wir haben aber unsere statischen Berechnungen für die wiederaufgebaute Frauenkirche ohne Einbeziehung dieser Hilfskonstruktionen aufgestellt, es war zu dem Zeitpunkt, als wir die Nachweise erstellten, auch noch nicht klar, in welchem Zustand diese Zusatzkonstruktionen tatsächlich vorgefunden werden würden. So haben wir hier noch eine gewisse Sicherheitsreserve behalten. Außerdem hatte sich gezeigt, dass die befürchteten größeren Setzungen der Pfeilerfundamente vor der Rüth'schen Instandsetzung nicht eingetreten waren; das waren Vermutungen, aber sie bestätigten sich bei genauerem Hinsehen nicht.

Festgestellt werden musste auch das Ausmaß der Brandschädigung: Wieviel von dem Stein konnte man noch als tragfähig ansetzen, wieweit hat der Brand das Mauerwerk geschädigt, wieviel Lasten kann es noch aufnehmen? Der gesunde Stein war dadurch zu erkennen, dass er seine originale Farbe noch hatte, während der beschädigte Stein, wegen der Umwandlung des Tons im Sandstein, eine Rotfärbung bzw. rotbraune Färbung aufwies. Diese optische Einschätzung reichte uns aber nicht aus. So haben wir auch noch eine Pro-

bewand abdrücken und unter Druck abfeuern können, um herauszubekommen, wie sich die Veränderung der Tragfähigkeit tatsächlich auswirkt. Das Ergebnis stimmt gut mit dem optischen Eindruck überein: Es gibt eine Abschalung von etwa 10 cm im Äußeren, und es gibt im Inneren dann kaum weitere Schädigungen, weil der Temperaturgradient sehr schnell im Querschnitt abfällt.

Sehr interessant waren die Deformationsmessungen, die bei der Enttrümmerung vorgenommen worden sind (Abb. 9). In der Mitte des Grundrisses hat sich dabei durch Abtragen des Trümmerberges eine Dekompression von 11 mm ergeben. Später haben wir dann die neuen Setzungen durch den Wiederaufbau ebenfalls gemessen. Sie fielen kleiner aus, als ursprünglich, vor Beginn des Wiederaufbaus, durch die Kollegen von der Bodenmechanik eingeschätzt.

Noch zwei Anmerkungen zum alten Mauerwerk. Wo Risse entstanden waren oder solche beim Wiederaufbau hätten entstehen können, haben wir, um eine sichere Kraftableitung zu garantieren, Anker in das Mauerwerk eingebaut. Und was das Außenmauerwerk des Untergeschosses anging, so wurde es durch den Stahlbetonkeller, der als Außenbauwerk um den größeren Teil der Frauenkirche herumgelegt wurde, freigegraben (Abb. 10). Dadurch ergab sich die günstige Gelegenheit, das alte Außenmauerwerk zu inspizieren und, wo es nötig war, neu zu verfugen oder nachzuverfugen.

Eines ist während der gesamten Untersuchungen deutlich geworden: Die Mauerwerksnorm DIN 1053, wie sie damals, anfangs der 90er Jahre, bestand, hätte einen Wiederaufbau der Frauenkirche in Sandstein und in den alten Dimensionen nicht zugelassen. So war es nötig, eine eigene Mauerwerksrichtlinie zu schaffen, theo-

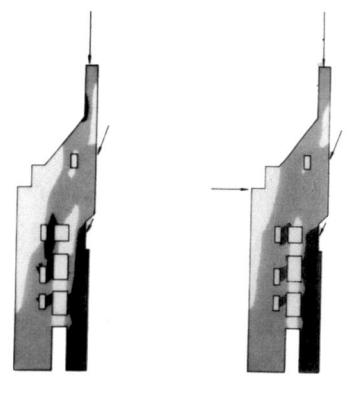

max. $\sigma_v \approx$ **12 N/mm²**   **max.** $\sigma_v \approx$ **6 N/mm²**

Abb. 6   Halbierung der maximalen vertikalen Druckspannung in den Pfeilern durch die zusätzliche Ankerkraft

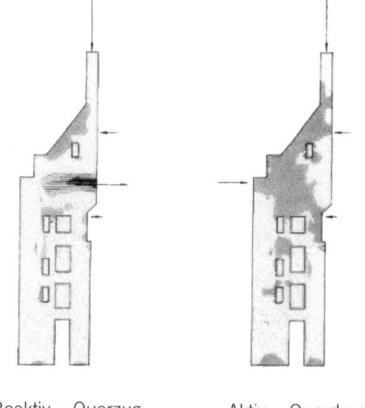

Reaktiv = Querzug   Aktiv = Querdruck

Abb. 7   Die aktive, von außen einwirkende Ankerkraft erzeugt im oberen Teil der Spieramenwände Querdruck (rechts)

retisch und empirisch abzusichern und von der Bauaufsicht genehmigen zu lassen. Über diese Richtlinie wird an anderer Stelle noch berichtet.

Diskussion am 17.10.2003 in Dresden

Gotthard Voß (Moderator): Sie, Herr Wenzel, haben davon gesprochen, dass Sie bei den Überlegungen für die neue Konstruktion bemüht waren, so dicht wie

Abb. 8   *Die Rüth'schen Fundamentergänzungen zwischen den Pfeilerfundamenten*

möglich an dem zu bleiben, was George Bähr entworfen und gebaut hat. Da sind Sie, glaube ich, einem ganz wichtigen denkmalpflegerischen Prinzip gefolgt. Und Sie, Herr Jäger, haben von den Anstrengungen berichtet, behutsam mit der vorhandenen Substanz umzugehen und soviel wie möglich von ihr zu bewahren. Wenn man die Bilder der Ruine sieht und sich vorstellt, welche Lasten Sie darauf absetzen und welche Verantwortung dafür zu übernehmen ist, dann finde ich das erstaunlich und gar nicht selbstverständlich. Sie, Herr Wenzel, sind dabei in einen harten fachlichen Disput geraten, und da freue ich mich sehr, dass Sie und Ihre Partner sich durchgesetzt haben und dass nicht andere die Oberhand gewannen, vielleicht sogar diejenigen, die das tragende Gefüge gern in Beton ausführen wollten.

Fritz Wenzel: Es ist richtig, dass über das Grundkonzept des Wiederaufbaus ein harter Disput entbrannte. Aber der Streit hatte nicht nur fachliche Gründe. Von Walter Henn war die Rede, der 1947 die ersten Vorschläge für die Sicherung der Ruine machte und Überlegungen für den Wiederaufbau anstellte, mit Beton als tragendem Element und Sandstein als Bekleidung. Oder wenn ich an Wolfgang Preiß denke, oder an meinen Lehrer Klaus Pieper. Beide haben daran gezweifelt, dass die Kuppel wieder in Sandstein errichtet werden kann.

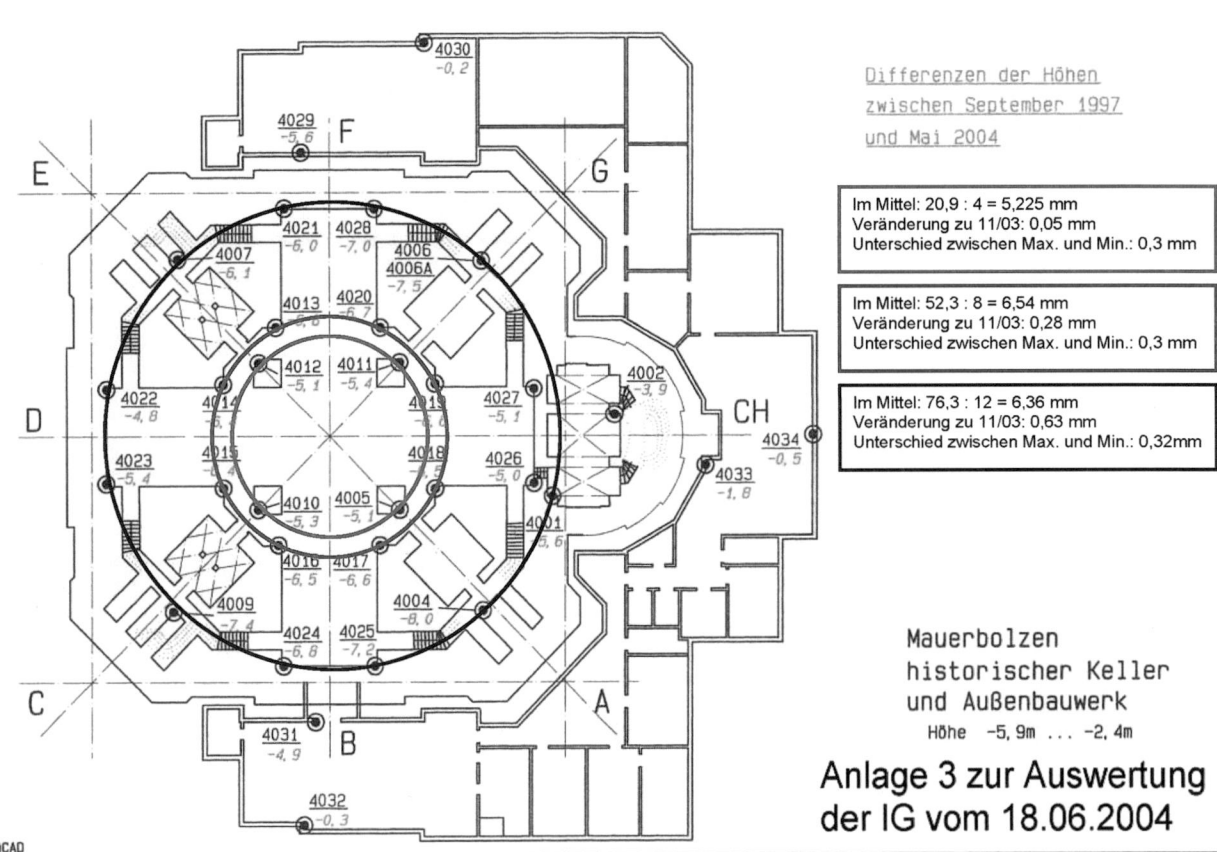

Abb. 9   *Dokumentation der Deformationsmessungen*

Und Fritz Leonhardt gehörte mit seinem Vorschlag, zur Aussteifung des Baugefüges eine Stahlbetonscheibe einzubauen, ebenfalls zur Gruppe dieser angesehenen Ingenieure. Da ist eine ganze Generation von Bauingenieuren groß geworden mit dem Baustoff Stahlbeton und seinen Möglichkeiten. Mit dem Baustoff Mauerwerk musste erst ein Schritt weitergegangen werden, um den Bedingungen des archäologischen Wiederaufbaues genügen zu können; das herkömmliche Wissen über die Mauerwerkskonstruktionen hätte nicht ausgereicht. Insofern sehe ich den harten und langen Disput, den es um die Art und Weise des Wiederaufbaues gab, auch generationenbedingt.

Siegfried Kendel: Für mich ist plausibel geworden, dass der Konstruktion von George Bähr mit den dünnen schlanken Pfeilern eigentlich kein tragfähiges System zugrunde lag. Meine Frage ist, ob nicht beim Wiederaufbau dieses Tragsystem sichtbar hätte verändert werden sollen, um darauf hinzuweisen, dass es Fehler in der ursprünglichen Konstruktion gegeben hatte. Wir haben von der Grenze der Authentizität gesprochen, und das Problem ist, dass wir diese Grenze ja immer wieder neu bestimmen müssen, denn sie ist nicht eindeutig festgelegt und nicht hart und klar definiert, sondern ist eine Interpretationsgrenze. Wann geraten wir hinüber in Vorstellungen,

mit denen wir die Authentizität des Baugefüges zu stark verlassen? Und – bitte jetzt nicht beleidigt sein – steckt dahinter vielleicht ein wenig der Gedanke, dass dem Ingenieur nichts zu schwer und alles so hinzukriegen ist, dass George Bährs fundamentale Fehler nicht mehr erkennbar sind?

Fritz Wenzel: Ich will das relativieren. George Bähr hat seine Pläne in der ersten Hälfte des 18. Jahrhunderts gemacht. Damals gab es die Möglichkeit, seine Konstruktionsvorstellungen mit Hilfe der Baustatik zu überprüfen, noch nicht. Bähr war aber intuitiv gut und auch erfahren. Sein Gedanke, dass ein Teil der Lasten nach außen gehen würde und auch nach außen gehen sollte, war ja richtig. Nur das Einfangen und Umlenken dieser Lasten, das ist ihm nicht gelungen. Hier und nur hier setzte unsere Korrektur des alten Gefüges an.

Siegfried Kendel: Hätte man nicht jetzt, beim Wiederaufbau, Scheiben als moderne Konstruktion bauen können, die erkennbar gemacht hätten: Das hier hat Bähr damals nicht hinbekommen, heute kann man das anders lösen, und wir wollen beides, die damalige Unzulänglichkeit und die heutige Möglichkeit, durchaus erfahrbar machen?

Fritz Wenzel: Nein, wir hatten eine Prämisse, die war durch die Stiftung gesetzt, nämlich die Kirche in allen wesentlichen Teilen so wiederaufzubauen, dass sie dem Entwurf und der Ausführung von Bähr entsprach. So begaben wir uns auf die Suche danach, was eigentlich bei der Bähr'schen Konstruktion gefehlt hat. Es ist richtig, dass die Kirche über 200 Jahre lang lokal immer wieder an der Grenze der Tragfähigkeit war. Als Ganzes wäre sie nicht zusammengebrochen, aber lokal an den Pfeilern war die Grenze erreicht. Wir haben einfach versucht, diese Situation heute durch ein Minimum von Zutaten abzuwenden.

Wolfram Jäger: Die Kirche hat 200 Jahre lang gestanden, wenn auch mit erheblichen Schäden. Wie groß die Sicherheit vor dem Versagen war, hat man damals nicht gewusst. Der Begriff Sicherheit war nicht da, er war nicht bekannt. Entweder stand ein Bauwerk oder es stand nicht. Dass wir aber einen gewissen Abstand brauchen, einen Sicherheitsabstand gegenüber dem Versagen, daran haben wir jetzt gearbeitet. Als erstes mit dem zusätzlichen Ankersystem. Wenn Sie dieses wegnehmen, fällt die Kirche jedoch nicht ein. Sie wird reißen, aber die Risse würden nicht mehr so stark sein wie früher. Und als zweites haben wir das Mauerwerk verbessert,

Abb. 10 Freigegrabenes Außenmauerwerk des Kellers

wobei das heutige Wissen über das Versagen durch Querzugsspannungen im Stein eine Rolle gespielt hat, und auch das Wissen darum, dass man Hohlfugen (Lagerfugen) nicht machen darf, die am Rand dünn und in der Mitte dicker sind. Also, wir sahen keine Notwendigkeit, am Grundkonzept etwas zu ändern. Wir haben aber unseren Beitrag geleistet, um das Sicherheitsniveau, welches heutige Bauten brauchen, herzustellen.

Jörg Peter: Bähr wusste, dass und wie Kräfte umgelenkt werden müssen. Er hat in die Kuppel Ringanker eingelegt und in die Spieramen auch horizontale Stäbe. Beides hat aber für die Kraftumlenkung nicht ausgereicht. Die Anker und Stäbe George Bährs waren nicht sichtbar, sie waren im Mauerwerk unsichtbar eingebaut. Und warum soll man jetzt die Unzulänglichkeiten, die Bähr nicht erkennen konnte, warum soll man die Hilfskonstruktionen, die ja auch nichts anderes als Anker sind, warum soll man die bewusst sichtbar machen oder an ihrer Stelle Konstruktionen wählen, die sichtbar sind?

Fritz Wenzel: Ein ganz starker Antrieb für die Art unserer Hilfskonstruktion waren die schmiedeeisernen Anker, die wir im Baugefüge gefunden haben (Abb. 11). Dieses Gefüge war wirklich aus Stein und Eisen. Mehr war da nicht drin an tragenden Elementen. Also haben wir auch für die Zusatzkonstruktion Eisen, genauer gesagt Stahl genommen, aber diese Konstruktion als ein Element ausgebildet, das nicht ins Mauerwerk eingebaut ist. Wir haben nichts Verstecktes eingebaut. Wir haben etwas Zusätzliches eingebaut, was man im Baugefüge, wenn man oben ins Dach kriecht, auch sehen kann. Das war also ein ganz starker Antrieb, dass wir gesagt haben, jetzt bringen wir nicht neue Elemente ein, anstelle der Anker, und jetzt bringen wir auch nicht neue Materialien ein, anstelle des Eisens, sondern wir greifen, mit den heute möglichen Verbesserungen, auf die alten Elemente und Materialien zurück.

Abb. 11   Schmiedeeiserne Anker aus der Bähr'schen Konstruktion

Ingrid Rommel: Zur damaligen Zeit gab es ja noch die Unzulänglichkeit, dass bei der Materialbeschaffung des Sandsteines keine Qualitätssicherung bestand, wie wir sie heute haben. Hier bei der Frauenkirche hat man bei der Auswahl des Materials für die Pfeiler und für die Kuppel besondere Prüfverfahren angewendet. Über die hätte ich gern noch etwas gehört.

Wolfram Jäger: Beim statisch-konstruktiven Nachweis einer so hoch beanspruchten Mauerwerkskonstruktion mussten wir den heutigen Anforderungen genügen. Wir haben die Nachweise auf der Methode der Teilsicherheitsfaktoren und dem semiprobabilistischen Bemessungskonzept aufgebaut, das heißt, wir brauchten statistische Daten des Materials. Auch die Bemessungsformeln, die von Professor Eberhard Berndt ausgearbeitet worden waren, um die Festigkeiten festzulegen, basierten auf solchen Werten. Das Steinmaterial ist mit jeweils notwendiger Dichte geprüft worden, für die Pfeiler war die Prüfdichte höher als für das normale Mauerwerk. Und es ist auf der Baustelle kontrolliert worden, ob die maßgebenden Materialkennwerte eingehalten waren oder nicht. Das betraf sowohl den Stein als auch den Mörtel. Ich denke, es gibt kaum ein Bauwerk, das eine so gute Mitschrift über die eingebauten Materialgüten hat wie die wiederaufgebaute Frauenkirche. Dann mussten wir kontrollieren, dass nicht nur die Materialkennwerte, sondern auch das Bemessungskonzept insgesamt auf der Baustelle umgesetzt wurde. Da wurde ohne Vorankündigung beim Mauerwerk und seinen Fugen immer wieder geprüft, eine Schicht heruntergenommen, fotografiert, weitergebaut usw. (Abb. 12). So hätte man auch feststellen können, ob im Inneren des Mauerwerks Steine lagen, die von der Festigkeit her nicht so hoch einzuschätzen waren wie die außen sichtbaren Steine. Bähr hat auch geprüft, aber nur visuell. Er wusste, dass man beim Grundmauerwerk nicht ganz so festes Steinmaterial braucht wie oben drüber. Wir haben an der Ruine gemerkt, dass Bähr ein Auge auf die Qualität geworfen hatte. Aber er verfügte nicht über unsere heutigen Prüfmethoden und Prüfverfahren: Es wurden bei ihm keine Proben abgedrückt und die Prüfung erfolgte, wie gesagt, visuell. Das garantiert aber eine Qualität nur in gewissen Grenzen.

Fritz Wenzel: Wir haben uns unsere eigene Norm erarbeitet und mit Versuchen belegt. Und diese unsere Norm, ein dickes Konvolut, hat sich auch verändert, weil wir während der Bauausführung hier und da gemerkt haben, dass unsere theoretische Grundlage an die Möglichkeiten der Praxis angepasst werden musste.

Abb. 12   Kontrolle der Mörtelfuge beim Pfeiler

Das Schaffen einer eigenen Mauerwerksrichtlinie als Grundlage unserer Arbeit war das eine. Das andere war – bitte, Jörg Peter, hören Sie einmal weg – der Prüfingenieur. Wir haben monatelang darum gerungen, den richtigen Prüfingenieur zu bekommen. Der muss ja mitziehen, aber nicht mitziehen aus reiner Freundschaft, sondern er muss bereit sein, Verantwortung außerhalb der gängigen Normen zu tragen und immer wieder zu prüfen, ob die Werte, nach denen wir uns gemäß unserer Richtlinie zu richten hatten, auch plausibel und vertretbar sind. Der Prüfingenieur hier bei der Frauenkirche durfte nicht von der Art sein, der sagt, habe ich eine Norm, da gibt es darin Werte, deren Einhaltung ich zu überprüfen habe, dann kann ich meine grünen Haken machen. Ich habe ein bisschen übertrieben, aber es gibt solche und andere. Wir aber brauchten einen Prüfingenieur, der Mitverantwortung übernahm bei einer Bauaufgabe, die nicht überall den herkömmlichen Normen entsprach. Wir brauchten jemanden, der in solcher Situation schon einmal mitgemacht hat, und der auch bereit war, mitzugehen. Dazu sind spezielle Kenntnisse und Fähigkeiten und Erfahrungen notwendig. Hätte ein Amt die Prüfung vorgenommen, wer weiß, ob wir dann nicht doch hätten Stahlbeton nehmen müssen.

Eberhard Alscher: Die Frage des Stahlbetons geht mir noch nicht ganz aus dem Kopf. Es gibt in der Denkmalpflege ganz vorzügliche Beispiele, wo auch Stahlbeton angewendet wurde, sichtbar in der Deckenebene oder in Stahlbetonlisenen außen, also in Fällen, wo man im Altbau auch die neuen Konstruktionen zeigt. Hier bei der Frauenkirche war aber, wie wir von Professor Glaser gehört haben, die Zielsetzung eine andere, nämlich eine Anastylose, ein archäologischer Wiederaufbau und damit verbunden eine Wiederaufrichtung. So waren es, neben dem sächsischen Sandstein, die schon vorhandenen Zuganker aus Eisen und der Gedanke einer Anastylose ohne artfremdes Material, welche im denkmalpflegerischen Sinne hier den Ausschlag gaben.

Fritz Wenzel: Noch einmal zurück zu Herrn Kendel. Hier ein paar stützende Wandscheiben aus einem anderen Material, aus Stahlbeton einzubauen, wäre mir als Ingenieur dann eigentlich zu wenig gewesen. Dann wäre vielleicht auch gefragt worden, was soll das, die ganze Kirche ist so geworden, wie sie einmal war, aber hier müssen die Ingenieure ein paar neue Scheiben hinsetzen?

Gotthard Voß: Aber es wäre doch gar nicht nötig gewesen, diese Scheiben zu bauen. Es waren ja genügend Anker in der Konstruktion. Manche sind nicht wieder hereingekommen, andere sind zusätzlich angeordnet worden.

Siegfried Kendel: Also sagen wir es so: Man kann die neuen Anker aus Stahl als Notkonstruktion werten und ansehen, oder man kann sie so sehen, wie Sie es jetzt tun und sagen, die gehören zum Konstruktionsgefüge dazu. Beides ist vielleicht legitim.

Fritz Wenzel

Alt und Neu

Die Frauenkirche George Bährs war beides, ein Werk der Architektur und der Ingenieurbaukunst (Abb. 1). Die ganze Kirche war aus Stein gebaut: Fundamente, Pfeiler, Wände, Gewölbe, niedrige Innenkuppel, hohe Außenkuppel, Laterne. Die Frauenkirche in allen Teilen wieder steinsichtig zu erstellen (Abb. 2), bereitete den Architekten und uns Ingenieuren viele Probleme.

Wir trugen die historischen Quellen zusammen und studierten sie: Pläne, Berichte, Berechnungen. Das Rissbild des Baugefüges im Jahre 1937 nach Georg Rüth (Abb. 4, S. 32) ließ uns den Kraftfluss und die statisch-kon-

struktiven Schäden im Mauerwerk gut verstehen. Rüth hinterließ eine gründliche statisch-konstruktive Einschätzung der Schwachpunkte des Bauwerkes. Das hat uns sehr geholfen. Wir rechneten die alte Konstruktion nach und verglichen die Ergebnisse mit den überlieferten Schadensbeschreibungen und Fotos. Nach der Schadensanamnese wussten wir über die alte Konstruktion schon gut Bescheid. Danach galt es, nicht nur die mehr und mehr zum Vorschein kommende Ruine in den Wiederaufbau zu integrieren, sondern auch den Einbau möglichst vieler Steine aus dem Trümmerberg zu ermöglichen. Gemeinsam mit den Dresdner Kollegen

Abb. 1   Ansicht der Kirche, alt

Abb. 2   Ansicht der Kirche, neu

führten wir Bestands- und Zustandsuntersuchungen aus. Wir erfuhren daraus noch eine ganze Menge mehr über die alte Konstruktion. Das Wichtigste dabei war, dass sich der Baugrund, die Fundamente und die Wände des Untergeschosses als ausreichend tragfähig für den Wiederaufbau erwiesen. Danach folgten wir nicht nur mit dem Material, sondern auch mit dem Entwurf der Konstruktionsidee des George Bähr aus dem 18. Jahrhundert. Die erwies sich, je länger wir sie studierten, als mehr und mehr zutreffend und angemessen für das Baugefüge.

Die stehengebliebene Chorapsis war ein halbes Jahrhundert Wind und Wetter ausgesetzt. Auch der Hochaltar war stehengeblieben, beschädigt zwar, aber noch aufrecht. Wie war das Mauerwerk der Apsis beschaffen, im Inneren, von der Tragfähigkeit her? Ließ es sich in den Wiederaufbau integrieren und entsprechend belasten? Wir untersuchten die alten Chorpfeiler mit Hilfe des Georadars (Abb. 3). Hier arbeiteten wir mit der Karlsruher Firma GGU des Dipl.-Physikers Bernhard Illich zusammen. Die strukturelle Beschaffenheit des Mauerwerkes erwies sich als gut, es gab keine inneren Hohlräume und Fehlstellen und keine schwächenden Materialwechsel. Zusätzlich ermittelten wir die Tragfähigkeit der Pfeiler durch die Entnahme von Stein- und Stein-Fuge-Stein-Bohrkernen. Das Ergebnis: Die

Abb. 3   Untersuchungen mit dem Georadar am Chorpfeiler

Chorapsis ließ sich so, wie sie war, in den Wiederaufbau einbeziehen und belasten.

Noch etwas zu den höchst beanspruchten Bauteilen, den Pfeilern. Der Vergleich der großen Sandsteinquader für die neuen Pfeiler, ausgesucht tragfähig und aufs sauberste in Form gebracht, mit den übrig gebliebenen Stücken der alten Pfeiler, kleinteilig zusammengesetzt, mit unregelmäßig behauenen Steinen, unter der Last aufgespalten und danach umgürtet, macht klar, dass das neue Gefüge doppelt so hohe Spannungen ertragen kann wie das alte (Abb. 4).

Beim Wiederaufbau haben wir nicht den Barock imitiert, weder bei der handwerklichen Bearbeitung noch beim Bauverfahren, sondern wir haben das Baugefüge mit den Techniken unserer Zeit wieder aufgebaut. Dazu gehört auch, dass die Kirche unter einem Schutzdach entstand und in der kalten Jahreszeit mit Hüllen verhängt war (Abb. 5). Es war also Winterbau möglich. Manche sprachen auch von einer Laborbaustelle. Das kunstvolle Gerüst mit Dach und Brückenkranen und sein periodisches Heben und Verlängern nach oben genoss die besondere Aufmerksamkeit und Zuwendung des Baudirektors der Frauenkirche, Eberhard Burger.

Alle neuen Steine für den Wiederaufbau der Frauenkirche wurden – ausgenommen das Massenmauerwerk – vorgefertigt, auch und gerade die komplizierten, vielfältig geformten und räumlich gekrümmten Quader. Die planenden Architekten und Ingenieure an ihren Computern und die Kollegen in der Fertigung haben schwierigste, aber erfolgreiche Arbeit geleistet. Für die Logistik war jeweils ein Jahr Planungsvorlauf vonnöten.

Über die ingenieurmäßig größten Schwachpunkte der alten Konstruktion, die große Überlastung der Innenpfeiler und die Undichtigkeit des Kuppelanlaufes, wird, zusammen mit den Verbesserungen beim Wiederaufbau, in anderen Beiträgen ausführlich berichtet. Hier will ich mich jetzt mehr auf die Integration der Ruine und auf das Nebeneinander und Miteinander von Alt und Neu konzentrieren.

Die sogenannte Enttrümmerung, also das Abtragen des Trümmerberges und das Freilegen des Untergeschosses, fand im Jahre 1994 ihren Abschluss. Es kam erstaunlich viel intaktes Mauerwerk zum Vorschein: Die Fundamente, die Kellerwände, die Eckgewölbe, Teile des Erdgeschosses, dazu die beiden hoch aufragenden Stümpfe des Nordwestturmes und der Chorapsis. Annähernd die Hälfte des gesamten Mauerwerksvolumens der alten Frauenkirche blieb erhalten und erwies sich als tragfähig. Der Neubau konnte wie ein Implantat in die Ruine eingesetzt werden.

Als der Keller freigeräumt war, wurden die Wände, die Gewölbeansätze und auch ein Reststück des großen Gewölbes sichtbar (Abb. 6). Eine Abdeckung hielt Regen und Schnee fern, eine Notheizung schützte das Mauerwerk vor dem Zerfrieren.

Das Anpassen der neuen Kellergewölbe an die alten Gewölbekämpfer war eine mühsame, individuelle Arbeit (Abb. 7). Dagegen ging das Versetzen der neuen, vorgefertigten Gewölbesteine schnell.

Manches ließ sich beim besten Willen nicht erhalten. Ein sehr zerspaltenes Wandstück im Norden des Erdgeschosses musste weitgehend erneuert werden. Immer wieder mussten wir, zusammen mit den Denkmalpflegern, nach den Grenzen des Machbaren und Vertretbaren suchen. Ein benachbartes Wandstück im Norden ließen wir, um 20 cm verkippt, so stehen wie es war (Abb. 6, S. 16). Entsprechend geneigt zeigt es sich, oben durch das Gesims abgedeckt, im fertigen Bauwerk (Abb. 7, S. 17). Es präsentiert sich nicht so auffällig, wie manche das befürchtet hatten, aber es lässt sich erkennen.

Auch weiter oben gibt es Versätze zwischen Alt und Neu. Das Alte wurde beim Zusammensturz der Kirche herausgedrückt, neigte sich nach außen, das Neue nebenan wurde lotrecht aufgemauert (Abb. 8).

Beim alten Dach über der stehengebliebenen Apsis wurde eine detaillierte Rissaufnahme Platte für Platte nötig, um herauszufinden, wie viele von ihnen durch Risse undicht geworden waren, und um entscheiden zu können, wie viel vom Dach der Ruine beim Wiederaufbau erhalten werden konnte. Auf der einen Seite sollte möglichst viel von ihr im Neubau Bestand haben, auf der anderen Seite war sicherzustellen, dass die Orgel und der Altar unter ihrem Dach später durch eindringendes Wasser nicht Schaden nahmen. Das Ergebnis war, dass die Abdeckplatten über dem Lichtraum der Apsis erneuert werden mussten, die alten Platten aber unten am Dachrand über der Außenwand erhalten werden konnten (Abb. 9, siehe auch Abb. 2, S. 11).

Unsere Architektenkollegen zeichneten gleich zu Beginn zwei Versionen. Bei der ersten wurde nur die stehengebliebene Ruine in den Wiederaufbau integriert, bei der zweiten wurden auch die wiederverwendbaren Steine aus dem Trümmerberg mit eingesetzt – nicht nur die profilierten Fassadensteine, von denen man bei einigen wusste, wo genau sie ihren Platz hatten, sondern auch die anderen Quader, die nach Gutdünken in der Fassade angeordnet wurden. Die Entscheidung fiel für die zweite Lösung. Die Dresdner wollten so viele alte Steine wie möglich in der wiederaufgebauten Kirche wiederfinden.

Das Traggefüge der Emporen bestand ursprünglich aus Holzbalken, später kamen Stahlträger dazu. Die Emporen verbrannten, stürzten mit der Kirche zusammen ein.

Abb. 4   Neue Pfeilersteine vor altem Pfeilerstück

Dokumentiert war von ihnen nur wenig, auch wären sie für die heutige Zeit nicht tragfähig genug gewesen. So entwarfen wir eine neue, moderne Stahlkonstruktion, mit Brandschutzplatten verkleidet. Das Stahlgefüge folgt in Form und Dimension den historischen Brüstungen, Decken und Fußböden (Abb. 10). Heute sieht man von der Stahlkonstruktion nichts mehr, sie ist komplett eingeschlossen.

Noch einmal zurück zum Mauergefüge. George Bährs Frauenkirche war ein Bau aus Stein und Eisen. Bähr

Abb. 5   Das Schutzdach über der Baustelle

hatte als Bewehrung eine große Zahl von schmiedeeisernen Ankern ins Mauerwerk gelegt. Wir fanden über 300 von ihnen im Trümmerberg (Abb. 11, S. 36). Sie waren zwar für den Wiederaufbau zu nachgiebig, aber für uns waren sie nicht nur ein technischer Fingerzeig, sondern auch eine geschichtliche Vorgabe: Aus den Grundmaterialien Stein und Stahl (anstelle des Eisens) sollte auch die neue Frauenkirche erstehen.

Technisch haben wir alles Notwendige getan, um Alt und Neu verträglich zueinander finden zu lassen. Die vernarbten Ränder der Ruine haben wir nacharbeiten müssen, damit sich der Neubau als Implantat passgenau in den verbliebenen Bestand einfügen ließ. Jetzt entwickelt der Mörtel seine Endfestigkeit, die Lastumlagerungen kommen nach und nach zur Ruhe. Es sind heilende Wunden und Narben, uns Ältere an miterlebte Zerstörung und glückliche Auferstehung erinnernd, den Jüngeren später als Geschichtszeugnis nur noch bei genauerem Hinsehen erkennbar. Dank des Nachdunkelns der neu gebrochenen Steine findet die Fertigstellung des Äußeren der Frauenkirche nicht jetzt oder mit der Einweihung am 30. Oktober 2005 ihr Ende, sondern die Kirche wächst dann farblich von selbst weiter zusammen. Nicht so der Innenraum: Hier ist alles fertig, sind die Narben und Wundmale, wenn überhaupt, nur noch für Eingeweihte auffindbar. Als stille Wegweiser der Erinnerung und leise Zeichen der Versöhnung fehlen sie mir.

Der Blick von der Marienbrücke auf die Dresdner Elbfront zeigt, dass die Frauenkirche 60 Jahre nach der Zerstörung wieder ihren angestammten Platz einnimmt (Abb. 1, S. 10). Dresden hat seine Frauenkirche wieder, und die Arbeiten der Referenten, über die in unseren Seminaren gesprochen wurde und hier berichtet wird, hatten vielfachen Anteil daran.

Abb. 6   Blick in den freigeräumten Keller

Abb. 7   Gewölbeanpassung

Gotthard Voß

am 12.09.2003 in Dresden zum Thema Alt und Neu und zum Tun und Lassen des Denkmalpflegers:

„Wiewohl ich in diesem Seminar gern als Moderator mitwirke, so sei doch nicht verschwiegen, dass ich ein skeptischer Betrachter der Entscheidung für den Wiederaufbau gewesen bin. Weniger vom Grundsätzlichen her, vom Ja oder Nein, sondern mehr wegen der Entscheidung gegen ein anderes Denkmal, die Ruine. Und wenn ich auch bewundere, was hier zu sehen ist, so bleibt bei mir doch bis heute das Bedauern über das, was verloren gegangen ist. Aber: Das ist eine Angelegenheit der Dresdner, den Dresdnern ist die Frauenkirche verloren gegangen, und wir, die wir nicht in Dresden leben oder gelebt haben, wir haben die Entscheidung zu akzeptieren.

Als ich vorhin über die Marienbrücke fuhr, habe ich mich durchaus gefreut, dass die Silhouette der Stadt sich in dieser Weise mit dem Neubau der Frauenkirche wieder vervollständigt. Wo bleiben also da die kritischen Argumente des Denkmalpflegers? Muß er sich hier nicht zurückhalten, wenn nicht sogar ganz heraushalten? Nein, meine ich, denn er ist auf jeden Fall dort gefordert, wo historische Substanz noch vorhanden ist, sowohl beim Gebäude als auch bei der Ausstattung mit dem Altar; hier muß der Denkmalpfleger unbedingt dabei sein. Wenn aber keinerlei historische Substanz mehr da ist – es gibt da viele Beispiele, in Halle, Potsdam, Berlin – dann sollte er sich nicht einmischen, sondern die Aufgabe ganz dem Architekten überlassen!"

Abb. 8   Altes verkippt gelassen, Neues lotrecht eingefügt   Abb. 9   Alter Dachrand der Chorapsis

Abb. 10   Stahlkonstruktion der Emporen

Fritz Wenzel

Auseinandersetzungen mit Alternativen

Ein Thema unserer Ingenieurarbeit berührte mich – neben dem Kuppelanlauf mit dem neuen Unterdach und der Integration der Ruine in den Wiederaufbau – besonders, sowohl fachlich als auch persönlich: Das zusätzliche Ankersystem, um die Frauenkirche unter der Last der Kuppel zusammenzuhalten. Davon ist an anderer Stelle schon die Rede. Hier soll in gebotener Kürze noch von den Alternativen, die vorgeschlagen wurden und mit denen wir uns auseinanderzusetzen hatten, gesprochen werden.

Curt Siegel schlug vor, auf das zusätzliche Ankersystem zu verzichten und die Pfeiler aus Granit statt aus Sandstein zu bauen. Außerdem riet er, die Pfeilerfundamente zu verstärken. Beides hätte dazu geführt, dass die Lasten in den Pfeilern noch größer geworden wären, so groß, dass selbst der Granit, der ja tragfähiger ist als der Sandstein, Schaden genommen hätte. Außerdem wäre die Lastausbreitung über die Spieramenwände nach außen, wie sie George Bähr vorschwebte, noch weniger eingetreten als schon beim ursprünglichen Bau. Insofern war der Vorschlag nicht hilfreich, sondern eher kontraproduktiv.

Curt Siegel kannte ich seit 1966, als begeisternden Hochschullehrer und allzeit hellwachen, streitbaren Geist. Wir schätzten einander. Er war ein erbitterter Gegner unserer Spannankerkonstruktion. Stunden- und tagelang saßen wir zusammen, er, ich, mein Kollege Bernd Frese – im Büro, bei ihm zu Hause, bei mir im Garten. Wir fanden, in der Sache, nicht zueinander. Schließlich trennten wir uns im Streit.

Fritz Leonhardt brachte anstelle unseres aktiv wirkenden Ankersystems aus Stahl eine horizontale Aussteifung des Mauergefüges durch eine auf Zug beanspruchte Stahlbeton-Fingerscheibe in die Diskussion. Die Zugkräfte sollten reaktiv, d.h. nach entsprechender Dehnung der Scheibe, durch einen hochfesten, schwindarmen Beton aufgenommen werden; sicherheitshalber war auch eine reichliche Stahlbewehrung vorgesehen. Der vorgeschlagene Beton war eine Neuentwicklung, für den Einbau in das Baugefüge der Frauenkirche noch nicht lange genug und auf reinen Zug noch überhaupt nicht erprobt. Weil die Betonkonstruktion in das Mauerwerk eingefügt werden sollte und sich nicht – wie unsere nur punktuell festgemachte, frei geführte Stahlkonstruktion – unabhängig von diesem hätte dehnen und längen können, waren neue Risse im Mauerwerk zu befürchten (Abb. 7, S. 33, links). Außerdem wäre mit dem Beton viel Fremdmaterial in ein Konstruktionsgefüge gekommen, welches bislang nur aus Mauerwerk und Eisenankern bestand. So konnten wir, bei allem Respekt vor seinem Verfasser, auch diesem Vorschlag nicht folgen.

Fritz Leonhardt und ich kannten uns seit 1968. Wir arbeiteten in der Forschung und Praxis zusammen, unter anderem bei der Instandsetzung von Balthasar Neumanns Abteikirche in Neresheim und bei der Sicherung der absinkenden und abrutschenden Stiftskirche Herrenberg. Der Leitlinie des Wiederaufbaus, die neue Frauenkirche, wie die alte, wieder aus Stein und Eisen erstehen zu lassen, stand Fritz Leonhardt aufgeschlossen gegenüber, bis er sich dann des ihm eigenen Materials besann, des Betons, den er als Aussteifung um den Kuppelfuß herum ins Steingefüge eingießen wollte. Da kam es auch zwischen uns zum Streit.

Günter Zumpe schließlich brachte die Idee einer gemauerten tragenden Glocke ein. Die Last dieser Glocke sollte nicht auf den Innenpfeilern ruhen, die Günter Zumpe unter dem Innengesims enden ließ und nicht bis an die Glocke heraufführte, sondern unter den Deckplatten des Kuppelanlaufes, der windschiefen Bedachung, geneigt weiter nach außen geführt und annä-

hernd mittig auf die Wandvorlagen, d.h. die Spieramenwände, abgesetzt werden. Zur Einfassung des geneigten,
unter den Deckplatten unsichtbar verlaufenden Glo-
ckenrandes war ein Ringbalken vorgesehen. Mit Günter
Zumpes Idee hätte sich zwar eine noch größere Ver-
gleichmäßigung der Pressungen im Unterbau erreichen
lassen als bei den Ankerlösungen aus Stahl und Stahlbeton, aber es gab statisch-konstruktive, geometrische und
baukonstruktive Probleme und Schwierigkeiten, die
von diesem Vorschlag Abstand nehmen ließen. Vor allem
aber: Der Vorschlag stellte etwas prinzipiell anderes
dar als das, was George Bähr geplant und gebaut hatte. Die moderne, von Günter Zumpe vorgeschlagene
Glockenkuppel und der von George Bähr entworfene
Unterbau hätten strukturell nicht übereinander gepasst.
Die Kuppel hätte nicht mehr auf, sondern, nach außen
versetzt, neben den Pfeilern gestanden. So hat und hätte
George Bähr seine Kirche nicht gebaut.

Die Auseinandersetzungen – besonders diejenigen mit
Curt Siegel und Fritz Leonhardt, mit denen mich lange
Jahre gegenseitigen Respekts und daraus erwachsener
Freundschaft verbunden hatten - taten weh. Immerhin:
Beider Widerstand spornte an, die Ankerkonstruktion
noch einfacher und robuster zu machen. Den Ingenieurkollegen Jörg Peter und Wolfram Jäger bin ich dankbar, dass sie aus fachlicher Einsicht zu mir standen. Der
Stiftung danke ich, dass sie mir und uns vertraut hat. Mit
Curt Siegel gab es später ein versöhnliches Wiedersehen,
mit Fritz Leonhardt einen stummen Händedruck. Meine Hochachtung vor beiden und ihrem Lebenswerk ist
geblieben.

Volker Stoll

Die Hauptkuppel

Volker Stoll, Bauingenieur und Projektleiter des Radebeuler Büros von Wolfram Jäger, hatte wesentlichen Anteil an der Planung und statisch-konstruktiven Überwachung des Wiederaufbaus, insbesondere von Keller und Kuppel. Mit dem Karlsruher Büro für Baukonstruktionen und der Gruppe um Fritz Wenzel, welcher die Gesamtkonzeption und die Arbeit am aufgehenden Bauwerk zwischen Keller und Kuppel zukam, arbeitete er eng zusammen.

George Bähr hatte, wie bekannt, die Hauptkuppel samt Laterne und Chordach zunächst als Holzkonstruktion geplant. Die Entscheidung, stattdessen eine Steinkuppel zu bauen, fiel 1733. In die Kuppelwandung hatte Bähr vier Ankerringe einlegen lassen. Eine wissenschaftlich begründete Kuppelstatik gab es damals noch nicht, trotzdem saßen die Ringe, wie unsere heutigen Nachrechnungen ergaben, in den richtigen Höhen. Es waren armdicke, geschmiedete Vierkantstähle mit Augen und Keilverbindungen. Sie haben gehalten, entfalteten ihre volle Wirkung aber erst, nachdem sich der Schmiedestahl infolge der Zugkräfte gedehnt hatte und nachdem der Schlupf in den Verbindungen erfolgt war. 1938/39 erhielt die Kuppel an der Innenseite ihrer Wandung nach den Sanierungsplänen von Georg Rüth noch drei umlaufende Stahlbetonringanker zugefügt (Abb. 1, links).

Beim Wiederaufbau haben wir sechs statt der bisherigen vier Ankerringe eingebaut. Dabei kam Stahl statt Schmiedeeisen zur Anwendung. Die neuen Ringanker ließen sich vorspannen, so dass das Kuppelmauerwerk heute in Ringrichtung zusammengedrückt ist (Abb. 1, rechts).

Von Beginn an war klar, dass, wenn irgend möglich, wieder eine steinsichtige Kuppel entstehen sollte, ohne Dach- bzw. Dichtungshaut. Nach eingehenden Diskussionen kam wieder ein Sichtmauerwerk mit Kuppeldeckschicht und Hintermauerung zur Ausführung, wobei die Deckschicht insgesamt aus frisch gebrochenem Sandstein besteht. Vom Einbau alter Steine in die Kuppelwandung mussten wir aus bauphysikalischen und baukonstruktiven Gründen Abstand nehmen, sie wären Schwachstellen im neuen Gefüge und Ausgangspunkt neuer Schäden geworden. Bei der Entscheidung für die heutige Art der Ausführung spielten - neben der Statik, Bauphysik und Baukonstruktion - auch Fragen der Wartung, Pflege und Kontrolle, der Kosten und insbesondere der Dauerhaftigkeit eine Rolle.

Für die Kuppeldeckschicht kam Postaer Sandstein der Eisenhaltigen Bank Mühlleite zur Anwendung, für die Hintermauerung ein Reinhardsdorfer Sandstein. Besondere Untersuchungen galten dem Zusammenspiel von Stein und Mörtel sowie dem Klimaverhalten der steinsichtigen Konstruktion. Zum Erproben des Vorspannens der Anker und des Verpressens der Spannkanäle wurden 1:1 Modellversuche vorgenommen. Die Ringanker bestehen, in Anlehnung an die früheren Vierkantanker, diesmal aus hochkant gestellten Breitflachstählen 3 x 10 bzw. 3 x 15 cm (Abb. 2). Wichtig war die Sicherstellung des Korrosionsschutzes. Hier gab es für die gewählte Stahlgüte St 690 keine bauaufsichtliche Regelung für nichtrostende Stähle mit derartigen Festigkeitskennwerten. Also stellten wir den Korrosionsschutz über eine ausreichend dichte und ausreichend dicke Ummantelung des Feinkornstahles S 690 QL1 mit Zement sicher. Am Modell fanden wir

Abb. 1   Kuppelquerschnitt mit vier Bähr'schen und drei Rüth'schen Ankern (links) und sechs heutigen Ankerringen (rechts)

Rüth 1938/39   Bähr 1733-35   Jäger/ Wenzel 2001-03

durch Versuche den geeigneten Einpressdruck heraus, bei dem sich die Deckschicht der Kuppel nicht abhob bzw. verschob. Wir kontrollierten, ob und wo Hohlräume im Verpressgut des Spannkanals aufgetreten waren und nahmen danach Modifizierungen in der Art des Verpressens vor. Das Injektionsgut wurde verbessert, verschiedene Einpresshilfen wurden als Zugabe zum Mörtel ausprobiert. Auch war für die Volumenstabilität des Verpressgutes zu sorgen, so dass später beim Erhärten keine Volumenvergrößerung und auch nur ein sehr begrenzter Volumenverlust auftrat.

Schwierig war, nach dem Einbau des Spannringes, das Versetzen der Werksteine vor und über dem Spannkanal (Abb. 3), ohne dass es in ihm vor dem Verpressen zu Verunreinigungen kam. Der Mauermörtel durfte den Ringanker nicht verschmutzen, der Spannprozess später nicht behindert werden. Gespannt werden konnte immer erst, nachdem der Kanal 1,5 bis 2 m in der Höhe übermauert war. Die Einleitung der Ankerkraft wurde mit Hilfe von Manometern, Dehnwegmessungen sowie beim ersten Anker auch mit Dehnmessstreifen kontrolliert. Zum Vorspannen standen immer zwei Spann-

pressen zur Verfügung, die jeweils 1.000 kN Spannkraft aufbringen konnten. Als Solldehnweg wurden ca. 4 cm je Spannstelle erreicht. Es wurde in kleinen Stufen gleichzeitig an allen Spannstellen angespannt, so dass der Spannprozess ständig genau verfolgt und bewertet werden konnte. Zu guter Letzt wurden die 4 Spannstellen je Ring verschraubt. Danach wurden die Spannnischen mit kleinformatigen Hintermauerungssteinen weitestgehend ausgemauert, bevor der Verschluss mit großformatigen Werksteinen und 5 mm Fugenmaß erfolgte. Das Verpressen geschah dann mit Hilfe von 64 Einpressröhrchen; eine gleiche Anzahl weiterer Röhrchen diente dem Überlauf, also der Anzeige, dass der Spannkanal voll verpresst war. Das Nachverpressen im zeitlichen Abstand zum eigentlichen Verpressvorgang mit einer Zweikomponenten-Flüssigkeit komplettierte schließlich den Einbau der Spannanker.

Große Hilfe erfuhren wir durch eine Reihe von Firmen, deren Mitarbeit im Anhang genannt ist [7] und die wesentlich zum Gelingen des Kuppelbaus beigetragen haben.

Abb. 2   Neuer Kuppelringanker mit Stoß beim Einbau

Abb. 3   Spannkanal, noch offen

Diskussion am 17.10.2003 in Dresden

Ingrid Rommel: Eine Frage zum Verpresssystem. Es waren ganz viele Schläuche zu sehen. Was ist mit denen passiert, als Sie die Kanäle ausgossen? Gab es die Möglichkeit, sie zu entfernen, oder stecken sie nun alle noch in der Kuppel drin?

Volker Stoll: Die Schläuche liegen entweder in den Lagerfugen, oder sie sind in kleine Nuten eingebettet. Sie verbleiben im Mauerwerk, wurden aber im Wendelgang oberflächenbündig abgeschnitten und sind später nicht mehr sichtbar, wenn die Sandsteinfläche dann verputzt ist.

Gotthard Voss: Haben Sie Sorge, dass mit den Schläuchen hinterher etwas passieren könnte?

Ingrid Rommel: Nein, aber es wurde von 5 mm Fugendicke gesprochen und von kleinen Kanälen als gesonderten Aussparungen. Die Schläuche waren ja aber wohl dicker als 5 mm?

Volker Stoll: 5 mm dick sind die Fugen im Werksteinverband, also in der äußeren ca. 30 cm dicken Deckschicht, wo sich derartige Schläuche nicht befinden. Die Schläuche sind nach Innen geführt, durch die 80 bis 145 cm dicke Hintermauerungsschicht, die 12 bis 15 mm starke Fugen aufweist und in der wir kleinformatige Steine zum Einsatz gebracht haben. Also dort, wo Werksteine sind, gibt es keine derartigen Schläuche. Alle sind zur Innenseite der Kuppelschale geführt.

Ingrid Rommel: Sie haben den Verpressmörtel modifiziert, so dass er nur begrenzt quillt, aber beim Aushärten auch nicht schwindet. Darf ich fragen, was Sie in Ihren Mörtel gemischt haben?

Volker Stoll: Wir haben zuerst mit verschiedenen Zementen Versuche gemacht. Dabei hatten wir Volumenverluste bis zu 13 % und im günstigsten Fall immer noch 3,5 %. Die von uns selbst gesetzte Grenze lag aber bei 2 %. Wir haben, nach einer Reihe von Versuchen, eine Einpresshilfe, also eine Zugabe zum Mörtel gefunden, die für unseren Fall geeignet war. Wir haben einen Trasszement verwendet, um die Ausblühneigung zu minimieren. Es waren 1,3 % Zugabe von Einpresshilfe erforderlich. Jeder Verpressvorgang hat mit einem Tauchrohrversuch begonnen, nach dessen Ergebnissen man diese Zugabe nochmals auf Werte zwischen 1,25 und 1,35 % modifizieren und auch den Wasserzementfaktor von 0,40 auf 0,39 oder 0,38 verändern konnte, weil jede Zementcharge etwas anders ausfiel. Man musste das sehr gewissenhaft tun, und man hat uns manchmal etwas spöttisch angesehen oder belächelt, die Arbeiter werden sicherlich auch geflucht habe, aber Vorsicht war die Mutter der Porzellankiste, und letztendlich hat alles gut geklappt.

Hartmut Pliett: Sie haben gesagt, dass durch die Vorspannung auch die Dichtigkeit der Deckschicht erreicht werden soll. Meine Frage: Wie kommt die Vorspannung von den Ringankern, die ja zwischen Deckschicht und Hintermauerung liegen, in die Deckschicht?

Volker Stoll: Die Dichtigkeit der Deckschicht wird nicht überall allein durch die Vorspannung erreicht worden sein, besonders nicht in den Bereichen, wo die Spannanker liegen, weil man ja während des Spannens die Spanntaschen offen halten musste und der Ringschluss dort erst später hergestellt wurde. Man wird jedoch über die Verzahnung der wechselnden Binder- und Läufersteine aus der vorgespannten Hintermauerung in die Deckschicht hinein eine gewisse Vorspannung der Deckschicht auch in den Bereichen oberhalb und unterhalb des Spannankers bekommen haben. Aber es ist richtig: Das ehrgeizige Ziel, welches wir zu Beginn verfolgten, nämlich die Deckschicht vollständig mit vorzuspannen, wird uns im Bereich der Spannanker nicht gelungen sein.

Teilnehmer: Frage 1: Sind die Dehnmessstreifen noch im Bauwerk, also an den Spannstählen, vorhanden? Werden sie beobachtet, abgelesen? Frage 2: Wenn sich jetzt herausstellt, dass die Kuppel mit ihrem Verhalten ganz andere Pläne verfolgt, als der Statiker und der Prüfstatiker sich vorstellten, die Kräfte sich also etwas anders einstellen als gedacht: Haben Sie die Möglichkeit, die Spannglieder nachzuspannen oder zu entlasten?

Volker Stoll: Wir hätten die Dehnmessstreifen gern weiter genutzt, der Bauherr ist darauf aber nicht eingegangen, so sind sie heute nicht mehr nutzbar. Ein Nachspannen der Konstruktion ist ohne große Schädigungen des Steingefüges nicht mehr möglich. Wir haben jedoch die Größe der Spannkraft so gewählt, dass genügend Verluste eingerechnet sind und die aufgebrachte Spannkraft mit Sicherheit reichen wird, um die in der Kuppel auftretenden Ringzugkräfte auf Dauer zu überdrücken.

Horst Mennecke: Können Sie noch etwas zur Güte der vorgespannten Flachstähle sagen?

Volker Stoll: Es handelt sich, wie gesagt, um einen Stahl St 690. Ein solcher hochfester Feinkornbaustahl nimmt ungefähr doppelt soviel Kraft auf, als andere in Betracht gezogene Stähle. Hätten wir letztere gewählt, hätte ihr Querschnitt doppelt so groß sein müssen, und dann wäre es schwieriger geworden als jetzt schon, weil der Kanal noch größer hätte ausgebildet werden müssen.

Fritz Wenzel: Sagen Sie bitte den Zuhörern noch, wie groß die Vorspannung ist? Ausgedrückt in Druckspannung auf den Steinquerschnitt?

Volker Stoll: Auf den Steinquerschnitt wirkt 1 N/mm^2 Ringdruck. An der noch unverfüllten Spanntasche beim Umlenkstein waren es zeitweise mehr, etwa 3 bis 4 N/mm^2, was aber für den Endzustand nicht mehr zutrifft, weil die ganze Tasche jetzt verfüllt ist.

Fritz Wenzel: Noch einmal zurück zur Kuppelaußenfläche. Hier findet ja durch die Einwirkung von Sonne, Regen, Schnee und Frost, von Feuchtigkeit, Quellen und Schwinden in der Deckschicht Bewegung statt. Wir hatten früher einmal überschlagen, zu welchen Ausdehnungen es gekommen wäre, wenn die Werksteine der Deckschicht nicht in die Hintermauerung eingebunden worden wären. Durch die Vorspannung wird sicherlich ein Teil der Bewegung herabgesetzt werden. Ist es so, dass wir sagen können, die Fugen zwischen den Steinen öffnen sich nach außen hin nicht mehr?

Volker Stoll: Wie ich schon Hartmut Pliett geantwortet habe und wie Sie selbst angedeutet haben, wird die Vorspannung durch die Einbindung der Werksteine in die Hintermauerungsschicht in gewissem Maße gegen das Öffnen der Fugen beitragen. Aber im Wesentlichen kommt es hier auf die Auswahl des Fugenmörtels an.

Helmut Maus: Sie haben berichtet, dass es einen Höhenabschnitt gibt, wo drei Ringanker relativ nahe beisammen liegen. Können Sie noch etwas detaillierter über das Vorspannen dieser drei Anker Auskunft geben?

Volker Stoll: Die Höhenlage, von der Sie sprechen, ist diejenige zwischen kleiner und großer Kuppelgaube. Da gibt es zwischen den Ankerlagen immer nur zwei Werksteinschichten übereinander. Der unterste Anker ist gespannt worden, als der nächsthöhere gerade eingebaut wurde und als 1,50 m Übermauerung vorhanden war. Nach 28 Tagen sind wir davon ausgegangen, dass der Mörtel komplett abgebunden war. Das war der Zeitpunkt, zu dem dann der unterste Anker gespannt wurde. Entsprechend zeitversetzt folgten die anderen.

Helmut Maus: Die Anker lagen ja dicht beieinander, gab es beim Spannen eines Ankers dann Beeinflussungen der beiden anderen?

Volker Stoll: Gewisse Beeinflussungen der Spannkraft in den benachbarten Ankern wird es gegeben haben, aber größenordnungsmäßig und baupraktisch dürften die Auswirkungen nicht groß gewesen sein.

Fritz Wenzel: Noch einmal zur Frage von Herrn Maus: Wenn wir eine ebene Wand haben, dann wissen wir aus Messungen an anderen Bauwerken, dass das Spannen einer Spanngliedlage nahegelegene Nachbarlagen zwar beeinflusst, dass dieser Einfluss aber gering ist. Wenn wir, wie hier, eine räumlich gekrümmte Kuppelschale haben, dann wird der Einfluss nicht größer, möglicherweise sogar noch kleiner sein als bei der ebenen Wand.

Rüdiger Scharff: Haben Sie, wenngleich ich die Erfolgsaussichten nicht sehr hoch einschätze, einmal an Messungen mit Setzdehnungsmessern gedacht, um das Aufbringen der Vorspannung auf das Kuppelmauerwerk zu beobachten?

Volker Stoll: Wir haben die Verluste beim Spannen eingerechnet, Verluste aus dem Schwinden und Kriechen des Mörtels, Verluste aus dem Schlupf der hoch-

festen Passschrauben an den Stößen, aber differenziert konnten wir das Aufbringen der Vorspannung auf das Kuppelmauerwerk durch Messungen nicht verfolgen; der Aufwand wäre groß und die Erfolgsaussicht klein gewesen. Es war eine Gratwanderung, alles kostete Geld, und man hätte dem Bauherrn gegenüber schon eine plausible Erklärung bringen müssen, warum man so etwas unbedingt für nötig hielt. Und da die Verluste beim Spannen in der Summe ohnehin gering sind, wurde ein verfeinertes Messsystem nicht in Erwägung gezogen.

Fritz Wenzel: Frage an den Ingenieurkollegen Stoll: Was war Ihr Eindruck, haben wir uns aus der Sicht des Bauherrn schon zu weit von George Bährs einfachen Methoden entfernt?

Volker Stoll: Mit den Spannankern und ihrem Einbau?

Fritz Wenzel: Ja, auch mit dem Verpressen und Nachverpressen und all unseren Kontrollen? Und mit der Qualität, die wir der Ausführung abverlangt haben?

Volker Stoll: Die hohen Qualitätsanforderungen, die wir von Anfang an gestellt haben, insbesondere auch durch die selbst erarbeitete Mauerwerksrichtlinie, die haben eigentlich den Erfolg des Wiederaufbaus erst sichergestellt. Und als diese Regeln dann in den Köpfen aller drin waren – der Planer, Handwerker, Bauüberwacher – dann funktionierte ihre Einhaltung auch. Da konnten wir dann auch die Reserven, die wir noch hatten, sicher einschätzen und baupraktisch durchaus einmal gewisse Abweichungen von unseren Regeln zulassen. Aber am Anfang mussten wir erst den Daumen drauf haben, und ich denke, dass das gut war. Dass der Wiederaufbau mit einem straffen und scharfen Qualitätsregime begonnen wurde, welches vielleicht hier und da auch etwas über das Ziel hinausgeschossen ist, das hat uns später vor Problemen in der Qualität der Bauausführung bewahrt.

Gotthard Voss: Eine wichtige Aussage und Erfahrung, die vom Wiederaufbau der Frauenkirche gelernt und weitergegeben wird.

Rüdiger Scharff: Die Bohrlöcher für die Passschrauben am Stoß der Spannanker, wurden die erst hergestellt oder aufgerieben, als der Spannvorgang beendet war, oder waren die schon vorbereitet?

Volker Stoll: In der äußeren Lasche waren sie vorbereitet, als Führung für den Bohrer und die Anker an sich. Aber die hintere Lasche, die musste vor Ort durchbohrt werden. Man hatte zwar einen theoretischen Dehnweg, aber der konnte natürlich immer noch im Millimeterbereich abweichen.

Teilnehmer: Wie wurden die Temperaturdehnungen der unterschiedlichen Materialien berücksichtigt? Und gab es beim Spannvorgang selbst eine klar definierte Temperatur?

Volker Stoll: Wir haben 20 % Zuschlag für alle Verluste angesetzt, dabei war auch die Temperatur mit erfasst, so dass die Temperatur zum Zeitpunkt des Spannens auf die Festlegung der Spannkraft keinen direkten Einfluss mehr hatte. Im Vorfeld der Planungen ist das aber berücksichtigt worden.

Teilnehmer: Was hat gegen Litzenanker gesprochen, die Sie nicht gewählt haben? Sie hätten sich ja besser an die Kuppelform anpassen lassen als ein Flachstahl, der vorgeformt werden musste.

Volker Stoll: Gegen die Litzenanker sprach insbesondere der Wunsch nach weitgehender Übereinstimmung der heutigen Ausführung mit dem Original. Litzenanker hätten Vorteile gehabt. Man hätte sie bei entsprechender Ausbildung auswechseln, auch nachspannen können. Unser Prüfingenieur, Herr Professor Peter, hätte da gern mitgemacht. Aber es wurden auch Nachteile gesehen, insbesondere bei der Materialempfindlichkeit (Spannungsrisskorrosion) und Dauerhaftigkeit bei kritischen Klimaeinflüssen und auch Schwierigkeiten beim Auswechseln, wenn es nötig geworden wäre. Wir haben uns dann doch für den robusteren Breitflachstahl entschieden.

Teilnehmer: Musste für diese Ausführung eine bauaufsichtliche Genehmigung im Einzelfall eingeholt werden?

Volker Stoll: Zum Glück nicht!

Teilnehmer: Sie haben öfter erwähnt, dass der Bauherr entschieden hat, dieses zu machen und jenes nicht zu machen. Auch Ihre Vorredner haben sich oft darauf berufen, dass der Bauherr Entscheidungen getroffen hat, die auch in den technischen Bereich hereinreichten. Wer hat dann die Verantwortung übernommen, wer hat es im Detail entschieden? Gab es ein Gremium, das mit Fachleuten besetzt war, oder wie ging das?

Volker Stoll: Es gab ein solches Gremium, die Chefplanerrunde, der die Chefs der Bereiche Tragwerks-

planung und Architektur angehörten, ferner der Prüfingenieur, bei Bedarf auch der Denkmalpfleger. Der Bauherr war immer mit anwesend. Dort wurden die anstehenden Themen, insbesondere auch die Fragen, bei denen konträre Auffassungen bestanden, beraten und entschieden.

Gotthard Voss: Das war für mich eine ganz wichtige Frage, auf die Herr Wenzel sicherlich noch antworten kann.

Fritz Wenzel: Ja, so ein Gremium, das muss man sich wie folgt vorstellen: Da sitzt der Bauherr auf der einen Seite und die Chefplaner sitzen auf der anderen, dazu der Prüfingenieur und der Denkmalpfleger. Dann kommen die Fragen auf den Tisch. Das Interesse des Bauherrn ist natürlich, dass an dieser Kuppel nicht zu viel Wissenschaft der Wissenschaft wegen betrieben wird. Denn das muss er bezahlen. Das Interesse der Ingenieure wiederum ist es, dass genügend wissenschaftliche Absicherung da ist, dass nichts Schlimmes passieren kann. Letztlich bleibt die Verantwortung ja doch bei ihnen.

Ein Argument hier bei den Kuppelringen war natürlich, dass die Ringe von George Bähr, obwohl von schlechterer Qualität, letztlich doch gehalten haben, nicht entzweigegangen sind. Er hatte vier schmiedeeiserne Ringe, die haben sich zwar gedehnt, waren überlastet, aber sie sind nicht gerissen. Und jetzt sind es sechs statt vier Ringe, aus Stahl und mit einer Güte, einem Querschnitt und einer Vorspannung, die es bei Bähr nicht gegeben hatte. Da wurde dann ein Strich gezogen und der Entwurf und seine Umsetzung samt der wissenschaftlichen Absicherung gemeinsam als ausreichend angesehen.

Diskussion am 11.2.2005 in Karlsruhe

Hier kam noch einmal die bereits in Dresden diskutierte Frage zur Sprache, warum für die Umgürtung Breitflachstahl statt Litzen verwendet wurde. Die Antwort lautete wieder, dass auf hochfeste Spannstähle oder Litzen aus Gründen der Dauerhaftigkeit (kritische Klimaeinflüsse, Spannungsrißkorrosion) verzichtet und stattdessen ein eher geduldiger und robuster Breitflachstahl gewählt wurde. Der Hauptgrund sei aber, wie schon in Dresden gesagt, die Anlehnung an die Art der Ausbildung bei George Bähr gewesen.

Vorgestellt wurde im Karlsruher Vortrag und in der Diskussion auch der Aufbau der Hauptkuppel als Ganzes: Außen die tragende und wetterschützende eigentliche

Abb. 4   Die Hauptkuppel entsteht: Außenschale, Wendelgang, Innenschale, Lehrgerüst

Kuppel, einschalig, aber aus zwei Schichten bestehend, zusammen 110 bis 175 cm dick, dann der innere Wendelgang als Aufstieg zur Laterne, etwa 2 m breit, dann, als Abschluß des Wendelganges zum inneren, oberen Kuppelraum, die dünne Innenschale, nur 25 cm dick.

Abb. 4 zeigt die Sparschalung für die Innenschale, rundherum entstehen die Wendelrampe und die Verbindungsschotten zur Außenschale, ganz außen, insbesondere in den Ecken, sieht man Teile des Außenmauerwerks.

Abb. 5 gibt einen Blick in den fertiggestellten Wendelgang, links die Außenschale, rechts neben den mit Durchgängen versehenen Schotten (sichtbar) die Innenschale (nicht sichtbar).

Abb. 5   Wendelgang

Markus Hauer

Innenkuppel und Gewölbe

Markus Hauer, Bauingenieur, Projektleiter des Karlsruher Büros für Baukonstruktionen in der Ingenieurgemeinschaft Jäger/Wenzel und Leiter des Zweigbüros in Dresden, war von 1995 bis zum Schluß der Arbeiten Ansprechpartner für die statisch-konstruktiven Fragen im Wiederaufbauteam und auf der Baustelle. Wesentliche Teile seiner Planungs- und Überwachungsaufgaben galten der Innenkuppel, den Gewölben und den Pfeilern.

Neben der Hauptkuppel, die die äußere Form bildet, und der Innenkuppel , die den Kirchraum im Gebäudeinneren abschließt (Abb. 1-5), gibt es im Bauwerk eine große Zahl unterschiedlicher Gewölbe. Unter dem Kirchraum befinden sich die Kellergewölbe: Das große, sich kreuzende Tonnengewölbe über der Unterkirche (Abb. 6-8), geplant vom Büro Jäger, in den vier Ecken des Kellers kleinere Gewölbe unterschiedlicher Art, welche die Kammern und Gänge überdecken. Wenn man das Bauwerk im Erdgeschoß betritt, steht man in einem kleinen Vorraum, der durch eine Ziegelkappe überwölbt ist. Und schaut man von außen hoch zum Schwung des Kuppelanlaufes, dem sogenannten Glockenrand, so ist auch darunter der Kirchraum mit unterschiedlichsten Gewölben abgedeckt.

Eine wichtige Informationsquelle für den Wiederaufbau war die Schadenskartierung, die der Bauingenieur Georg Rüth und der Architekt Arno Kiesling in den 30er Jahren vorgenommen haben. Im Zuge dieser Schadenskartierung wurden zum einen die Risse und Abrisse der Wandscheiben an den Pfeilern festgehalten. Es wurden zum anderen aber auch Schnittzeichnungen gefertigt, aus denen wir bei der Planung entnehmen konnten, welche Form das Altargewölbe hatte oder wie ein Kassettengewölbe aussah oder ein Quergewölbe. Aus diesen Schnittzeichnungen konnten wir außer der Form der Gewölbe auch die Bauteildicken ablesen. Wesentliche Informationen über den konstruktiven Aufbau der Gewölbe waren aber auch aus den Grundrissen entnehmbar. Wir erkannten auf den Plänen die Rippen von zum Teil sehr weit gespannten Gewölben, mit einer Spannweite von etwa 9 bis 10 m. Diese Rippen hat man damals auch gewählt, um Material zu sparen, denn die Felder zwischen den Rippen konnten dünner gestaltet werden.

Beim Wiederaufbau der Kirche kamen zunächst die Gewölbe über den Eingangszonen an die Reihe. Diese Gewölbe haben wir relativ früh eingebaut. Sobald es also technisch möglich war, sobald auch ein entsprechender Vorlauf im Mauerwerksbau erreicht war, wurde die Schalung gestellt und mit dem Gewölbemauern begonnen. Beim Eingang D stießen wir im Erdgeschoss wie auch im Kellergeschoss noch auf Teile der historischen Gewölbe, die den Einsturz überlebt hatten.

Wie kompliziert die Gewölbeform im Erdgeschoß war, sieht man in Abb. 9. Der Blick auf die Schalung zeigt, dass es sich eigentlich um ein einfaches Gewölbe handelt, welches in der Form aber dadurch kompliziert wird, dass die eine Tonne abgeschrägt ist, dass links eine Konche angebaut ist und rechts ebenfalls, und dann sieht man weiter links eine Tonne und rechts hängt noch einmal eine Tonne dran, und das Ganze ist auch noch im Grundriss verzogen, weil die Spannweite der Tonnen unterschiedlich lang gewählt werden musste, weil nämlich die Innenwand krumm, also im Grundriss gekrümmt ausgeführt worden ist. Die Bauweise des Lehrgerüstes ist übrigens im Prinzip genau die gleiche wie im Mittelalter. Auch damals hat man zunächst die Rohgeometrie hergestellt und dann durch eine kleine Brettschalung, der Rohgeometrie folgend, eine Fläche erzeugt, auf der die Steine ausgelegt werden konnten.

Wesentlich spannender als dieses kleine Eingangsgewölbe waren natürlich die großen, den Raum abschließenden Gewölbe, die parallel zu den Pfeilerbögen liegen (Abb. 10). Die tragenden Bauteile der Gewölbe sind in der Regel aus Sandstein gefertigt, während die lediglich den Raum deckenden Gewölbe oder Gewölbeteile, die keinerlei Auflast zu tragen haben, aus Ziegelmauerwerk hergestellt sind. Die den Raum abschließenden, auflastfreien Gewölbe haben zum Beispiel eine Breite von etwa 2 m und eine Spannweite

54

von etwa 8 m. Wegen der Bogenstellung am Ende des Gewölbefeldes handelt es sich bei ihnen aber trotzdem, wie bei Kreuzgewölben, um punktgestützte Gewölbekonstruktionen (Abb. 11).

Das Herstellen der Gewölbe bedurfte natürlich eines Lehrgerüstes. Detaillierte Vorgaben dafür wurden für die Hauptkuppel, die Innenkuppel und die großen Kassettengewölbe im Leistungsverzeichnis vorgegeben. Die Lehrgerüste für die kleineren Gewölbe waren Sache des Unternehmers. Die musste er selber entwerfen und in den Einheitspreis der Bauteile einkalkulieren. Ohne Lehrgerüste ging es nicht, die barocken Gewölbeformen bedurften einer solchen Unterstützung beim Aufbau. Für die Herstellung der Lehrgerüste hat der Unternehmer ganz spezielle Planungsbüros aus dem Gerüstbau herangezogen.

Das nächste Bild (Abb. 12) zeigt, unter dem noch offenen Dach, das Altargewölbe, also den Abschluss direkt über dem Altar. Die Chorwände waren ja in großen Teilen stehengeblieben. Das Altargewölbe selbst war aber dem Feuer ausgesetzt, dem auch die Orgel zum Opfer fiel. Reste des Gewölbes waren im Bereich der Rippen noch vorhanden, aber in einem derart schlechten Zustand, dass man sie nicht mehr in das neue Gewölbe integrieren konnte. Auch die Altarwand darunter hatte derart umfangreiche Brandschäden, dass die Brandschalen abgeschlagen und durch neues Mauerwerk ersetzt werden mussten. Das Altargewölbe besteht aus 25 cm dickem Sandsteinmauerwerk. Bereits George Bähr hatte hier eine Rippenkonstruktion mit einer Rippendicke von 50 cm vorgesehen.

In der Bauausführung sind die Ziegelgewölbe einfacher herzustellen, weil man bei ihnen lediglich die Schalung zu bauen hat und im Mörtel mit den kleinen Ziegelformaten nahezu jede Geometrie herstellen kann. Die Sandsteingewölbe bedürfen stattdessen einer speziellen Planung.

Nun noch zum Lehrgerüst, welches in Abb. 2 zu sehen ist. Es wurde für die Innenkuppel gefertigt. Zuerst hat man im Inneren Gerüsttürme gestellt, dann zur Formgebung die Holzringe ausgelegt, darüber die Holzspanten und quer dazu eine Sparlattung. Das Bild zeigt den Bauzustand der Innenkuppel, deren unterer Bereich aus einem Ring aus Sandsteinmauerwerk besteht und im weiteren Verlauf aus 8 Sandsteinrippen, deren Felder dann mit Ziegelmauerwerk ausgefüllt wurden.

Diskussion am 18.10.2003 in Dresden

Jürgen Vogeley (Moderator): Die Gewölbe, die aus Ziegeln hergestellt wurden, sind von der Dimension her ja nicht übermäßig groß. Was für eine Dicke hatten sie? War es nur ein halber Stein, oder waren sie dicker?

Markus Hauer: Die Gewölbedicke hängt von der Spannweite ab. Kleine Räume sind mit Gewölben überdeckt, die lediglich 1 Stein dick sind. Die größte Ziegelgewölbefläche weist die Innenkuppel über dem Kirchraum auf: Dort beträgt die Dicke 49 cm im Minimum, aber es sind ja primär noch die Sandsteinrippen da, die aus dem Ziegelgewölbe nach oben herausragen. Diese Rippen sind bis zu 70 cm dick. Die Innenkuppel selber, also das Ziegelgewölbe, ist eigentlich sehr dünn, wenn man sie mit anderen Bauten wie zum Beispiel römischen Kuppelbauten vergleicht. Es gibt in Fachveröffentlichungen Verhältniszahlen von Kuppeldurchmesser zur Gewölbedicke. In Bezug hierauf ist die Innenkuppel der Frauenkirche als äußerst schlanke Schale anzusehen. Das funktioniert aber nur deshalb, weil sie als Korbbogen geformt ist. Und weil das Gewölbe durch die in engem Abstand stehenden Rippen ausgesteift wird.

Siegfried Kendel: Was ist mit den Gewölbeschüben? Und mit der Ausdehnung und Zusammenziehung des Gebäudes? Was musste da technisch berücksichtigt werden?

Markus Hauer: Was ich im Vortrag nicht gezeigt habe, war der Einbau des zusätzlichen Spannanker- und Zugringsystems. Tatsächlich geht es bei den Gewölben eigentlich weniger um den Kraftfluss in den Gewölben selbst, als um die Fortleitung ihrer Horizontalschübe im Bauwerk. Und wir wissen, dass die Frauenkirche, schon bevor sie zerstört wurde, erhebliche Aufweitungen erfahren hat, auch durch Temperaturverformungen. Eine der wesentlichen Sicherungen, die wir jetzt beim Wiederaufbau eingebaut haben, ist das Spannanker- und Zugringsystem, welches das Bauwerk auf einer Höhe von 25 m durch Einleitung äußerer Kräfte so zusammenpresst, dass wir keine Fugen anordnen mussten. Sämtliche Gewölbe binden ins Mauerwerk ein. Aufs Ganze gesehen besteht unser Grundprinzip für die Bewehrung darin, dass das zusätzliche, frei geführte Ankersystem die gefährdete Gewölbezone zusammendrückt und dass im unteren Bereich ins Mauerwerk eingefügte Anker die Gewölbe zusammenhalten. Wir haben im Bauwerk insgesamt 2 km Anker eingebaut. Das ist übrigens kaum mehr, als bei George Bähr. Der große Unterschied ist aber, dass wir andere Endverankerungen verwenden, d.h. mit Ankerplatten arbeiten, die die Horizontalschübe besser auffangen können, und dass wir die Anker, sobald sie länger als 5 m sind, durch Vorspannung vordehnen, so dass wir dann an den Gewölben keine Risse zu erwarten haben.

Helmut Maus: Wurde bei den neu errichteten Gewölben bei der Herstellung der Schalung mit Überhöhungen gearbeitet?

Markus Hauer: Die Gewölbe tragen aufgrund der ringförmigen Herstellung sehr schnell die eigenen Lasten, so dass die Lehrgerüstverformung in der Baupraxis nur geringen Einfluss hatte. In der Regel hatten die Lehrgerüste eher das Problem, dass die Gerüstscheitel sich während des Aufmauerns des Gewölbes gehoben haben. Das liegt daran, dass der heutige Gerüstbau mehr vertikal orientiert ist: Gerade für die großen Spannweiten ab 6 Metern waren eigentlich immer Gerüstsäulen eingesetzt und darauf wurden dann die Lehren verlegt. Die Lehren waren aber stets kontinuierlich durch Laschen verbunden. Wenn das Kämpfermauerwerk hergestellt wird, dann drückt die Gewölbelast nicht nur vertikal auf das Gerüst, sondern auch mit einer gewissen Horizontalkomponente nach innen. Und hierfür waren die Lehrgerüste in der Regel nur schwach ausgesteift. Das hat dazu geführt, dass Lehren im Kämpferbereich ein wenig nach innen gedrückt wurden. Da die Lehren aber mit Laschen gegenseitig verbunden waren, sind dann die Scheitelpunkte der Lehrgerüstbögen nach oben ausgewichen.

Abb. 2   Das Lehrgerüst für die Innenkuppel entsteht

Abb. 1   Die Innenkuppel (hier noch mit Drehgerüst für die Restauratoren) schließt den Kirchraum nach oben ab.

Abb. 3   Hinten der Bau der Innenkuppel, vorn der Dachrand der Apsis.

Abb. 4   Blick nach oben: Pfeiler, Pfeilerbögen und Kranzgesims, in der Mitte die Innenkuppel (mit Arbeitsgerüst)

Abb. 5   Um die Innenkuppel herum beginnt der Bau der steilen Hauptkuppel und der Schwibbögen für den glockenrandförmigen Kuppelanlauf

Abb. 6   Kreuzung der beiden neuen Tonnengewölbe über der Unterkirche

Abb. 7   Rest des historischen Tonnengewölbes im Keller, der jetzigen Unterkirche

Abb. 8   Das neue Tonnengewölbe über der Unterkirche von oben, hergestellt aus trapezförmig zugesägten Steinen

Abb. 9   Schalung für ein in der Form kompliziertes Eingangsge-
          wölbe

Abb. 10   Großes Ziegelgewölbe parallel zum Pfeilerbogen, von
          oben

Abb. 11   Schmales Ziegelgewölbe parallel zum Pfeilerbogen, von
          unten

Abb. 12   Gewölbe über dem Altar unterhalb des Dachrandes

Bernd Frese

Spannanker und Ankerring

Der Bauingenieur Bernd Frese, Partner im Büro für Baukonstruktionen in Karlsruhe, hat die Gesamtkonzeption des Wiederaufbaus der Frauenkirche maßgeblich mitbestimmt. Von ihm stammt auch die Idee, das Baugefüge in Höhe des Hauptgesimses nicht durch reaktive horizontale Verbände oder Scheiben auszusteifen, sondern den Fluß der Lasten nach unten durch ein Ankersystem zu steuern, welches additive äußere Kräfte in das Bauwerk einleitet.

Zu Beginn meines Referates möchte ich kurz erzählen, wie meine Beschäftigung mit der Frauenkirche begann. Es war im Jahre 1990, da kam eines Tages Fritz Wenzel ins Büro und sagte mir, dass die Frauenkirche in Dresden wieder aufgebaut werden solle, und zwar in Sandstein. Er brachte aus alten Unterlagen Pläne mit und bat mich zu prüfen, ob dies denn ohne weiteres ginge. Wir müssten ausrechnen, was die Sandsteinkonstruktion denn wöge, also müssten wir die Massen ermitteln und zusammenstellen. Das haben wir dann auch getan. Wir haben gerechnet und festgestellt, da besteht kein Pro-

blem, die Frauenkirche kann in Sandstein wieder aufgebaut werden. Was wir nicht wussten war, dass der Maßstab, den wir den Plänen zugrunde legten, nicht stimmte, weil diese Pläne, auf denen keine Maßstabsangabe zu finden war, früher etwas verkleinert worden waren. Als wir dann merkten, dass wir von einem falschen Maßstab ausgegangen waren, und wir die richtigen Maße und Massen ermittelt hatten, sah es anders aus: Wir waren nach herkömmlichem Wissen an die Grenzen des Zulässigen gekommen. Aber dann haben wir den Stand der Technik und den Zugewinn aus Erkenntnissen der Forschung zu Rate gezogen und konnten sagen: Ja, die Frauenkirche kann doch in Sandstein wieder aufgebaut werden.

Die Spannanker und der Ankerring, additive Bauteile im Baugefüge der Frauenkirche, dienen der Verbesserung des Lastflusses in den Spieramen. Unter Spieramen versteht man seit George Bähr die Pfeiler mit den Wandvorlagen und den Turmvorlagen (Abb. 1), d.h. also mit denjenigen Wandstücken, die von den Pfeilern weg nach außen weisen, die Treppenhäuser und Eingänge seitlich begrenzen und nach oben hin bis zur Kuppel aufgemauert sind. Es ist schon gesagt worden, dass George Bähr glaubte, er könne die Lasten der hohen, schweren Steinkuppel nicht nur in den Pfeilern direkt nach unten, sondern in den Spieramenwänden auch nach außen abfließen lassen. Und es ist auch schon gesagt worden, dass diese Aufteilung des Kraftflusses nicht funktioniert hat, dass es zu Rissen in den Spieramenwänden gekommen ist, weil das Mauerwerk eine zu geringe Schubsteifigkeit besaß und nicht in der Lage war, den ihm zugedachten Teil der Lasten nach außen weiterzuleiten.

Betrachtet man die Pfeiler und die anschließenden Wandteile, also die Spieramen, einmal ohne die horizontale Abstützung, die sie durch das räumlich geschlos-

Abb. 1   Pfeiler und Y-förmig angeschlossene, nach außen weisende Wandstücke

sene kreisrunde Kranzgesims erfahren, dann würden sie nach innen kippen. Da aber mit dem Kranzgesims oben ein geschlossener Ring vorhanden ist, können sie das nicht, sondern lehnen sich gegen diesen Ring an. So muss George Bähr wohl gedacht haben: Die Spieramen neigen sich nach innen, stützen sich oben gegen den umlaufenden Ring ab, und dann suchen sich die nach unten abfließenden Lasten den Weg auch nach außen. Was er nicht erkannt hat bzw. nicht richtig eingeschätzt hat ist, dass es bei diesem Lastfluss in den Wandbereichen zu Zugspannungen kam. Da das Mauerwerk nicht in der Lage war, Zugspannungen aufzunehmen, wurde das Ganze weicher und verbog sich nach außen. Der Lastfluss durch die Spieramenwände war gestört, die den Wänden zugedachten Lasten konnten nicht aufgenommen werden.

Was kann man dagegen tun? Bei Bogentragwerken, bei denen die Bogenform nicht mit der Stützlinie übereinstimmt – so meine Überlegung – kann man durch Ballastieren den Verlauf der Stützlinie so verändern, dass sie der Bogenform folgt. Diese Grundidee, die Stützlinie, also den Verlauf des Kraftflusses, zu verbessern, habe ich bei der Frauenkirche aufgegriffen. Ich habe mir gesagt, wenn ich von außen eine Kraft gegen die Spieramen-

wände setze, dann kann ich den Kraftfluss im Ganzen so beeinflussen, dass der Spannungsverlauf sich verbessert, sich vereinheitlicht und die Lasten schließlich doch im gewünschten Umfang von innen nach außen, das heißt von den Pfeilern zu den davon abgehenden Wandscheiben abfließen.

In Abb. 2 sehen wir, dass die Wandscheiben, wenn nichts dagegen getan wird, nach außen ausweichen. Wenn aber eine horizontale Kraft dagegen gesetzt wird, lässt sich der Lastfluss wesentlich verbessern. Die Frage war nur, wie und an welcher Stelle ich diese Kraft aufbringe? Machte ich es am inneren Kranzgesims, also direkt unter dem Kuppelrand, so würde ich die äußeren Teile des Bauwerkes zwischen kreisrunder Kuppel und quadratischem Gesamtgeviert nicht erfassen. Das heißt, der Effekt wäre ein nur teilweiser, große Teile des Gebäudes würden nicht zusammengespannt.

Bevor unsere Lösung mit den ziemlich weit außen angesetzten Spannankern und dem inneren Ankerring ausgearbeitet wurde (Abb. 3), haben wir verschiedene Varianten untersucht (Abb. 4). Eine Überlegung war, einen Stahlbetonrahmen zu konstruieren und in die Mauerwerkspfeiler einzustellen, um damit genügend Steifigkeit in das Bauwerk einzubringen. Aber wir wollten und sollten ja die Kirche wieder ganz in Sandstein errichten, so dass wir diesen Lösungsansatz relativ schnell verwarfen. Auch wäre die Stahlbetonrahmenkonstruktion zu weich und nachgiebig gewesen. Eine andere Möglichkeit hatten wir darin gesehen, das Mauerwerk so vorzuspannen, dass es unter den sich einstellenden Zugspannungen nicht mehr aufreißen konnte. Das hieße, in die Konstruktion vertikal und horizontal Anker einzuziehen, die das Gesamtgefüge zusammenhalten. Bei der weiteren Bearbeitung stellte sich aber heraus, dass die Eingriffe in das Mauerwerk außerordentlich umfangreich geworden wären. Man hätte, da die Kräfte ziemlich hoch hätten sein müssen, eine ganze Menge Bohrungen in den Wänden unterzubringen gehabt, dazu wären an den Enden der Anker eine Menge Betonwiderlager im Mauerwerk notwendig geworden.

Erschwerend kam hinzu, dass die Kuppel nicht direkt über den Pfeilern stand, sondern nach innen versetzt war, mit einer Ausmittigkeit gegenüber der Pfeilerachse von etwa 90 cm. Also war auch noch ein Drehmoment anzusetzen und in die Überlegungen einzuführen.

Mit Hilfe eines Finite-Elemente-Programmes haben wir die Spannungen im Mauerwerk, insbesondere die Randspannungen in den Pfeilern, untersucht. Sie wären

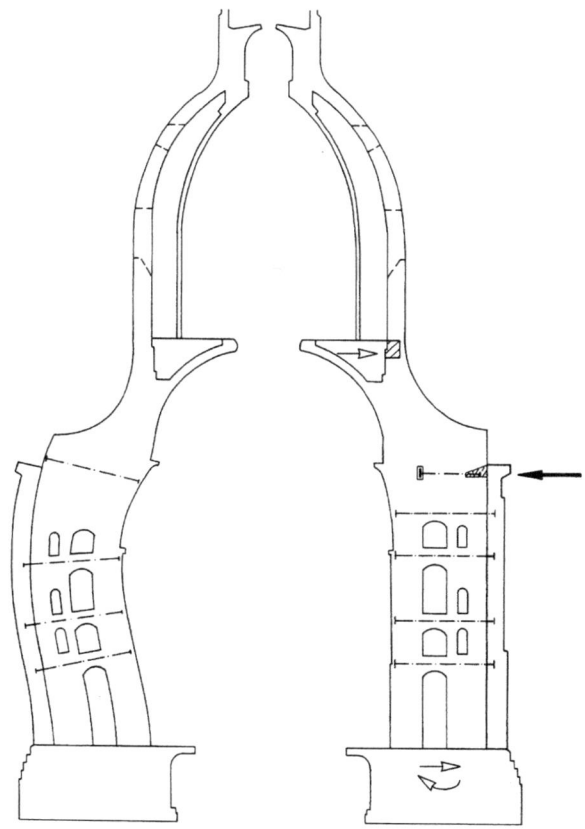

Abb. 2   Spieramen ohne und mit dagegengesetzter horizontaler Kraft

ohne Korrektur des Kraftflusses mit 12 bis 13 N/mm² relativ hoch gewesen. Wenn man aber, so fanden wir heraus, von außen horizontale Kräfte einträgt, dann lassen sich die Spannungen im Pfeiler beträchtlich verringern. Weiterhin haben wir uns rechnerisch auch mit dem Querzug im Mauerwerk beschäftigt. Der wäre im rückwärtigen Teil, also in den Wänden zwischen Kuppelkreis und Außenquadrat, zum Teil relativ hoch geworden. Dagegen zeigte sich, dass die von außen aufgebrachten Kräfte die Querzugspannungen im Mauerwerk praktisch beseitigen und das Mauerwerk über weite Strecken horizontal zusammendrücken (Abb. 7, S. 33).

Nun brauchten wir, um die Spannanker zurückhängen zu können, im Inneren noch ein Element, welches nicht mit dem Baugefüge kraftschlüssig verbunden war. Dafür konstruierten wir, freischwebend hinter dem Kranzgesims angeordnet und umlaufend, einen polygonalen Ring, an den wir die Spannanker anknüpfen konnten (Abb. 5).

Dann hatten wir noch das Problem, dass die Spieramenwände, also die Mauerwerksscheiben, unterschiedliche Steifigkeit aufweisen. Die einen sind im Grundriss länger, die anderen kürzer. Das bedeutet, dass sie sich bei gleich großer Krafteinwirkung unterschiedlich verformen würden. Also musste eine Kraftverteilung gefunden werden, die den unterschiedlichen Steifigkeiten der Wandscheiben und Turmscheiben entsprach. Das ließ sich durch einfache Kraftzerlegung in den Knotenpunkten des Ankerringes bewerkstelligen, indem die Winkel dort unterschiedlich groß vorgegeben wurden und die Kräfte dementsprechend unterschiedlich eingestellt werden konnten. So wurde für die steifere Turmscheibe eine Rückstellkraft von 4.300 kN, also 430 t benötigt, während es an den kürzeren und damit weniger steifen Wandscheiben 2.600 kN, also 260 t waren, die dort in

den polygonalen Ring zurückgehängt werden mussten. Das Ganze führte dann zu einer Kraft im Ring, die etwa bei 10.000 kN, also rund 1.000 t Ringzug liegt.

Als nächstes kam die Frage, wie man diese doch ziemlich großen Kräfte in das Mauerwerk einleiten konnte. Hierfür haben wir Ankerblöcke entwickelt, bei denen wir den Stahlbeton zu Hilfe nahmen. An diesen Ankerblöcken, die an 16 Stellen eingebaut wurden, zerlegen sich ca. zwei Drittel der gesamten Kuppellast in jeweils schräg nach außen gerichtete Strebenkräfte und in die horizontal nach innen gerichteten Spannkräfte (Rückhaltekräfte) des Ankersystems (Abb. 6). Die vertikalen Komponenten der Strebenkräfte fließen gleichmäßig in den Wandscheiben (Spieramenwänden) nach unten ab. Der Rest der Kuppellast verbleibt in den 8 Innenpfeilern und findet dort den Weg nach unten. Oben, am Fuß des Tambours, brauchten wir einen Druckring. Der ließ sich aus Mauerwerk herstellen. Insgesamt ließen sich die aus der Kuppel ankommenden Kräfte räumlich so verteilen, dass an keiner Stelle des Mauerwerksgefüges rechnerisch Zugkräfte auftreten.

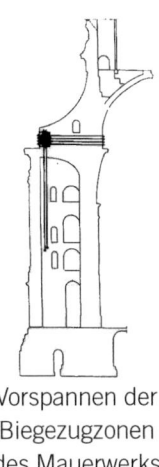
Vorspannen der Biegezugzonen des Mauerwerks

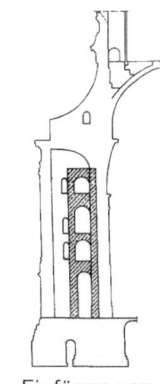
Einfügen von Stahlbetonrahmen in das Spieramenmauerwerk

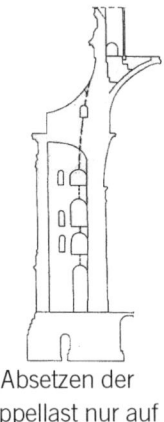
Absetzen der Kuppellast nur auf die Innenpfeiler

Ringanker und Finger aus Spannbeton im Gesimsbalken und in den Spieramen

Abb. 3   Blick auf das additive Ankersystem während der Montage

Abb. 4   Verworfene Aussteifungsalternativen

Ein weiteres Problem, welches sich uns stellte, war die Frage, wie sich die Spannkraft in die Stahlkonstruktion einbringen und in ihr weiterleiten ließ. Es ist ja nicht ganz einfach, 1.000 t in solch einem Ring von einem Knoten zum anderen zu übertragen. Zunächst dachten wir an eine Vielzahl vorgespannter Schrauben, dann aber habe ich den Gedanken gehabt, es wäre besser, den Ring als einfache Kette so zu konstruieren, dass die Kraft im Knoten über jeweils nur einen Bolzen aufgenommen und übertragen werden kann (Abb. 5). Das ganze System, die Spannanker und der Ankerring, ist zweiteilig, so dass in einem Knotenpunkt über einen Bolzen 5.000 kN, also 500 t zu übertragen sind. Die Spannkraft wurde in das System mit einfachen Handpressen eingetragen, und zwar in drei Stufen in Abhängigkeit vom Fortgang des Aufbaus der Kuppel. Angespannt wurde nur an den Wandscheiben, da hier die einzuleitende Spannkraft mit 2.600 kN kleiner war als an den Turmscheiben mit 4.300 kN. Der Spannvorgang führte, da er nicht rundum gleichmäßig vorgenommen werden konnte, zu geringen Winkeländerungen im Ringsystem, die beim Spannvorgang beachtet werden mussten. Wir haben deshalb eine Voreinstellung vorgenommen, bei der das Kräfteverhältnis dann ein wenig anders war als im Endzustand.

Die Köpfe der Spieramenwände haben wir, im Gegensatz zu früher, mit schräg geführten, geneigten Mauerschichten aufgebaut (Abb. 7). Die Neigung wurde so gewählt, dass die strebenartigen Normalkräfte, also die Druckkräfte, etwa senkrecht auf den Fugen standen. Dadurch vermieden wir die Gefahr des Schubversagens im Mauerwerk. Das war ja das Problem, mit dem George Bähr zu kämpfen hatte, weil er auch im oberen Bereich horizontale Fugen ausführen ließ statt schräge Fugen. Übrigens ist der Ankerblock relativ stark bewehrt, in ihm

*Abb. 5   Spieramenwandstücke, Spannanker, Gelenkplatten,
polygonaler Ring*

ist eine Öffnung für die Pressen und die Widerlager der Zugstangen angeordnet (Abb. 8). Nachdem die Zugkraft durch die Pressen aufgebracht war, wurde die Mutter nachgeführt, so dass die Pressen dann ausgebaut und an anderer Stelle wieder eingebaut werden konnten.

Diskussion am 17.10.2003 in Dresden

Horst Mennecke: Sind die Ankerblöcke unten verschieblich gelagert worden? Wurde der Block beim Anspannen nach innen gedrückt oder war die Verformung so klein, dass man sie vernachlässigen konnte?

Bernd Frese: Die Verformung war sehr gering, der Ankerblock wäre eher nach oben gedrückt worden.

Michael Ullrich: Welcher Korrosionsschutz wurde gewählt?

Bernd Frese: Der übliche Korrosionsschutz mit einem Grundanstrich und zwei Deckanstrichen. Die Ankerelemente haben keinen erhöhten Korrosionsschutz bekommen, weil die Luftfeuchtigkeit dort unter 65 % liegt. Die Gefahr, dass dann Korrosion auftritt, ist kaum gegeben. Ansonsten sind die Ankerteile aus brandschutztechnischen Gründen eingehaust.

Rüdiger Scharff: Der Druckring am Fuß des Tambours, besteht er aus Stahlbeton oder ist er gemauert?

Bernd Frese: Der Druckring ist aus Sandsteinmauerwerk gefertigt und in das Kuppelmauerwerk integriert. Ursprünglich hatten wir an Stahlbeton gedacht, es ist uns aber dann gelungen, durch den Zuschnitt der Steine die Konstruktion so auszubilden, dass die Kräfte sich alle als Druckkräfte im Gleichgewicht halten.

Fritz Wenzel: Ich will versuchen, das, was Bernd Frese gesagt hat, noch einmal auf andere Art und Weise auszudrücken. Das Wichtigste sind die äußeren Kräfte, die durch die Spannanker auf die Wände abgesetzt werden und die für die Umleitung der Kräfte im Gesamtgefüge, also für die Veränderung der Stützlinie sorgen. Wenn ich diese Spannanker durch die ganze Kirche hätte durchführen können, dann hätte ich sie so anspannen können, dass ein innerer Ankerring nicht notwendig geworden wäre. Die Anker sichtbar durch den Raum zu führen verbot sich aber von selbst. Deswegen ist der Ring hereingekommen, er ist eigentlich nur ein Anknüpfungspunkt für die Anker, damit man sie dort enden lassen und verankern konnte.

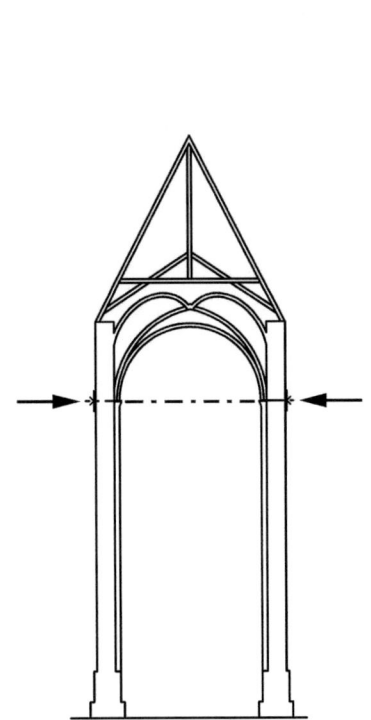

Bei vielen historischen Bauten laufen die Spannstangen von Außenwand zu Außenwand und kreuzen den Gewölbe-bzw. Kuppelraum

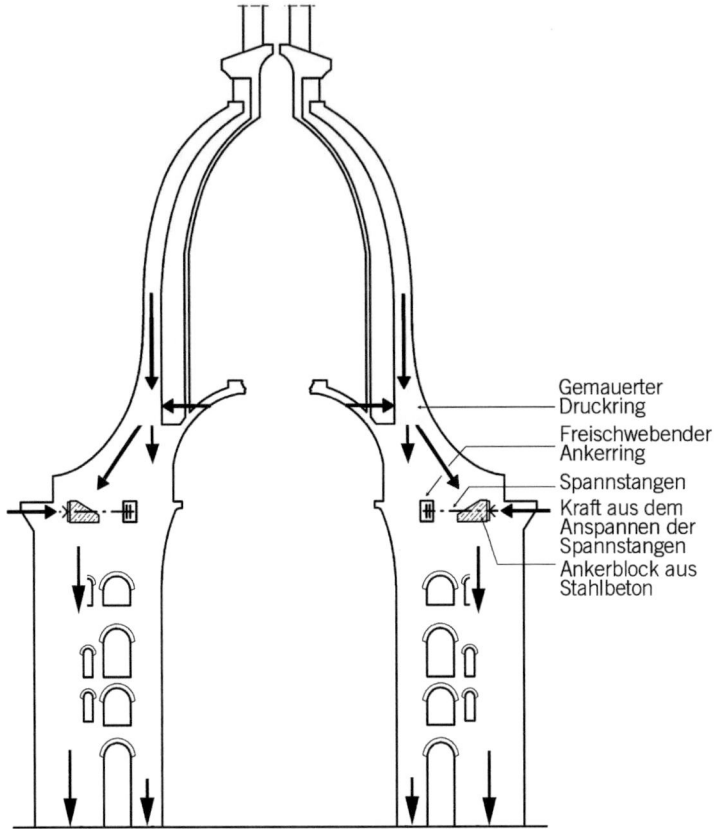

Gemauerter Druckring

Freischwebender Ankerring

Spannstangen

Kraft aus dem Anspannen der Spannstangen

Ankerblock aus Stahlbeton

Die Spannstangen des zusätzlichen Ankersystems der Frauenkirche enden an einem polygonalen Ankerring, der als innerer Anknüpfpunkt dient.

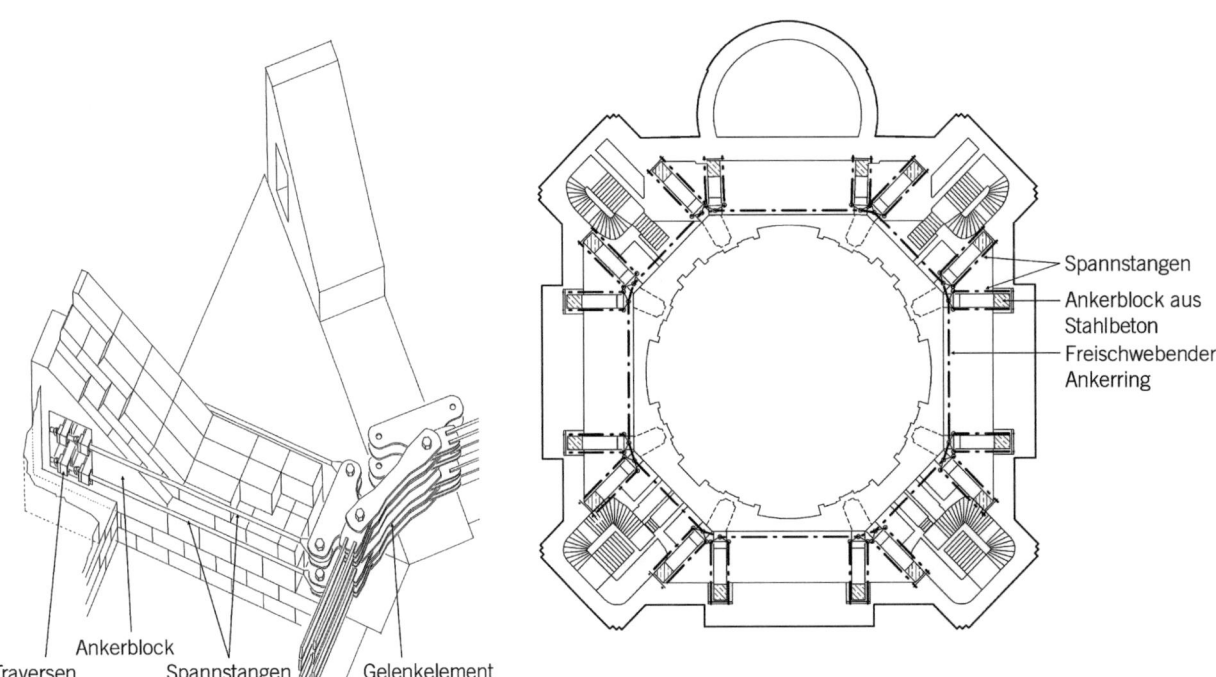

Spannstangen

Ankerblock aus Stahlbeton

Freischwebender Ankerring

Traversen   Ankerblock   Spannstangen   Gelenkelement

Abb. 6   Lastfluß und Ankersystem

Wichtig zu wissen ist auch noch, dass wir es bei der Kuppel der Frauenkirche nahezu zu 100 % nur mit Eigenlast zu tun haben. Also der Lastfluss, der sich eingestellt hat, ändert sich kaum.

Bernd Frese: Das ist richtig, Wind und Temperatur machen fast nichts aus.

Fritz Wenzel: Ergänzend möchte ich noch sagen, dass dieses additive Ankersystem ein doppeltes, zweilagiges und voneinander getrenntes System ist (Abb. 9). Sollte man einmal bei der Wartung einer Lage diese außer Kraft setzen müssen – die Wahrscheinlichkeit ist nicht groß – würde die andere Lage zur Sicherstellung des Kraftflusses auch noch reichen. Und zur Dimensionierung der Spannanker und des Ankerringes ist zu sagen, dass die Details im Foto vielleicht ziemlich stabil aussehen. Aber in der Realität haben wir, glaube ich, genau die richtige Größenordnung getroffen. Wenn es nur „Spinnweben" wären, die wir zugefügt hätten, würde man bei dieser großen Kirche an die Wirkung des Ankersystems nicht glauben. Und wenn es zu dick geraten wäre, hieße es zurecht, es sei zu plump.

Noch etwas. Die Spannanker und der Ankerring sind nicht im Mauerwerk geführt, sondern das ganze System ist völlig unabhängig vom Mauerwerk. Es ist nirgends eingemauert. So gibt es auch nirgends irgendwelche Unverträglichkeiten. Wir könnten es auch nachmessen und prüfen, ob die vorgegebenen Kräfte noch drin sind, es ließe sich – was wahrscheinlich nicht nötig werden wird – auch nachstellen.

Volker Stoll: Ich möchte noch ergänzen, dass mit dem Anwachsen der Mauerwerkslast die Anker, wie gesagt, in drei Schritten vorgespannt worden sind, sich also dem Fortschritt des Bauwerkes entsprechend einstellen ließen. Das wäre bei den alternativ vorgeschlagenen Varianten, also auch bei der von Professor Leonhardt vorgeschlagenen Stahlbetonscheibe, nicht möglich gewesen. Dieses stufenweise Mitgehen war ein Vorteil des gewählten Systems.

Und der zweite Vorteil ist, dass Spannanker und Ankerring trotz Brandschutzverkleidung zugänglich sind, dass man dort die Kräfte jederzeit nachprüfen könnte. Man könnte das zum Beispiel an einigen Stellen mittels Setzdehnungsmessern tun. Das ist ein Vorteil beispielsweise gegenüber den Spannankern, die um die Kuppel herum gelegt wurden und über die ich berichtet habe.

Abb. 7   Köpfe der Spieramenwände mit schräg geführtem Mauerwerk

Abb. 8   Spannanker, Widerlager, Ankerblock, Beginn der Schrägmauerung

Fritz Wenzel: Es ist auch durchgerechnet worden, was bei einem Brand passiert. Nach 120 Minuten Brand in der Kirche kann das Ankersystem immer noch 50 % der Kräfte, die ihm zugewiesen wurden, liefern. Auch haben wir nachgeprüft, was passiert, wenn das Ankersystem ganz ausfiele. Risse würden dann im Mauerwerk eigentlich auch noch nicht auftreten, aber die Risssicherheit wäre sehr gering und auch die Standsicherheit wäre zwar noch gegeben, aber doch herabgesetzt. Insofern ist es wichtig, dieses Sicherungssystem eingebaut zu haben.

Noch etwas zum Auflagerblock, dem Betonklotz. Ihn gab es früher in der Frauenkirche nicht. Unsere Philosophie bei diesem Bau war, dass alles, was früher in Sandstein existierte, auch wieder in Sandstein aufgebaut werden sollte, was aber dazu kommt, könne ruhig aus einem anderen, möglicherweise geeigneteren Material sein. Deswegen ist dieser Ankerblock in Stahlbeton ausgeführt.

Hagen Grütze: Noch eine Frage nicht zum heutigen Bau, sondern zum Kraftfluss im Originalbau von George Bähr. Es gibt die Fotos von den Pfeilern, die am Kapitell mehrfach saniert wurden und die im Schaft durch Stahlbänder zusammengehalten wurden. Nach Ihrer Berechnung und für mich auch logisch wäre es,

dass am Fußpunkt größere Schäden hätten auftreten müssen, als oben an den Pfeilern. Welches ist der Grund dafür, dass es nicht so kam?

Bernd Frese: Das hängt damit zusammen, dass die Kraft aus der Kuppel ausmittig herunterkommt, um 90 cm nach innen versetzt, so dass große Kantenpressungen oben im Bereich der Kapitelle aufgetreten sind. Hinzu kam wohl, dass die Steine der Kapitelle aus weicherem Sandstein, dem Cottaer Sandstein, bestanden, weil er bildhauerisch einfacher zu bearbeiten war. Das wusste George Bähr wohl nicht, dass man gerade dort wegen der statisch-konstruktiv hohen Beanspruchung das festere Material, den Postaer Sandstein, hätte verwenden müssen.

Abb. 9   Das Ankersystem ist zweiteilig, Gesamthöhe 56 cm

Markus Hauer

Die Pfeiler

Von den Pfeilern der alten Kirche und den hohen Lasten auf ihnen war schon an anderer Stelle die Rede. Auch davon, dass ihr Zusammenwirken mit den anschließenden, nach außen weisenden „Spieramen-Wänden" sie nicht vor schweren Schäden schützte. Und dass die neuen Pfeiler aus ausgesucht tragfähigen Sandsteinen bestehen, mit dünnen, planebenen Mörtelfugen, darüber ist anderswo auch schon nachzulesen.

Ein Problem, welches die alten Pfeiler hatten, war, dass ihre Lagerfugen über den Querschnitt hinweg nicht die gleiche Höhe aufwiesen. In den Randzonen waren die Fugen dünner und die Steine eben bearbeitet, zur Mitte hin wurden die Fugen dicker, sie „schüsselten". Der größere Teil der Last wurde über die steiferen Randzonen abgetragen, was die Tragkapazität der Pfeiler enorm einschränkte. Beim Wiederaufbau haben wir hier für wesentliche Verbesserungen gesorgt. Das gelang, indem für die hochbeanspruchten Bereiche der Pfeiler am Kapitell und an der Basis eine höhere Qualität des Postaer Sandsteines eingesetzt wurde als für die weniger beanspruchten, dazwischenliegenden Bereiche. Von noch größerem Einfluss auf die Pfeilerfestigkeit waren eine gleichmäßig dicke, planebene Ausbildung der Lagerfugen und die Wahl eines geeigneten mineralischen Mörtels für eine Fugendicke von nur 6 mm mit ± 2 mm Toleranz (Abb. 1). Wir wussten, dass dieses für den Steinbau eine harte Forderung und Herausforderung war, bei entsprechender Maschinentechnik jedoch realisiert werden konnte.

Der Mörtel für die Lagerfugen der Pfeiler wurde speziell für dieses Mauerwerk und diese Fugendicke entwickelt. Seine Festigkeit entspricht der Mörtelgruppe III. Noch wichtiger als die Mörtelfestigkeit war aber die Passgenauigkeit der vorgefertigten Pfeilersteine und die durchgängig geringe Fugendicke. Damit die Steine passgenau auf die Baustelle kamen, wurden sie zunächst im Fertigungswerk auf einem absolut ebenen Schnürboden Schicht für Schicht ausgelegt. Wenn ein Stein zu hoch war, wurde er noch einmal steinmetzmäßig abgearbeitet, bis er das exakte Sollmaß erreicht hatte. So ging es auf der Baustelle wirklich nur um ein reines Versetzen, mit keinem oder nur wenig Nacharbeiten.

Jeder Stein wurde zum Heben und Transportieren an der Oberseite mit drei Bohrungen versehen, in die Spreizdübel eingesetzt wurden. Beim Versetzen hing er am Brückenkran und wurde so ausgerichtet, dass er exakt horizontal im Kettenzug schwebte. Dann wurde der Mörtel angerührt und mit dem Zahnspachtel, abgesehen von den 2 cm Randschlag, aufgezogen. Schließlich wurde der Stein abgelassen und in den feuchten Mörtel eingesetzt. Es gab immer wieder Kontrollen, ob die Mörtelfuge vollflächig vermörtelt worden war. Insbesondere die ersten Steine haben wir mit Sorgfalt wieder abgehoben und jeweils geprüft, ob sie wirklich überall satt aufsaßen (Abb. 2). Die Stoßfugen wurden, nachdem der Stein gesetzt war, mit einem Fließmörtel vergossen, der Randschlag später mit einem Verfugmörtel geschlossen.

Der verwendete Postaer Sandstein ist sehr saugfähig. Damit der Mörtel gut abbinden konnte und nicht „verbrannte", wurde die Aufstandsfläche der Steine mit Schlemme eingestrichen, wodurch ihre Porigkeit zurückgenommen werden konnte und die Feuchtigkeit länger im Mörtel verblieb.

Heute, im fertiggestellten Bauwerk, sind alle Pfeileransichtsflächen geschlemmt, ihre natürliche Farbigkeit mit

Abb. 1   Pfeileransicht mit 6 mm Fugendicke

den kleinen Farbunterschieden im Stein erkennt man nicht mehr. Der Steinhieb ist noch ablesbar, auch die Mörtelfugen kann man bei genauem Hinsehen noch finden. Aber insgesamt ist eine durchgehende dünne Schlemme aufgetragen. Oberhalb der Kapitelle, im Bereich der Pfeilerbögen, ist dann alles mit Putz versehen.

Diskussion am 11.02.2005 in Karlsruhe

Jürgen Vogeley (Moderator): Es war an anderer Stelle davon die Rede, dass unterschiedliche Setzungen in den Fundamenten und auch unterschiedliche Stauchungen im Mauerwerk dazu führen könnten, dass die an die Pfeiler anschließenden Bögen Zwängungen und dann auch Risse bekommen, kleine Risse zwar, die statisch-konstruktiv unschädlich sind, sich aber trotz horizontaler Vorspannung der anschließenden Spieramenwände doch einstellen würden. Ein Riss gilt aber, juristisch gesehen, als Mangel, ob er nun statisch wirksam ist oder nicht. Deswegen meine Frage: Wie dick wurden denn die zu erwartenden Risse eingeschätzt? Denn wir wissen, ab 0,3 mm beginnen die Prozesse.

Markus Hauer: Der Bauherr hat von uns nie gesagt bekommen, wie breit der dickste Riss werden würde. Wir haben uns nicht getraut, ihm ein Maß anzugeben, weil wir nicht wussten, ob nicht aus den Fundamenten doch gewisse unterschiedliche Setzungen zu erwarten waren, die sich dann oben mit Rissen im Mauerwerk fortsetzen würden. Wir waren eigentlich immer zuversichtlich, aber Herr Wenzel hat gesagt, wir nennen trotzdem keine Zahl, wer weiß was kommt. Wir haben aber während des ganzen Bauvorhabens Wert darauf gelegt, einen möglichst weichen Mörtel zu verwenden, der nicht schnell erhärtet, so dass sich das Mauerwerk unterschiedlichen Bewegungen noch etwas anpassen

konnte. Der Unternehmer wollte dann immer einen etwas „besseren" Mörtel liefern, mit einer schnelleren Festigkeitsentwicklung, wie sie bei Neubauten gefordert wird. Er hatte vor einer Mängelanzeige Angst, deshalb der festere Mörtel. Wir hatten Angst vor Treppenrissen im zu steifen Mauerwerk, deshalb der weichere Mörtel.

Und dann spielte auch noch der Nutzungs- und Fertigstellungsdruck eine Rolle. Der Bauherr und die Architekten haben uns über ein Jahr lang bedrängt, wir sollten eine Aussage machen, wann denn die Rissbildung im Mauerwerk abgeschlossen sei, so dass die kritischen Bereiche verputzt werden könnten. Natürlich wollte man den Ausbauprozess im Inneren vorantreiben, während an der Kuppel noch gemauert wurde. Der Trockenbau – darin waren sich alle einig – sollte erst beginnen, wenn der wesentliche Feuchteeintrag durch die Putzarbeiten abgeschlossen war; sonst wären Schäden am fertiggestellten Ausbaugewerk – wie beim Wiederaufbau der Semperoper geschehen – zu erwarten gewesen. Wir haben uns da lange sehr bedeckt gehalten, sind dann langsam und Schritt für Schritt zugänglicher geworden derart, dass wir zunächst nur dem Grobputz zugestimmt haben, der viel Feuchtigkeit bringt, und dass der Feinputz bei den an die Pfeiler anschließenden Bögen noch zurückgestellt wurde. Gelegentlich waren die Putzer aber so im Schwung, dass sie die Fläche, die sie eigentlich zurückstellen sollten, gleich mit überputzt haben. Dann war dort der Feinputz drauf, und das ist durchaus auch heute noch ein gewisses Problem. Zur Zeit sind es nur ganz feine, dünne Risse, aber im Laufe der Zeit wird es – bei Bauwerksbewegungen infolge erneuten Hochwassers oder Grundwasserabsenkungen auf den benachbarten Baustellen – doch zu geringen Rissen kommen, die etwas mehr sichtbar sind. Ganz breite Risse sind aber nicht mehr zu erwarten.

Egon Althaus: Konnte man die historischen Fundamente verwenden, wie sie waren, oder mussten sie ertüchtigt werden?

Volker Stoll: Der kritische Bereich war der Übergang vom neuen Pfeilermauerwerk auf das darunter bestehende Mauerwerk des Untergeschosses. Die Natursteinfläche des Bestandes musste mit ± 2 mm Toleranz abgearbeitet werden. Die Fläche wurde geodätisch eingemessen und abgeschliffen. Wir haben die Genauigkeit, mit der das geschah, zuerst selbst kaum für möglich gehalten (Abb. 3). Den Fundamentbereich unter den Pfeilern hatten wir mit vertikalen Kernbohrungen und Endoskopierung besonders gründlich untersucht. Geschädigte Teile der alten Steine wurden ausgetauscht, quasi durch Vierungen ersetzt. Aber Instandsetzungen

Abb. 2   Hochheben eines bereits versetzten Pfeilersteines

größeren Ausmaßes waren beim Mauerwerk des Untergeschosses, welches den Pfeilern ja als Fundament dient, nicht nötig.

Eberhard Alscher: Heißt das, dass die Fundamentverstärkungen, die Professor Rüth in den 30er bzw. 40er Jahren angeordnet hat, heute noch funktionieren?

Markus Hauer: Professor Rüth hatte angenommen, dass sich die Fundamente innen unter den Pfeilern stärker gesetzt hatten als die Fundamente außen. Er hatte den Eindruck, dass die Fundamente unter den Pfeilern zu klein und deshalb überlastet waren. Er wollte sie verbreitern, indem er zwischen ihnen kraftschlüssig Entlastungsgewölbe einsetzte, die gegen das Erdreich gebogen waren. Bei Lastumlagerungen, die zu weiteren Setzungen hätten führen wollen, wäre somit eine größere Fundamentfläche wirksam geworden. Als wir aber das alte Fundamentgefüge genau untersuchten, fanden wir die von Georg Rüth im Kellermauerwerk angenommenen Setzungsunterschiede und Abrisse zwischen Innen und Außen nicht. Weiter oben, zwischen den Pfeilern und Spieramenwänden, gab es sie aber; das bedeutet, es waren die Stauchungen im Pfeiler selbst, die zu den Rissschäden geführt hatten, nicht die unterschiedlichen Fundamentsetzungen. Doch zurück zur eigentlichen Frage: Die Rüthschen Fundamentverstärkungen gibt es noch, wir haben sie nicht ausgebaut.

Abb. 3   Abgeschliffene Aufstandsfläche für einen neuen Pfeiler

Fritz Wenzel, Uwe Kind, Jörg Lauterbach, Volker Stoll

Kuppelanlauf und Unterdach

Fritz Wenzel

Von vornherein war klar, dass unter dem glockenrandförmigen Kuppelanlauf im Gegensatz zu früher ein Unterdach erforderlich war. Bauphysikalisch-baukonstruktive Untersuchungen hatten ergeben, dass die ungeschützt der Witterung ausgesetzten, wie früher nur 15 bis 25 cm dicken Sandstein-Deckplatten dort bei starkem Regen sowohl in den Fugen als auch in der Fläche Wasser nach unten durchlassen würden. Dieses musste von dem Unterdach sicher abgeführt werden können. Ursprünglich war unter den Deckplatten eine Art Umkehrdach geplant, mit einer Brettschalung zwischen den wie früher gemauerten Schwibbögen, darauf bituminöse Dichtungsbahnen und eine auf den Dichtungsbahnen liegende Dämmung. Die Sandsteinplatten sollten dabei auf den Schwibbögen vierpunktgelagert werden und auf höhenmäßig justierbaren Auflagerelementen aus Edelstahl zu liegen kommen. Es stellten sich Fragen nach der Haltbarkeit der Holzunterkonstruktion in feuchten, später unzugänglichen Zwischenbereichen, nach der Dauerhaftigkeit und Befestigung der Bitumendichtung, der Ausbildung und Haltbarkeit ihrer Stöße, auch danach, ob es hier überhaupt der geplanten Dämmung bedarf und wie sie zu befestigen ist. Zudem kamen Zweifel und Bedenken auf, ob die Plattenauflagerung mit ihren verstellbaren Metallteilen, die dem modernen Fassadenbau entlehnt war, und die verwendeten Materialien dem Grundsatz des archäologischen Wiederaufbaues gerecht würden – Zweifel und Bedenken, die insbesondere auch von der Denkmalpflege geteilt wurden. Da sich die vorgetragenen Einwände in den Diskussionen nicht zerstreuen ließen, ging der Bauherr auf das Angebot der Ingenieurgemeinschaft ein, noch einmal nach anderen Lösungsmöglichkeiten zu suchen, die mit den Zielen des archäologischen Wiederaufbaus und dem Konzept des Steinbaus besser in Einklang zu bringen waren. So kam es - nach verschiedenen Zwischenstufen getragen von allen Planern - zu einer Lösung, wie sie in Abb. 1-5 dargestellt ist. In die Schwibbögen sind dübelförmige Auflagersteine aus Sandstein eingelassen, auf denen die Sandstein-Deckplatten des Kuppelanlaufes aufgelagert und mit Hilfe von Neoprene-Streifen unterschiedlicher Dicke justiert sind. Zwischen den Schwibbögen sind Ziegelgewölbe gemauert und mit Mörtel abgedeckt. Mörtel, Schwibbögen und Dübelauflager sind mit einer fugenlosen Spritzdichtung überzogen, die von oben wasserdicht, von unten diffusionsoffen ist und eine hohe Dehnfähigkeit besitzt.

An dieser Stelle möchte ich – für die Ingenieurgemeinschaft und auch für den Prüfingenieur – Dank sagen an die Architekten von IPRO, die Baudirektion, die Kollegen der Sächsischen Sandsteinwerke und der Bauausführung und, nicht zuletzt, an den Denkmalpfleger Gerhard Glaser, dass sie, nachdem eine Lösung schon gefunden war, unserer Suche nach einer dem Steinbau angemesseneren Variante beigetreten sind und diese mit uns gemeinsam zu einem guten Ende gebracht haben.

Abb. 1   Der Kuppelanlauf: Dachplatten, Auflagerdübel, Luftschicht, Schwibbogen. Nicht sichtbar: Dichtung, Mörtelschicht, Ziegelgewölbe (s. Abb. 2)

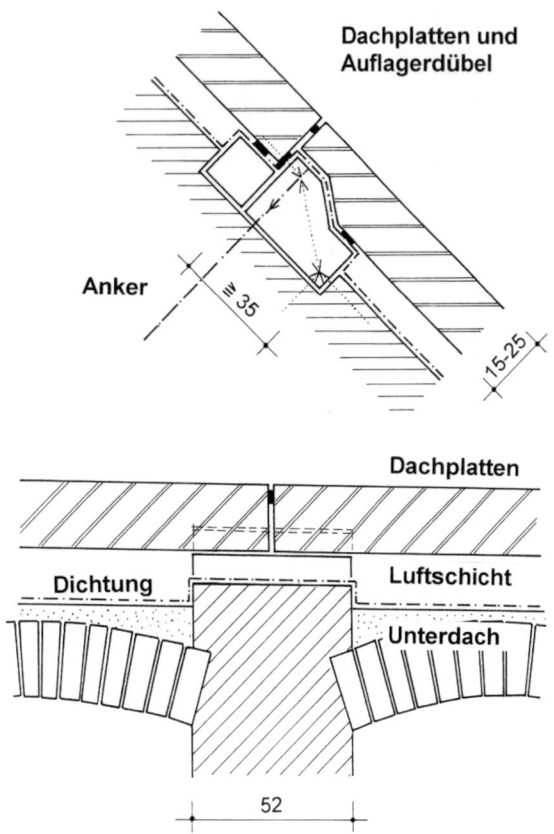

Dachplatten und Auflagerdübel

Anker

≡ 35

15-25

Dachplatten

Dichtung

Luftschicht

Unterdach

52

Abb. 2   Die neue Konstruktion des Kuppelanlaufs im Schnitt

Abb. 3   Schwibbögen, eingesetzte Dübelsteine, mit Mörtel abgedeckte halbsteinige Gewölbe

Abb. 4   Die Gewölbe zwischen den Schwibbögen

Abb. 5   Versetzen der Sandsteinplatten auf den Dübelsteinen

Uwe Kind

berichtet als leitender Architekt für den Innenausbau über die Bewegungs- und Feuchteprobleme in Vergangenheit und Gegenwart und die baukonstruktiven Entwicklungen und Lösungen, um künftige Schäden am Kuppelanlauf zu vermeiden.

Aus der Bauwerksgeschichte wussten wir, dass der Kuppelanlauf immer ein Sorgenkind der Frauenkirche war. Als Architekten und Ingenieure kam uns die Aufgabe zu, diese bisherige Schwachstelle verbessert und ohne Folgeschäden wieder aufzubauen. Von der hohen Kuppel war das Regenwasser herabgelaufen und hatte, zusammen mit dem direkt auf die Sandsteindeckplatten gefallenen Niederschlag, den Kuppelanlauf immer wieder stark durchfeuchtet. Dass Canaletto die Frauenkirche zusammen mit Handwerkern dargestellt hat, die an den Deckplatten Reparaturen vornehmen, hatte sicherlich seinen Grund. Es müssen also bereits kurz nach dem Bau der Kirche Mängel und Schäden am Kuppelanlauf aufgetreten sein.

Bei der ursprünglichen Konstruktion des Kuppelanlaufes lagen die Sandsteindeckplatten in einem Mörtelbett direkt auf den gemauerten, schwibbogenförmigen Rippen auf. Die Platten wurden dann an der Oberfläche vor Ort behauen und angepasst. Wenn die Fugen der Sandsteinplatten aufrissen, drang das Regenwasser herein, durchfeuchtete die Rippen, lief an ihnen herunter und fand seinen Weg bis hinunter in die Kassettengewölbe. Man hat versucht, dieser Schäden mit den Mitteln der damaligen Zeit Herr zu werden. Man hat die schadhaften Plattenränder aufgeschlitzt und die Fugen dann mit Vierungsstreifen abgedeckt. Man hat gehofft, dass das Wasser nun nicht mehr in die Fugen eindringen würde, sondern darüber hinwegliefe. Das alles war nur von kurzem Erfolg, weil aus den statischen Problemen, welche die Frauenkirche hatte, nach wie vor Bauwerksverformungen hervorgingen und auch den Bereich des Kuppelanlaufes tangierten. So traten an den bisherigen Schadensstellen nach kurzer Zeit wieder neue Risse auf. Erst Professor Georg Rüth hat, wenige Jahre vor der Zerstörung der Kirche, statisch-konstruktive Sicherungsmaßnahmen durchführen lassen, die – neben der Festigung des Traggefüges – auch Bewegungen stoppen sollten und das erneute Aufreißen der Fugen in den Deckplatten hatten beenden sollen.

Ein Steindach wie dasjenige des Kuppelanlaufes ist der Witterung ausgesetzt. Wir wissen, dass tages- und jahreszeitliche Temperatur- und Feuchteschwankungen dazu führen, dass sich seine Teile ausdehnen oder zusammenziehen – das Dach arbeitet, es arbeitet an der Südseite anders als an der Nordseite. Und wir wissen auch, dass der beste Mörtel der Welt durch das Arbeiten der Fugen zwischen den Deckplatten irgendwann einmal aufgebraucht ist. Mit anderen Worten, wir mussten, trotz Festigung des Traggefüges und Vermeidung größerer Bauwerksverformungen, beim Wiederaufbau der Frauenkirche nach wie vor mit Feuchteproblemen am steinsichtigen Kuppelanlauf rechnen.

Wir haben uns zunächst überlegt, was alles mit Blech abgedeckt werden könnte. Wir haben sämtliche Verdachungen, Fenster, Sohlbänke, Gesimse usw. verblecht, um damit zu erreichen, dass das Wasser hier keine Angriffsflächen bekommt. Das konnten wir uns nicht allein ausdenken, sondern haben es in enger Zusammenarbeit mit dem Landesamt für Denkmalpflege getan, also gemeinsam entschieden, an welchen Stellen zusätzliches Blech aufgebracht werden darf, ohne das Bild der Frauenkirche zu verfremden. Oberhalb des Hauptgesimses haben wir alle Verblechungen mit Blei ausgeführt, um zu erreichen, dass dieses Bleiblech einmal mit dem patinierten dunklen Sandstein farblich zusammmengehen und die Steinstruktur nicht stören wird. Wir haben auch überlegt, an welchen Stellen sich das Niederschlagswasser sammeln, in Rinnen auffangen und über eine Regenrohrentwässerung konzentriert abführen ließ. Wir haben am Tambour auf dem Gesims eine Liegerinne angeordnet, die das von der Kuppel herabfließende Niederschlagswasser sammelt

Abb. 6 Verblechung, Rinne

und abführt. Und wir haben unten am Kuppelanlauf, unmittelbar hinter der Dachbalustrade, eine weitere große Liegerinne vorgesehen, die sowohl das Oberflächenwasser aufnimmt, welches auf den Deckplatten des Kuppelanlaufes abfließt, als auch das Wasser fasst, welches auf der Dichtungsebene unter den Deckplatten abfließt (Abb. 6).

Weil die Geometrie und Baukonstruktion des Kuppelanlaufs ziemlich kompliziert sind, wurde ein Probestück gebaut, mit drei Rippen und Platten im Maßstab 1:1. Hier haben wir zunächst ausprobiert, Metallanker auf die Rippen aufzusetzen, sie darin zu verankern und sie so zu gestalten, dass sich damit die Höhenlage der Deckplatten justieren ließ. Wir hatten, ich will das offen gestehen, große Furcht vor den zu erwartenden Maßabweichungen und den deshalb nötigen Toleranzmaßen, einmal bei der Fertigung der Platten und zum anderen beim Verlegen und Versetzen. Der Modellversuch wurde dann ausgewertet, es gab Zweifel bei den Ingenieuren, und auch das Landesamt für Denkmalpflege war nicht wirklich zufrieden mit dem Ergebnis dieser Beprobung, insbesondere, weil die komplizierten Justieranker sehr technisch wirkten und in größerer Zahl erforderlich waren. Wir hatten uns ja gemeinsam auf die Fahne geschrieben, dass wir die Kirche nach archäologischen Gesichtspunkten wieder aufbauen wollten, und da wären diese Anker dann doch etwas zuviel an hochtechnisierten Zutaten gewesen.

Es wurde dann ein weiteres 1:1 Modell gebaut, mit einer niedrigen Betonaufkantung auf den Rippen als Auflager- und Widerlagerkonstruktion für die Sandsteinplatten. Der Beton gefiel uns wegen der komplizierten Ausformung auch nicht, und schließlich wurde versucht, alle Elemente aus Sandstein zu fertigen, ohne Metallanker und ohne Beton. Wir mussten umplanen und es kam, in enger Zusammenarbeit zwischen Architekten und Ingenieuren, zu der Lösung mit den Dübelsteinen, auf die sich die Platten auflegen bzw. gegen die sich die Platten stemmen, mit den flachen Ziegelgewölben zwischen den Rippen, der Mörtelschicht darüber sowie der Dichtung obenauf. Das alles erforderte nun eine sehr viel größere Genauigkeit, eine größere Präzision des Aufbaus. Jörg Lauterbach wird das näher vorstellen. Ich will gern gestehen, dass wir immer noch große Angst hatten vor den zu erwartenden Maßabweichungen beim Fertigen der Bauteile und beim Versetzen. Am Ende waren wir dann alle heilfroh, als wir das Ergebnis sahen und feststellen konnten, dass die Lösung gut funktionierte. Ich möchte hier ausdrücklich die sehr hohe Qualität der Ausführung hervorheben, bei

der Herstellung und beim Verlegen. Dahinter verbergen sich ein großer Aufwand in der Planung und bei der Vermessung, ein intensives Miteinander der Architekten und Ingenieure, ein enger Kontakt mit der Bauleitung und viele Beratungen mit den Ausführenden auf der Baustelle.

Jörg Lauterbach

war verantwortlich für die Computerplanung der Geometrie des Kuppelanlaufes und seiner verschiedenen Teile.

Wir wissen bereits aus anderen Beiträgen, dass der Kuppelanlauf derjenige Dachbereich ist, der zwischen dem annähernd quadratisch aufstrebenden Mauergeviert der Außenwände und dem kreisrunden Zylinder spannt, mit welchem die Hauptkuppel unten beginnt. Er bildet eine windschiefe Fläche, die dann noch von den Turmspitzen bzw. den großen Kuppelgauben durchdrungen wird. Im Osten schließt das Chordach an. Das ist eine Geometrie, die man sich wie geblähtes Segel vorstellen kann, mehrfach gekrümmt, sphärisch gekrümmt. Das Problem war, wie man diese Geometrie in den Computer bekommt. Geholfen hat uns dabei eine photogrammetrische Auswertung historischer Fotografien durch die Messbildstelle. Die gewonnenen Koordinaten sind dann in den Computer eingelesen worden. Dadurch war es möglich, zunächst den genauen Anschwung für den Kuppelanlauf wenigstens in einem Schnitt zu bekommen. Ausgehend von diesem Schnitt ist dann durch Auswertung weiterer Fotografien ein Flächennetz entstanden.

Das nächste Problem war die Rekonstruktion des Fugenbildes. Die Stoßfugen der Platten liegen radial in der Fläche und gliedern sie fächerförmig um die Hauptkuppel herum. Die Lagerfugen verlaufen im oberen Teil relativ gleichmäßig gekrümmt, im unteren Teil folgen sie der sehr schwingenden Geometrie.

Ausgehend von der gewonnenen Fläche und dem darauf projizierten Fugennetz wurde als nächster Schritt die Geometrie der einzelnen Platten entwickelt. Dazu muss man Folgendes sagen: In jedem Achtel des Kuppelanlaufes befinden sich über 60 Platten. Diese haben komplett unterschiedliche Geometrien. Sie besitzen auf

Abb. 7   Kuppelanlauf, in der Mitte eine Kuppelgaube. Aus dem mit grauer Spritzdichtung übergezogenen Unterdach ragen die Sand-
steindübel hervor. Unten sind die ersten Sandstein-Deckplatten verlegt.

der Oberseite eine mehrfach gekrümmte Fläche, konkav und konvex entgegengesetzt. Sie haben keinerlei parallel zueinander liegende Ränder, und weil wir unten gerade Kanten benötigten, haben wir die Unterseite der Platten in zwei dreieckige ebene Flächen gegliedert. Dann brauchten wir, der Aufständerung auf den Sandsteindübeln wegen, Ausnehmungen an den Ecken der Plattenunterseite. Da mussten die Sandsteindübel dann passgerecht hereinfassen. Ehe wir die Ausnehmungen geodätisch festlegen konnten, mussten wir die Geometrie der Sandsteindübel kennen. Wie gesagt, in jedem Achtel der Dachfläche ist jede Platte anders, folglich ist auch jeder Dübel darunter anders. Also ausgehend vom Flächennetz des Kuppelanlaufes und über die Geometrie der einzelnen Platte kamen wir dann erst zur Planung der Dübel und zur Planung der Ausnehmungen für die Dübel.

Die Kompliziertheit der Dübellandschaft machte es erforderlich, für das Versetzen der Dübel Koordinatenvorgaben zu definieren. Für den gesamten Kuppelanlauf – ohne Chordach – waren das 24.000 Koordinatenvorgaben. Anders war das Versetzen nicht möglich, denn in diesem komplizierten Bereich ließ sich nicht mit Schnurmaß, Lot oder Zollstock messen. Man konnte also nicht einfach ein Maß angeben, und dann wurde der Dübel versetzt. Vielmehr war es erforderlich, die Dübel tachymetrisch einzumessen, sie mit Hilfe von Tachymetern zu versetzen, mit sehr knappem Toleranzmaß. Die Dübel mussten also passgenau in die Rippen eingelassen werden, dann musste die Deckplatte darüber passen, das war ein echtes Tole-

ranzproblem. Man musste die Platten sauber auflegen können, ohne groß nacharbeiten zu müssen und zu können (Abb. 7).

Beim Chordach war es dann noch etwas komplizierter. Man muss sich dieses Dach wie einen umgekehrten Schiffsbug vorstellen. Auch hier waren die Platten allesamt unterschiedlich, mit teilweise sehr verzerrten Geometrien. Dann gab es ganz eigene Probleme im Bereich des Überganges vom Kuppelanlauf zum Chordach, da musste eine Kehle gebildet werden, und die Plattengeometrien sind hier andere, und dementsprechend ist auch die Dübellandschaft darunter vollkommen anders. Das nächste Problem beim Chordach war, wie bereits andernorts erwähnt, der noch vorhandene Altbestand. Dessen untere Platten gaben praktisch die Geometrie vor (Abb. 8). Nun hat sich aber bei der Zerstörung der Kirche der Chor verformt, er ist auf der Oberseite gerissen und V-förmig auseinandergeklappt. Also mussten wir versuchen, mit der neuen Geometrie an diese geschwungene und veränderte alte Geometrie so anzubinden, dass die Unterschiede im Dachbereich ausgeglichen wurden.

Als das Verlegen der Platten überall funktionierte, ist uns nicht bloß ein einzelner Stein vom Herzen gefallen – es waren viele. Wir haben in der ganzen Zeit, in der die Platten verlegt wurden, kräftig geschwitzt. Aber es gab Gott sei Dank keine größeren Probleme. Zu Anfang, bei den ersten Platten, dauerte es natürlich aufgrund der noch nicht vorhandenen Erfahrung etwas länger, später ging dann aber alles reibungslos.

Volker Stoll

Manche Nacht habe ich beim Wiederaufbau der Frauenkirche nicht so gut geschlafen. Eine davon war diejenige vor dem Versetzen der ersten Kuppelanlauf-Deckplatte. Um 6 Uhr ging's los. Also eigentlich vor Beginn meiner Arbeitszeit. Es ist mir aber nicht schwer gefallen, an diesem Tage pünktlich vor Ort zu sein. Gott sei Dank hat aber später alles gut geklappt, und somit war die Sorge des ersten Tages doch etwas unbegründet.

Statisch-konstruktiv hatten wir folgende Dinge zu lösen: Wir mussten die Sandsteinplatten auf den Schwibbögen auflagern und befestigen. Es galt, die ursprünglich vorgesehenen Stahlteile in der Planung gegen die später entwickelten Sandsteindübel austauschen. Die Plattenneigung zwischen 0 Grad unten am Kuppelanlauf und 74 Grad oben am Tambour erforderte an der Traufe und im oberen Bereich Sogverankerungen, die zu entwerfen waren. Wir haben die ursprünglich einteilig vorgesehenen Sandsteindübel geteilt, sonst wären aus den Auflagerlasten der Platten zwischen dem vorderen und dem hinteren Teil der Dübel zu große Zugspannungen aufgetreten. Durch Optimierung der Form des Dübels ließen sich dann auch die Druckspannungen aus den Auflagerlasten in ihm besser verteilen.

Abb. 8   Neues Chordach über dem altem Dachrand

Als die ersten Platten da waren, gab es auf der Baustelle eine Chefplanersitzung, da hat man doch ziemlich gestaunt über die verschiedenen Plattengeometrien. Die Chefplanerrunde ging dann auf die Baustelle und an den Ort des Verlegens und hat gesehen, wie die Dübellandschaft vorbereitet war und wie das Versetzen der Dübel und Platten erfolgte. Wenn das schiefgegangen wäre!

Noch ein paar Worte zum Aufspritzen der Dichtung. Es gab ein Schlauchsystem für die zwei Komponenten des Materials Conipur. Der Spritzer musste die komplizierten Geometrien überall komplett in gleichmäßiger Dicke beschichten, deswegen musste er relativ nah an alle Stellen herankommen. So wurde es in der Ausführung erforderlich, oberhalb des zu spritzenden Bereichs immer eine Rüstung zu haben, die diesen Zugang ermöglichte. Rundherum musste der Sandstein der anderen Bauteile abgeklebt werden, damit er nicht verschmutzt wurde.

Einzige Justiermöglichkeit für die Platten auf den Dübeln waren die Neoprene-Streifen, auf denen sie auflagen. Die Streifen standen in 2 bis 10 mm Dicke zur Verfügung und ermöglichten uns also einen Toleranzausgleich von max. 8 mm. Da das Wasser ja durch die Deckplatten und ihre Fugen herunter zur Dichtung durchdringen konnte, war in manche Dübel ein Schlitz einzuarbeiten, damit sich kein Wassersack hinter ihnen bilden konnte. Dann musste ein Teil der Platten gegen extreme Windsoglasten nach hinten arretiert werden, damit sie nicht abkippen konnten.

Wir haben erfahren, dass die Planungsänderung beim Kuppelanlauf ein schwieriger Schritt für alle war. Umso mehr sind wir dankbar, dass alle Beteiligten, ganz besonders auch die Kollegen von der Bauausführung, die hohen Anforderungen an die Qualität dieser anspruchsvollen Bauaufgabe so gut erfüllt haben. Wir denken, dass die Anregungen der Ingenieure speziell zur Spritzdichtung positiv waren und dass letztendlich auch die Auflagerung der Platten auf den Sandsteindübeln dem Bauwerk gerecht wird. Es war eine schwierige Zeit der Planung, und wir sind froh, dass alles zum guten Ende gekommen ist.

Diskussion am 18.10.2003 in Dresden

Jürgen Vogeley (Moderator): Im Badischen dürfen Sie, Herr Kind, gar kein Dach mehr mit Blei eindecken, und wenn, müssen Sie das Wasser gesondert entsorgen. Ist das hier kein Problem?

Uwe Kind: Ja, wir haben darüber nachgedacht. Wir wissen, dass dieses in den Ländern unterschiedlich geregelt ist. Wir haben hier offensichtlich noch keine Probleme damit. Wobei man sagen muss, dass es ja in der Summe nicht um große Flächen geht, sondern es geht mehr oder weniger um Bauwerksteile, um Anschlüsse, um Kehlen und Fugen, also das hält sich schon alles noch in Grenzen. Und Gott sei Dank haben wir auch eine gute Verbindung zu unserer Bauaufsicht, also das, was wir gemacht haben, passt offenbar in die sächsische Baugesetzgebung.

Jürgen Vogeley: Richtig, das ist sicherlich eine Frage der Massen, die da beregnet und entwässert werden. Aber die Frauenkirche ist nicht klein, das darf man nicht vergessen. Dann gibt es auch Rinnen aus Blei, wie ich gesehen habe?

Uwe Kind: Nein, Rinnen aus Blei haben wir nicht verlegt. Das sind Kupferrinnen, die nach vorn, also zur Sichtseite hin, nur mit Blei verkleidet sind.

Jürgen Vogeley: Da gibt es dann aber ein neues Problem, die elektrolytische Korrosion zwischen Blei und Kupfer?

Uwe Kind: Ist in der baukonstruktiven Durchbildung berücksichtigt, das kann ich Ihnen versichern.

Willibrord Sonntag: Darf ich fragen, wie das Detail, die Kehle zwischen Kuppelanlauf und der Dachgaube, gelöst ist? Irgendwie muss dort ja die Dichtigkeit der Eindeckung gesichert sein.

Uwe Kind: Also Sie meinen zwischen Blei und Sandstein? Ja, wir haben in den Sandstein eine Nut eingespitzt oder eingefräst, dann das Blei dort hereingelegt und mit einem Bleikeil verstemmt. Das ist die ganz traditionelle Verlegeart. Und wenn hier schon auf das Badische hingewiesen wird, wir haben einige Führungen am Freiburger Münster erlebt und haben erfreut festgestellt, dass es dort dieselben Details gibt, dieselben Probleme und dieselbe Detaillösung.

Jürgen Vogeley: Das ist aber ein sächsischer Steinmetzmeister, der das dort macht.

Uwe Kind: Genauso ist es, ein alter Kollege von mir.

Siegfried Kendel: Ich habe da sehr gestaunt, wie Sie mit dem Computer die Konstruktion des Kuppelanlaufes und des neuen Unterdaches hinbekommen ha-

ben. Das hätte man ja früher so überhaupt nicht machen können. Und da frage ich mich, ob ein Steinmetz mit seinem Meißel und seinem Hammer, wenn er keinen Computer hätte, das nicht auch fertiggebracht hätte. Ich frage mich einfach, ob dieses wahnsinnig aufwändige und wahrscheinlich auch teure Stück der Kirche nicht ähnlich hätte gemacht werden können, meinetwegen unter Zugabe von Toleranzen, so dass der Steinmetz das hätte meißeln können? Und wäre vielleicht eine Dichtung möglich gewesen, die man auch nicht sieht, deren Unterbau aber einfacher hätte gemacht werden können? Ich will wirklich nur fragen, ob das überlegt worden ist. Eine Dichtungsebene unter der steinsichtigen Dachebene zu konstruieren ist ja schon ein ganz schöner Aufwand.

Bernd Frese: Ja, es war ja so, dass zunächst eine ganz andere Lösung zum Einsatz kommen sollte, nämlich die Auflagerung der steinsichtigen Platten auf Metallteilen mit einem beweglichen, verstellbaren Kopf, so dass man damit die Toleranzen hätte ausgleichen können. Als diese Lösung dann im Modell betrachtet wurde, da ist dann bei einigen von uns, ich will das mal so sagen, Unbehagen aufgekommen. Ist das der richtige Weg? Kann nur er zum Ziel führen, oder gibt es noch einen anderen Weg? Herr Kind hat ja dargelegt, wie man dann den anderen Weg eingeschlagen hat. Also weg von der auf Metallteilen aufgeständerten Lösung hin zu einer Massivlösung. Zu dieser Zeit aber, als die Bedenken kamen, das muss man schon deutlich sagen, waren die Dachplatten, also die Deckplatten aus Sandstein, geometrisch schon festgelegt, und auch die Rippen und Schwibbögen waren schon aufgemauert. Also hatten wir jetzt das Problem, eine Synthese herzustellen zwischen dem, was bis dahin gebaut war, und der neuen Idee, die jetzt verfolgt werden sollte. Das machte das Ganze natürlich schwieriger. Sonst hätte man viele Dinge von vornherein in der Planung vereinfachen können. Dann wäre es auch geometrisch wahrscheinlich um einiges einfacher geworden.

Siegfried Kendel: Die Frage ist doch, ob man überhaupt mit dieser Zweischichtigkeit arbeiten soll, ob man eine moderne Dichtungsbahn unter eine steinsichtige Dachfläche bringen soll, so dass die Konstruktion zusammen komplizierter wird, als wenn man den Steinmetz wie bei einem Münster in Ulm oder Freiburg alles mit dem Meißel anpassen lässt und vielleicht so konstruiert, dass es dicht ist.

Fritz Wenzel: Da muss ich antworten: Wo geht das Wasser durch? Das Wasser geht nicht nur durch die Fugen durch, die sich ja auch weiten in einem Maße, wie es mit einem mineralischen Mörtel dort nicht mehr zu beherrschen ist. Wir können ruhig sagen, Uwe Kind und Volker Stoll, dass in die Fugen ein Kompriband hereingekommen ist, beim Kuppelanlauf, natürlich nicht bei der Kuppel selbst. Aber beim Kuppelanlauf. Weil die Bewegungen so groß sind, dass es Risse gab, dass das Wasser durch eine Mörtelfuge wieder durchgekommen wäre. Aber schlimmer noch: Das Wasser geht auch durch den Sandstein selber durch. Wir haben Sandsteindicken bei diesen Platten des Kuppelanlaufes von 20 cm, ganz oben sind es auch mal nur 15 cm, weiter unten 25 cm. Es gibt Untersuchungen, die durch Versuche unterstützt sind, dass sich der Postaer Sandstein unter bestimmten Bedingungen so voll saugen kann, dass das Wasser durch ihn durchdringt und er das Wasser nach unten abgibt. Das heißt, wir brauchen unten eine Schicht.

Uwe Kind: Wir haben uns natürlich überlegt, wie die handwerkliche Umsetzung am effektivsten ist. Dabei müssen wir auch die Kosten mit im Hinterkopf haben. Wir haben das untersucht und haben dann in enger Zusammenarbeit mit den Ausführenden schon vorher die Erkenntnis gehabt, dass alle Arbeiten, die in der Werkstatt oder auf den Steinmetzplatz ausgeführt werden können, derzeit billiger sind als Anpassarbeiten auf der Baustelle. Und deshalb haben wir uns der Schwierigkeit unterzogen, die hohe Maßgenauigkeit schon im Plan festzulegen, damit das Nacharbeiten auf der Baustelle auf ein Minimum reduziert werden kann. Es ist tatsächlich die sparsamste Methode, wenn dem Steinmetzbetrieb exakt die Geometrie vorgegeben wird, denn dann lassen sich die Arbeiten vor Ort reduzieren. Wir haben am alten, stehengebliebenen Chordach gesehen, wie unsere Vorgänger gearbeitet haben. Das sah angenehm aus, dass man dort die handwerklichen Spuren und auch die Ungenauigkeiten sieht, und ich kann Ihnen versichern, wir hätten das hier auch gern gehabt. Denn die Denkmalpflege ist ja dabei und ihr Vorwurf ist oft, das sei alles viel zu perfekt und das zu genau und das zu exakt. Wir haben das diskutiert und abgewogen, wir hätten aber eine wahnsinnige Verteuerung bekommen, wenn die Oberfläche vor Ort im eingebauten Zustand hätte nachgearbeitet werden müssen. Also das ist heute ein Zugeständnis an die Möglichkeiten der industriellen Fertigung, an die Bauausführung und letzten Endes an die Kosten.

Helmut Maus: Es ist schön dargestellt worden, wie die Geometrie ermittelt worden ist und wie die Steine millimetergenau eingesetzt worden sind. Aber wie Herr Wenzel gerade sagte, der wesentliche Schwachpunkt in jeder Konstruktion sind ja die Fugen. Vielleicht kann

noch jemand etwas dazu sagen, ich habe vorher das Wort Kompriband gehört, wie die Fugen im Endeffekt dann ausgebildet worden sind und wie man jetzt auf die Bewegungen durch Temperatur und Feuchte speziell hier reagiert hat.

Volker Stoll: Wir hätten die Fugen auch offen lassen können, wollten das eigentlich, weil das Wasser ja nicht nur durch die Fugen, sondern auch durch die Platten durchdringt. Deshalb haben wir unter den Platten eine Dichtungsschicht vorgesehen. Und wir wollen gar nicht, dass die Fuge dicht ist, weil ansonsten ein wesentlicher Unterschied in der Dichtheit zwischen Sandsteinplatte und Fuge uns späterhin möglicherweise Frostschäden beschert. Deswegen haben wir dort, auch aus Gründen der Plattendehnung, auf eine mineralische Fugenfüllung verzichtet. Nachdem aus Sicht der Denkmalpflege ein Offenlassen der Fugen nicht in Frage kam, haben wir ein Kompriband eingesetzt, welches noch eine Farbgebung erhalten hat, die passend zum Sandstein ist. Das ist wieder der Tatsache geschuldet, dass das optisch von unten sichtbare Erscheinungsbild dem der Historie möglichst gleich sein soll.

Eberhard Alscher: Ganz kurz zwei Fragen. Wir haben jetzt gelernt, und es ist auch klar, dass der Sandstein kein Dachziegel ist und dass er Wasser aufsaugt und Wasser durchlässt. Wie dick muss denn nun die Kuppel oben sein, um wasserdicht zu sein? Das wäre die erste Frage. Die zweite Frage: Wir haben hier eine Spritzschicht, eine Spritzdichtung, was ist zur Frage des Tauwassers unterhalb dieser Spritzdichtung zu sagen?

Jürgen Vogeley: Ich denke, die erste Frage wird durch die nächsten Vorträge geklärt werden. Wer möchte zur zweiten Frage Stellung nehmen?

Fritz Wenzel: Es sind bei der Lösung umfängliche bauphysikalische Berechnungen gemacht worden. Dabei hatten wir zunächst das Problem, dass wir uns zu einigen hatten, welche Verhältnisse haben wir eigentlich unter dem Kuppelanlauf, sind das nun Räume, die ständig von Menschen genutzt werden? Nein. Es ist dies eine Art Pufferzone zwischen Außenbereich und den eigentlichen Kirchräumen. Diese klimatisch unterschiedlichen Verhältnisse sind berücksichtigt worden, und was die Folie angeht, so ist sie von oben wasserdicht, aber von unten diffusionsoffen. Sie ist unwahrscheinlich diffusionsoffen, so dass alles, was da geschehen kann, von unten durchmarschiert. Und dann sind, was die Tauwasserbildung angeht, einerseits Berechnungen gemacht worden, und andererseits gibt es ja auch eine DIN, in der gesagt wird, wie viel darf da an Tauwasser kommen, was kann von den umgebenden Bauteilen aufgenommen werden und was ist unschädlich. Im Ergebnis sind wir ganz weit unter dieser Grenze. Wir haben das also gründlich untersucht und auch nachgewiesen, dass nichts passieren kann.

Harald Garrecht: Man muss hier natürlich sagen, wenn man sich nur an der DIN orientiert hätte, sähe es anders aus. Man musste auch eine eigene Bewertung mit einbringen, neuere Erkenntnisse, um sagen zu können, wir verstehen die Dinge heute besser, als zur Zeit, als die DIN entstand, wir können versuchen, kritische Punkte experimentell wie auch durch Rechenhilfe und Simulation zu belegen. Danach funktioniert es, aber irgendwo sind wir nicht in der DIN gesichert. Wir müssen also auch eigene Verantwortung übernehmen, unsere Erfahrung und das Vertrauen darauf auch ausschöpfen, um für so eine Lösung zu plädieren. Diese Lösung funktioniert aus meiner Sicht hundertprozentig und ist einwandfrei, aber mit der DIN allein wäre sie nicht realisierbar gewesen.

Fritz Wenzel: Ich möchte noch ein Wort zur Folie sagen, zur aufgesprühten Dichtung. Sie hat eine sehr große Dehnfähigkeit. Das heißt, wir waren in der Lage, diese Folie relativ eng um die Ecken herumzuziehen, zumal hier auch kein Scheuern passiert, denn die Sandsteinplatten liegen ja auf Neoprene-Stücken, ein Stück von der Folie weg.

Jürgen Vogeley: Aus anderer Sicht hätte ich da eigentlich Bedenken. Das Problem hat meines Erachtens weniger mit der Dehnfähigkeit zu tun, sondern mit der Schichtdicke. Und ich bezweifle, dass an den Ecken beim Sandstein eine gleichmäßige Schichtdicke aufgetragen wurde und herumgezogen wurde. Wird die Folie an diesen Stellen später nicht aufreißen?

Fritz Wenzel: Zwei Antworten. Einmal sind die Dübel nicht ganz scharfkantig. Das zweite ist aber, dass es einen langen Streit darüber gab, ob man die Dübel oben überhaupt mit der Folie überziehen soll oder nicht. Es gab also bauphysikalische Ratschläge, die wir bekommen haben und die hießen: Lasst doch die Dübel oben offen. Da kommt ja Wasser sowieso kaum rein. Das Wasser läuft ja unten ab. Insofern wäre das, was jetzt gesagt wurde, nicht kritisch.

Jürgen Vogeley: Es ist halt wichtig, die genauen Zusammenhänge zu kennen und nicht nur reingeschnuppert zu haben.

Harald Garrecht: Vielleicht kann ich dazu noch einmal sagen, wenn beispielsweise an einer scharfen Kante eine Undichtigkeit entstehen würde, das wäre sicherlich ein gewisses Problem, aber es wäre kein direkter Feuchtedurchfluss möglich, weil in dieser Konstruktion die Deckschale ja komplett aus mineralischen Werkstoffen hergestellt wird und ja letztendlich das Wasser sich erst einmal kapillar zur Raumseite hin bewegen müsste. Da ist also noch eine gewisse Reserve vorhanden, also eine Sicherheit.

Diskussion am 11.2.2005 in Karlsruhe

Ralph Egermann (Moderator): Vielen Dank, Volker Stoll und Hartmut Pliett, für das zum Kuppelanlauf und Unterdach Vorgetragene. Die Abläufe geschildert zu bekommen, wie was wann und wo eingebaut wurde, ist hilfreich, denn wenn man es nur liest, kann man sich manches doch nicht recht vorstellen.

Gunther Rohrberg: Die Abdichtung, die aufgespritzt wurde, soll ja das Wasser, welches durch die Sandsteinplatten dringt, nach unten abführen. Wo läuft das Wasser eigentlich hin? Das ist die erste Frage. Und die zweite Frage ist: Wir haben im Bild noch so einen Turm gesehen, der aus dem Kuppelanlauf aufragt. Wie ist dort eigentlich der Anschluss erfolgt, denn das Wasser kommt ja auch zum Turm hin, und wie kann es von dort wegkommen?

Volker Stoll: Am unteren Ende des Kuppelanlaufes konnte eine Liegerinne vorgesehen werden, so dass das Wasser dort gesammelt und in die Regenfallrohre abgeleitet wird. Und die Übergänge des Kuppelanlaufs zum aufragenden Steinbau wurden mit zusätzlichen Bleidichtungen oder Kupferdichtungen versehen, je nach der Geometrie. An nicht ebenen Flächen wurde immer Blei verwendet. Dadurch erhielten diese Bereiche noch eine zusätzliche Abdichtung. Hier ist man von der Historie abgewichen. Die Kirche George Bährs hatte am Anfang keinerlei Dichtungen. Aber nachdem es mehrfach eingeregnet hat, wurden bereits an der alten Kirche Nachrüstungen vorgenommen. Heutzutage sind diejenigen Bereiche, die hinsichtlich des Wassereintrittes kritisch sind - auch die horizontalen Bereiche der Fensterbänke und Gesimse - mit gesonderten Abdichtungen versehen. Über die Abdichtungen kann mehr im Referat von Uwe Kind nachgelesen werden.

Peter Knoch: Ich hätte gern mehr gewusst zur Herstellung dieser Deckplatten aus Sandstein, wie das gemacht wurde, ob sie gefräst wurden, wobei die sphärische Krümmung ja das Problem ist. Und wie hat die Oberfläche historisch ausgesehen bzw. wie sieht sie jetzt aus?

Volker Stoll: Die Sächsischen Sandsteinwerke als Steinlieferant haben in Erwägung gezogen, CNC-Maschinen für die Fertigung der gekrümmten Teile anzuschaffen. Aber letztendlich wären immense Kosten dabei entstanden, und diese nur für das Bauvorhaben Frauenkirche, so dass darauf verzichtet wurde. Den Sandsteinwerken wurde die Architekturplanung für die Plattengeometrie datenmäßig übergeben. Für die Deckplatten erfolgte anhand der Daten eine Werkplanung, analog wie das von den Arbeitsschritten her im Stahlbau üblich ist. Den Steinmetzen ist die umhüllende Quaderform jeder Platte gegeben worden und sie haben entsprechende Schablonen und Zeichnungen bekommen. Es klingt sehr einfach, aber ich kann mir vorstellen, dass die praktische Umsetzung zur hohen Schule der Steinmetzkunst gehört. Wenn man dann gesehen hat, wie die Platten millimetergenau gepasst haben, was ich zu Beginn gar nicht für möglich gehalten habe, dann muss man sagen, das war eine hervorragende Leistung der Hersteller und Versetzer.

Christoph Frenzel: Eigentlich war es aber doch ein relativ einfacher Prozess, solche gekrümmten Teile herzustellen; wir sollten da nicht zu technikgläubig sein und denken, es geht nur mit vollautomatisierter Fertigung. Solche CNC-Maschinen bringen ja auch einen Steinstau, da kann man immer nur einen Stein fertigen. Wenn ich 20 Steinmetze habe, kann ich 20 Steine fertigen. Es ist über die Ebene des umschriebenen Quaders ein Raster gelegt worden, mit einem Rasterabstand von 20 cm, und die Tiefpunkte waren dann jeweils diejenigen, die der Steinmetz in einer gekrümmten, eingesackten Geometrie auszuarbeiten hatte. Der Rest erfolgte durch Hinsehen. Und es ist wirklich erstaunlich, welche Qualität die Steinmetze heute leisten können. Es ist an keiner einzigen Platte am Übergang etwas nachzuarbeiten gewesen. Soviel zur Ergänzung. Die Oberfläche ist also wie die historische, sie ist mit Hand bearbeitet, frei und mit Hieb.

Ralph Egermann: Jetzt noch zur Abdichtung.

Vera Mohr: Aus welchem chemischen Material besteht die Abdichtung von den Verbindungen her?

Hartmut Pliett: Die Abdichtung ist ein Polyurethan, welches als Zweikomponentenwerkstoff angeliefert und vor Ort gemischt wird. Wichtig ist, dass keine Weichmacher oder Lösungsmittel darin enthalten sind.

Fritz Wenzel: Die Dichtung hatte zwei Hauptforderungen zu genügen. Einmal sollte sie das Wasser, das von oben kommt, abführen, es nicht weiter nach unten durchlassen. Zum anderen musste sie aber von unten die Diffusion ermöglichen. Und noch etwas: Wir durften nicht in Tauwasserbereiche kommen.

Ich will auch noch sagen, dass die Dichtung sehr, sehr dehnfähig ist. Sie kann im Labor auf 500 % ihrer Länge gedehnt werden. Das war für uns sehr wichtig, dass sie Bewegungen mitmachen kann und dass wir gar keine Stöße brauchten. Die Dichtung ist an anderen Bauwerken ungefähr 20 Jahre im Einsatz. Dass sie keine Weichmacher, kein Lösungsmittel enthält, ist ganz entscheidend, wegen der Haltbarkeit und Dauerhaftigkeit. Sie darf so, wie sie bei der Frauenkirche aufgespritzt wurde, nicht längere Zeit der UV-Strahlung ausgesetzt werden. Es gibt aber inzwischen von diesem Fabrikat auch eine UV-beständige Ausführung. Die brauchten wir nicht, weil die Dichtung unter den Sandsteinplatten ja vor der Sonne geschützt ist.

Wir haben die Werte der Dehnfähigkeit und Diffusionsoffenheit in Karlsruhe noch einmal nachprüfen lassen, haben uns nicht nur auf die in der bauaufsichtlichen Zulassung angegebenen Daten verlassen. Wir haben die Werte der Zulassung nicht nur bestätigt gefunden, sondern es kam heraus, dass die Dichtung noch diffusionsoffener war, als angegeben und als andere Dichtungen es gewesen wären.

Beim Aufspritzen vor Ort muss man aufpassen und sich Mühe geben. Man kommt ja später nur noch mühsam an die Dichtung heran, man müsste die Sandsteinplatten abnehmen. Dann weiß man aber nicht, wo genau man sie entfernen muss, denn das Wasser kommt ja oben nicht unbedingt an der Stelle herein, wo es unten nass ist. Wir haben also beim Aufbringen der Dichtung auf allerhöchste Sorgfalt geachtet.

Christoph Frenzel

Bearbeitung und Ergänzung von Fundstücken zur Wiederverwendung

Christoph Frenzel, Diplomingenieur und Architekt, Projektleiter bei IPRO Dresden für die Außenarchitektur und die Treppenhäuser, war u.a. verantwortlich dafür, dass und wie die wieder verwendbaren Fassaden- und Profilsteine aus dem Trümmerberg ihren Platz in der wieder aufgebauten Frauenkirche fanden. Er war als Architekt wichtiger Ansprechpartner für die mit den Konstruktionsplanungen am Steinbau betrauten Bauingenieure.

Der Wiederaufbau der Dresdner Frauenkirche wurde am 27. Mai 1994 mit dem Versetzen eines alten Steines begonnen, dem Fundstück Nr. 4721. Ein solches Datum prägt sich ein, wenn man sehr lange bei den Vorbereitungen und beim Wiederaufbau mit dabei war.

Was haben wir vorgefunden? Eine ganze Gemengelage von Natursteinen, solche, die von Anbeginn in der alten Kirche ihren Dienst getan haben, andere, die als Reparatursteine später dazugekommen sind. Das Mauerwerk war ständig der Witterung ausgesetzt, das Wasser lief über die Kuppel und den Kuppelanlauf hinab bis zum Hauptgesims. Dort richtete es am Sandstein sein zerstörerisches Werk über viele Jahre an. Dann fanden wir Sandsteine, die durch den Einsturz Schäden erlitten hatten, durch den Brand, schließlich durch mehr als 40 Jahre weiteren Verfall im Trümmerberg.

1993/94 haben wir Proberekonstruktionen an kleinen Steinen vorgenommen. Es kam uns dabei nicht nur auf den einzelnen Stein allein an. Wir hatten auch zu berücksichtigen, dass der Stein eine Funktion im Gesamtgefüge zu übernehmen hatte, eine konstruktive Aufgabe. Der Fugenschnitt der Frauenkirchenfassaden zeigt, dass der Einzelstein auch für die Architektur des Ganzen, für die Gliederung des Bauwerkes von Bedeutung ist. Er hatte also auch eine gestalterische Aufgabe. Wir haben versucht, einige der von uns reparierten Steine übereinander zu setzen, um zu sehen, mit welchen Anforderungen und Schwierigkeiten hier zu rechnen war. Probleme gab es damit, dass dem ausschließlich handwerklich errichteten Steinbau der Frauenkirche mit den baulichen Mitteln und Möglichkeiten der heutigen Zeit entsprochen werden sollte. In der Vergangenheit hat man die Steine manuell bearbeitet, keinerlei Sägeleistung, wie wir sie heute kennen, war möglich. Quintessenz: Die Steine waren und sind allesamt Individuen. Sie sind nicht auf ein winkliges Maß zugearbeitet. Sie sind mit ihrer Fugeneinbindung individuell in den örtlichen Verband eingearbeitet. Unsere Aufgabe bestand darin, eine Möglichkeit zu finden, aus diesen Individuen von damals Steine zu machen, die tauglich für den heutigen Wiedereinbau waren. Dieser erfolgte mit Neusteinen, die zugesägt wurden, die mit planparallelen Fugen und Kanten auf die Baustelle kamen und präzise bearbeitet waren. Die Fundstücke dagegen sind im heutigen Sinne nicht präzise gearbeitet. An welche Grenzen gerieten wir, wenn die Altsteine an ihren Rändern verwittert waren, Witterungsschäden besaßen, die an diesen Sandsteinen ganz natürlich sind? Auch die Fugenerneuerungen der vergangenen Jahrzehnte waren nicht immer die besten (Abb. 1). Sie haben zum Teil durch den hohen Zementanteil zu Feuchtestaus an der Steinkante geführt, im Winter bei Frost dann zu den bekannten Steinabplatzungen. Und wie sieht es aus, kann diese Verfugung zwischen zwei Altsteinen – bei einer alten Vierung, oder in der Ruine – dazu führen, dass wir künftig im Winter noch weitere Schäden zu erwarten haben?

Wir haben uns auf einen Wiedereinbau in komplett handwerklicher Weise verständigt. Allerdings unter ganz wichtigen Prämissen: Planparalleles Bearbeiten von Ober- und Unterlager, damit keine besondere Kantenbelastung der Altsteine stattfindet. Wir mussten Acht geben, dass die Altsteinkubatur eines Stückes überwiegend blieb und der Stein nicht durch eine Vielzahl von Vierungsergänzungen so ausgemagert wurde, dass er in seiner Ganzheit kein kompaktes Stück mehr darstellte. Es tauchte die Frage auf, wie klein oder wie groß und an welcher Stelle müssen und dürfen Reparaturen vorgenommen werden? Wir mussten im Auge haben, dass die Steine in der Nachbarschaft von anderen Altsteinen oder in der Nachbarschaft von Neusteinen nicht gegen die gesamte Architektur laufen, sondern das Bild positiv beeinflussen. Das bedeutet, dass die Vierungsfuge im na-

Abb. 1   Links: Ruinenmauerwerk mit alten Ausbesserungen. Mitte: Die neue Turmhaube vor dem Hochziehen. Rechts oben: Wieder eingesetzte Giebelsteine

türlichen Zusammenhang mit benachbarten Vierungs-
fugen oder Neusteinen stehen musste (Abb. 2). Wir haben weiterhin festgestellt, dass es möglich ist, aus Altsteinen, die keiner weiteren Verwendung zugeführt werden
konnten, brauchbares historisches Sichtflächenmaterial
als Vierungsmaterial zu gewinnen. Eine weitere Prämisse war, dass durch die architektonische Ablesbarkeit
insbesondere von Profilstücken die Architekturform in
ihrer Gesamtheit so gut wie möglich wiedergewonnen
werden sollte.

Aus dieser Fülle von Erkenntnissen haben wir die Aufgabenstellung erarbeitet und versucht, ihr auf der Baustelle gerecht zu werden. Neben der Frauenkirche ist eine
Steinmetzwerkstatt bzw. eine Steinmetzhütte unter der
Leitung eines Steinmetzmeisters eröffnet worden. Dort
begann in wirklich traditioneller handwerklicher Weise
die Wiederaufarbeitung der Fundstücke. Auf einem Teil
des Neumarktes wurden dafür acht Werkplätze einge-
richtet sowie auch eine große Steinsäge zur Bearbeitung der Steine aufgestellt.

Wir sind mit der Steinrekonstruktion bauteilweise vorge-
gangen, so wie auch der künftige Wiederaufbau der Kirche fortschreiten sollte. Wir hatten zunächst eine Inventur

Abb. 2   Erste, noch unbefriedigende Versuche mit Altsteinen
         und eingesetzten Vierungen

des benachbarten Steinlagers (Abb. 3) vorzunehmen. Von
dort ist die Auslagerung der jeweils in Frage kommenden Steine vorgenommen wurden. Daraufhin wurde
jeder dieser einzelnen, ausgelagerten Steine individuell
begutachtet. Es war uns klar, dass auch während des Lage-
rungsprozesses das Altsteinmaterial sich weiter verändert
haben konnte. Schäden oder Zustände, die unmittelbar
nach der Enttrümmerung dokumentiert worden waren,
mussten nach 5 Jahren nicht noch die gleichen sein. Es
machte Sinn, sich wirklich jeden Stein im Einzelnen anzusehen und sich nicht nur auf die Datenblätter der Enttrümmerung zu verlassen. Es ist uns gelungen, ein wirklich arbeitsfähiges Team aus Vertretern der Bauherrschaft,
der Denkmalpflege und der Planer zusammenzustellen.
Wir haben uns in regelmäßigen Abständen, zwei bzw. drei
Wochen, im Steinlager Stein für Stein angesehen. Warum? Weil wir einerseits nicht nur die Maßnahmen für
den Wiedereinbau festlegen wollten, sondern auch den
Kartierungsvorschlag aus der Enttrümmerung zu prüfen
hatten, nämlich ob der Stein tatsächlich in dem bezeich-
neten Bereich zu Hause ist. Das gefundene Steinmaterial
aus dem Außenbereich ist nicht ausschließlich originaler
Stein, sondern ich schätze einmal, dass etwa die Hälfte
des Materials aus späterer Zeit stammte. Wir hatten also
einerseits eine weitere Erkennung des Steines vorzunehmen und andererseits zu entscheiden, was jetzt mit ihm
passieren sollte. War dieser Stein reparierbar, konnte er als
Fundstück wieder eingebaut werden? Oder erlaubte es
das Steinmaterial nicht, war es aber noch als Vierungsmaterial tauglich? Alle steinmetzmäßig reparierten Fundstücke wurden mit Altsteinen ergänzt. Es war aber auch
notwendig, dass wir uns von alten Steinen trennten und
sie einer Art sekundärer Verwendung bei der Hintermauerung der Frauenkirche zuführten (Abb. 4).

Für jedes Fundstück ist ein Datenblatt entwickelt worden, auf dem die festgelegten Maßnahmen verzeichnet,
Vierungen angegeben, auch Stellen bezeichnet wurden, die nicht repariert werden sollten, an denen man
Vernadelungen oder Beschädigungen belassen konnte.
Wir haben dann auch erforderliche Vernadelungen angegeben. Also diesen ganzen technischen Umfang, der
notwendig war, um eine klare Aufgabenstellung für den
Steinmetz zu erstellen. Zunächst hatte er die Schadstelle aufzuarbeiten, in den meisten Fällen winklig auszuarbeiten, wenn es sich nicht gerade um Bildhauerteile
handelte. Vierungsflächen wurden ordentlich gezahnt,
so dass eine gute Haftung des Mörtels und ein rauher
Anschluss an die Fuge und an den Nachbarstein gegeben war. Wir haben neben dem Datenblatt weitere Ar-
chitekturunterlagen zur Verfügung gestellt, die Soll-Ge-
ometrien, also Einbaumaße für die Bauteile. Zum Teil

war es notwendig, über das Fundstück hinaus auch das angrenzende Neustück in einem Zuge mit herzustellen. Große Probleme hat uns die Fülle an historischen alten oder mehr oder weniger alten Verankerungen gemacht, Eisenbügel, Eisenanker, die oftmals nur wenige Zentimeter hinter der Sichtfläche saßen. Sie waren solide eingebracht und von großer handwerklicher Qualität, haben den Einsturz auch überdauert und stellten in dem Fundstück nun oftmals das besterhaltene Teil dar. Was tun damit? Belassen, besonders schützen oder herausnehmen? Eine große Herausforderung waren Fundstücke von überdimensionaler Größe und einem Gewicht von 3 bis 4 Tonnen.

Es gab einen regelmäßigen Rhythmus für die Fundstücksabnahmen. 15 bis 20 Fundstücke wurden in einem Abnahmeblock zusammengefasst. Die Abnahmen wurden in der Datei erfasst. Im Datenblatt wurden die Maßnahmen kartiert, so dass für jedes Fundstück ein Beleg vorliegt. Somit haben wir über die vielen Jahre immer eine genaue Übersicht gehabt, welches Fundstück nun wirklich repariert wurde. Nach der Abnahme, nach der Festlegung des Einbauortes und auch nach dem Aufmaß dieser fertiggestellten Steine konnten wir unsere Steinplanung im Architekturbereich fortsetzen. Je höher wir planerisch am Bauwerk kamen, desto häufiger galt es, aufwendige Geometrien am Stein zu erfassen und entsprechend zu berücksichtigen.

Wir haben die Altstücke zusammen mit den Neustücken in unseren Plänen aufgeführt und für das Versetzen die Altsteine zusammen mit den Neusteinen angefordert. Es machte für den Versetzer nahezu keinen Unterschied, ob er einen Altstein oder einen Neustein versetzte. Mit Ausnahme, dass der Altstein mit seiner Profilgenauigkeit meistens nicht die Qualität eines Neusteines haben konnte. Es ist auch gelungen, zum Teil ganze zusammenhängende Bereiche wieder zusammenhängend einzubauen. Und natürlich waren wir dankbar dafür, dass aus der Enttrümmerung eine Fülle von Werksteinen zur Verfügung stand, von denen wir sonst gar nicht gewusst hätten, wie sie aussahen. So dass sie uns als Muster und als Modellvorlage für das Herstellen neuer Steine dienten. Auch George Bähr hatte damals auf Altsteine zurückgegriffen - aus der Vorgängerkirche, der gotischen Kirche. Diese sind zu seiner Zeit in die Hintermauerung eingearbeitet worden.

Nicht nur außen gab es jetzt Werkstücke aus Bährs Kirche, sondern auch im Innenbereich, zum Beispiel einige Wölbsteine. Um diese Gewölbe überhaupt wieder planen zu können, waren wir dankbar, von alten Kämp-

ferecken Fundstücke zu finden, aus denen wir die gesamte Geometrie des Gewölbes rekonstruieren konnten.

Wieviel Fundstücke gab der Trümmerberg her, und wie viele davon konnten eingebaut werden? Hier unterscheiden sich die einzelnen Bauteile. Im unteren Teil, im vertikalen Wandbereich, waren prozentual mehr Stücke wieder verwendbar – solche, die nicht zu stark geschädigt waren, oder die sich noch halbwegs gut reparieren ließen – anders als oben im Baugefüge (Abb. 5). Von 2037 Fundstücken aus der Fassade der aufgehenden Wände

Abb. 3   Das Steinlager mit den Regalen auf dem Neumarkt

Abb. 4   Fundstück mit Ausnehmungen für Vierungen

Abb. 5 Stehengebliebener Treppenturm, in den Neubau eingesetzte Teile des alten Giebels, stehengebliebenes und wieder eingefügtes altes Mauerwerk in der Erdgeschoßzone.

konnten 1526 Stück, etwa 75 %, für den Wiederaufbau verwendet werden. Bei den Treppentürmen waren es 557 von 1297 Fundstücken, also ca. 43 %. Aus der Kuppel, am Tambour und bei den Gauben wurden 618 von gefundenen 2145 Stücken, also etwa 30 % eingesetzt. In die eigentliche steinsichtige Kuppelschale konnten aus baukonstruktiv-bauphysikalischen Gründen keine Altsteine integriert werden. Bei der Laterne blieben von gefundenen 407 Stück für den Einbau 152 Steine, etwa 37 %, übrig. Insgesamt waren 9268 Stücke in unserer Datenbank erfasst, davon 8425 steinerne Funde.

Wir können zusammenfassen, dass die Fundstücksreparatur, die Bearbeitung und Wiederverwendung alter Steine, zwar eine der Kernaufgaben des Wiederaufbaus der Frauenkirche war, aber an ihre technischen Grenzen stieß. Von den technischen Möglichkeiten her, unter dem Gesichtspunkt der zahlreichen Stücke, auch der umfänglichen Logistik, die insgesamt beim Wiederaufbau eingehalten werden musste, ist ein optimales Ergebnis herausgekommen. Wir haben uns bemüht, aus dem wirklich großen Fundus der Originale und der später zugefügten Steine verantwortungsvoll das auszuwählen, was für die neue Frauenkirche hoffentlich lange seinen technischen und architektonischen Dienst tun wird.

Diskussion am 13.09.2003 in Dresden

Jürgen Vogeley (Moderator): Ich hätte gern eine Auskunft aus der Alchimistenküche der Steinrestaurierung. Nach welcher Technik wurden die Vierungssteine befestigt? Wurde mit Epoxydharzen geklebt?

Christoph Frenzel: In der ersten Proberekonstruktion haben wir auch Klebevierungen gehabt. Es sind Mörtelfugen und auch Klebefugen untersucht worden, Zugversuche gemacht worden. Wir haben uns sehr schnell von der Klebevierung verabschiedet, weil sie fachtechnisch aus wirklich verschiedenen Gründen untauglich ist. Nein, wir haben ganz einfach die Vierungen in Mörtel gesetzt, wir haben einen Restaurierungsmörtel gehabt, der selbst dünne Fugen - 5 mm, teilweise auch 3 mm - anstandslos und vollflächig füllt. Wir hatten ja die günstige Situation, dass wir Vierungen nicht am Bau unter erschwerten Bedingungen, sondern direkt auf dem Werkplatz am Block herstellen konnten. Man konnte von allen Seiten heran. Man konnte also die Vierung in das Mörtelbett einsetzen, anklopfen, festmachen, anziehen lassen und im Anschluss wurde dann noch verfugt. Das Verfugen zum Teil mit dem gleichen

Mörtel, allerdings eingefärbt. Kleben tut man im Regelfall ja nur dort, wo man kleine Dübel setzen muss, um noch einmal zusätzliche Sicherung zu schaffen, bei überhängenden Teilen, bei Gesimsstücken, etc.. Dort haben wir punktuell geklebt, aber im Wesentlichen ist es eine Mörtelfuge.

Jürgen Vogeley: Ja, es gab doch Vierungen, bei denen sozusagen das Steingewicht senkrecht zur Mörtelfuge wirkte, oder wo Abscherungen entstehen konnten. Sind die dann alle verdübelt worden?

Christoph Frenzel: Die sind verdübelt worden.

Teilnehmer: Wurde irgendwann im Laufe der Arbeiten untersucht, ob neue Steine billiger gewesen wären als reparierte alte Steine? Und wenn ja, wie ist dann der Mehraufwand jetzt zu beziffern?

Christoph Frenzel: Da steckt viel in Ihrer Frage. Sie markiert eine dieser Grenzen, die wir dann bei unseren Entscheidungen, ob der alte Stein wieder genommen wird oder nicht, zu beachten hatten. Zunächst einmal, ein durchschnittlicher Sandstein, das hatten wir am Anfang ermittelt, machte etwa nur ein Drittel der Gesamtkosten aus, wenn er wiederhergestellt eingebaut wird, als wenn ein neuer gleichartiger hergestellt und eingebaut worden wäre. Das ist also erst einmal eine ganz klare Entscheidung für den Altstein. Wir kamen im Bereich der Hauptgesimssteine dann zu Teilen, wo wir wussten, dass die Reparatur, die Materialbestellung, das Bohren mit extrem langem Bohrer schon an die Preiskategorie eines neuen Steines herankommen kann. Wir haben es nicht genau untersucht, das müsste man eigentlich noch einmal tun. Aber an dieser Stelle denke ich doch, es ist auch ganz eindeutig, dass der kulturelle architektonische Wert des Altsteines, im wahrsten Sinne des Wortes der Wert war. Das ist auch ein Stück Kennzeichnung unserer Arbeit, dass wir an diesen Stellen auch gesagt haben, wir nehmen das bewusst in Kauf. Im Wesentlichen kann man aber sagen, die Summe an Altsteinen, die wir jetzt eingebaut haben, ist schon ein wirtschaftlicher Vorteil gegenüber dem, was an gleicher Stelle hätte neu geschaffen werden müssen. Das ist ganz eindeutig so. Im Einzelfall könnte es dann einen Ausschlag mal in die eine und mal in die andere Richtung geben.

Teilnehmer: Man hat ja das alte Kreuz wieder gefunden in den Trümmern. Was hat man damit vor? Wird das auch wieder restauriert werden und vielleicht irgendwie aufgestellt werden?

Christoph Frenzel: Soweit ich informiert bin, wird es auf jeden Fall erhalten bleiben. Es wird in der Form, in der es ist, an einem Ort aufgestellt, an dem es seine Eindrücklichkeit in diesem verformten Zustand behält (Abb. 6). Der konkrete Aufstellort ist noch nicht ganz klar; es muss ein Ort sein, der einem Kreuz auch würdig ist.

Fritz Wenzel: Herr Frenzel, können Sie noch etwas über die Untersuchungen sagen, die gemacht wurden, wenn man Vierungen und beschädigte Steine zusammenbringt mit unterschiedlicher Patina, also zum Beispiel eine neue Vierung in einen schwarzen Altstein setzt, oder wenn man unterschiedliche Altsteine zusammenbringt. Kann es da Probleme geben (Abb. 7)?

Christoph Frenzel: Der Sandstein ist ein saugendes Material, und der patinierte Sandstein hat ein weitaus geringeres Saugvermögen, da er durch die Patinabildung in seinen Poren eingeengt ist. Aber er ist diffusionsoffen. Neue Vierungen, helle Vierungen, das war uns klar, sind diese aufgesägt und aufgearbeitet, müssen sie über die Zeit ihre Patina entwickeln. Aber durch die Mörtelfuge und das gesamte diffusionsoffene System flankierender Bereiche ist es natürlich möglich, auch dieses aufgesaugte Wasser der Vierung möglicherweise schneller abzugeben als beim benachbarten Altstein. Auch wieder ein Grund, keine Klebungen durchzuführen.

Abb. 6   Das alte, im Trümmerberg gefundene Turmkreuz

Fritz Wenzel: Darf ich noch etwas ergänzen. Der Mineraloge sagt zu den Schwarzkrusten am Postaer Sandstein, es handele sich hauptsächlich um amorphe Eisen- und Manganoxyde, bei Werkstein im Stadtgebiet kommt auch noch Gips hinzu. Die Dampfdiffusion des Postaer Materials wird anscheinend nicht durch die Kruste beeinträchtigt, wohl aber das Wassereindringvermögen, was an und für sich eine gute Sache ist. Da beim Postaer Sandstein die meisten Poren im groben Kapillarporenbereich liegen, sind die Krusten wirklich meist auf der Oberfläche des Sandsteins akkumuliert oder lediglich wenige zehntel Millimeter in den Sandstein eingedrungen. Wenn man die hohe Festigkeit des Postaer Sandsteins und die Kapillaren und dampfförmigen Wassertransportverhältnisse berücksichtigt, kommt man zu dem Schluss, dass die Krusten nicht notwendigerweise schädigend wirken. Das gilt allerdings nur für die Sorte Postaer Sandstein und lässt sich nicht auf alle Materialien des sächsischen oder süddeutschen Raums übertragen. Soweit die Auskunft des Mineralogen.

Jürgen Vogeley: Können Sie vielleicht noch, wenn wir jetzt schon hier intim in der Steintechnik und in der Mineralogie drinstecken, ein Wort zum Quellverhalten dieser Steine sagen? Denn in der Regel quellen Sandsteine wesentlich mehr, als ihre Temperaturausdehnungen ausmachen, oder manchmal addiert sich beides auch. Können Sie sagen, wie man dieses Quellverhalten in den Griff bekommt, was hat man dafür oder dagegen getan? Es gibt ja hier in Dresden ein sehr negatives Beispiel, wo man das nicht berücksichtigt hat, und deswegen meine Frage, wie ist dieses Problem bei der Frauenkirche gelöst worden?

Christoph Frenzel: Wir haben hier ganz andere Formate an der Frauenkirche als in dem angedeuteten Fall. Am Kuppelanlauf haben wir uns bemüht, die Austauschzone von Befeuchtung, Entfeuchtung und Diffusion im einzelnen Deckstein zu belassen und damit nicht das gesamte Bauteil oder benachbarte Konstruktionen mit dem Quellverhalten zu konfrontieren. Ansonsten weiß ich jetzt kein negatives Beispiel aus der Geschichte der Frauenkirche, welches hier Probleme aufgezeigt hätte. Ich kenne sehr viele der alten Schadensbilder, aber keine mit Schäden aus dem Quellen. Und in dem von Ihnen angeführten Beispiel ist es so, dass ein anderer Stein vorhanden ist, ein vorwiegend tonig gebundener Stein, denn die Plastiken sind aus Cottaer Sandstein. Hier bei der Frauenkirche haben wir den Postaer Sandstein eingesetzt, auch weil die Altsteine aus Postaer Sandstein bestehen. Vom Material her sind diese Gefahren nicht zu erwarten.

Abb. 7   Besichtigung des ersten Probeeinsatzes von Altsteinen im Neubau. Die Auslaugungen ließen sich später vermeiden.

Volker Stoll

Herrichtung gemauerter Großteile zum Wiedereinbau

Was ist überhaupt ein Großteil? Wir verstehen beim Wiederaufbau der Frauenkirche darunter zusammenhängende Mauerwerksgefüge, mit auf Sicht gearbeiteten Werksteinen, mit Mauerwerksverbänden, mit Farbbefunden oder anderen für den Wiederaufbau bedeutsamen Zeugnissen. Sie lieferten wichtige Erkenntnisse, zum Beispiel über die Geometrie des Äußeren und Inneren des Kirchenbauwerkes, den Aufbau des Wandmauerwerkes, seine Verbände, auch über die jeweilige Oberflächenbearbeitung.

Abb. 1 zeigt die Sturzlage der Großteile zu Beginn der Enttrümmerung. Insgesamt waren es direkt auf dem Trümmerberg 38 Stück. Die Linien im Bild verbinden ihre Lage auf dem Trümmerberg mit ihrer Position im Bauwerk. Die Fallrichtung der Kirche war in Richtung Süden. In Richtung Norden waren die Schuttmassen nicht so ausgebreitet. Der Grundriss des Trümmerberges betrug etwa 70 x 80 m, seine höchste Erhebung 17 m über dem Fußboden des Kellergeschosses. Zu den 38 Großteilen auf dem Trümmerberg fanden sich weitere 46 Großteile im Trümmerberg. Ihr Gewicht betrug je nach Größe 5 bis 139 Tonnen. 16 der Großteile konnten wir aus dem Trümmerberg als Ganzes bergen. Sechs

Abb. 1   Sturzlage der Großsteine

der Großteile stammen aus dem Bereich der Treppentürme, also etwa aus Höhenlagen von 28 m, ein Großteil aus dem Mauerwerk der Hauptkuppel, es stürzte aus ca. 45 m nach unten. Der sogenannte Schmetterling, ein ganz besonderes Großteil, kommt aus einer Höhenlage von ca. 38 m. Abb. 2 zeigt die Situation aus der Vogelperspektive, schematisch dargestellt. Dargestellt ist u.a. die Lage der Großteile G35 (rechts oben), G18 (rechts unten) und der nicht zum Einbau gekommenen Großteile G20, 28, 30 und 31 (Mitte). Ein weiteres Großteil mit der Nummer G72 stammt von der Innenkuppel.

Zu Beginn mussten wir uns natürlich Gedanken machen, ob die Großteile wieder am alten Ort eingebaut werden können, und wie das geht. Die Großteile, die oben auf dem Trümmerberg lagen, waren nahezu 50 Jahre ungeschützt der Witterung ausgesetzt; in welchem Zustand waren sie? Und die Großteile, die im Trümmerberg verschüttet lagen, waren, ebenso wie die anderen, aus großer Höhe abgestürzt; beide konnten Sturzschäden aufweisen. Wir haben uns relativ rasch verständigt, dass Großteile nur dort wieder eingebaut werden durften, wo innerhalb des statischen Systems keine großen Kräfte wirkten - das waren im Wesentlichen die Außenwände des Kirchbauwerkes. Am Anfang war auch an die Kuppel gedacht, dort haben wir uns dann aber aus baukonstruktiven und bauphysikalischen Gründen dafür entschieden, alte Kuppelreste nicht mit einzusetzen, d.h. in die der Witterung ausgesetzte Hauptkuppel der Frauenkirche nur homogenes, neu gebrochenes Sandsteinmaterial einzubauen, kein Altmaterial.

Für das Bergen der Großteile vom Trümmerberg war in der Regel eine spezielle Hebetechnik notwendig. Es wurden dazu Textilschlupfe (Schwerlastgurte) verwendet. Das Ablagern und Abpolstern erfolgte mit Sandsäcken, so dass beim Heben nicht noch zusätzliche Kantenabplatzungen entstehen konnten.

Von allen Großteilen wurden Fotos und photo-grammetrische Aufnahmen gemacht, teilweise wurden sie auch vermessen. Wenn der Zustand sich als so schlecht darstellte, dass ein Einbau als Ganzes von vornherein nicht möglich erschien, wurde das Großteil zerteilt. Einzelstücke, die sich dabei ergaben, wurden in die Fundstückkartierung aufgenommen, und Steine, die beim Zerteilen abfielen, wurden zwischengelagert und standen für den späteren Einbau in der Hintermauerung zur Verfügung. Bei allen Großteilen erfolgte eine umfassende Erkundung des Mauerwerkgefüges und der Oberflächen. Nicht nur visuell, sondern teilweise auch mittels Kernbohrung und Bohrlochendoskopie. Wir wollten in der Beurteilung des Zustandes der einzelnen Großteile so sicher wie nur möglich sein.

Bis zum Jahr 2000 führten wir nach der Bergung der Großteile mit ihnen Langzeitversuche im Freien aus. Wir wollten die Zeitspanne von 5 bis 6 Jahren bis zu einem eventuellen Wiedereinbau nutzen, um herauszufinden, wie sie sich in der Witterung verhielten. Etwa ab Ende 1998 machten wir uns verstärkt daran, gemeinsam mit den Architekten und Denkmalpflegern zu entscheiden, ob die Großteile in das Bauwerk integriert werden konnten, bzw. wie weiter mit ihnen verfahren werden sollte. Wir hatten während der Bewitterungsversuche diejenigen Partien, die nicht zu den Sichtflächen gehörten, insbesondere die Mauerkronen, mit Mörtel abgedeckt, so dass keine ungewollte Durchfeuchtung stattfinden konnte.

Um die Großteile in das neu entstehende Bauwerk einfügen zu können, war es nötig, Teile des Wetterschutzdaches, welches das Baugefüge abdeckte, samt Dachdeckung und Holzbindern abzunehmen. Stellenweise musste auch die Kranbahn demontiert werden. Das war natürlich ein immenser Aufwand und lief dem laufenden Bauprozess, der eigentlich Schritt für Schritt planmäßig vor sich gehen sollte, zuwider. Deshalb musste die Zeit für das Hereinheben der Teile unbedingt kurz gehalten werden.

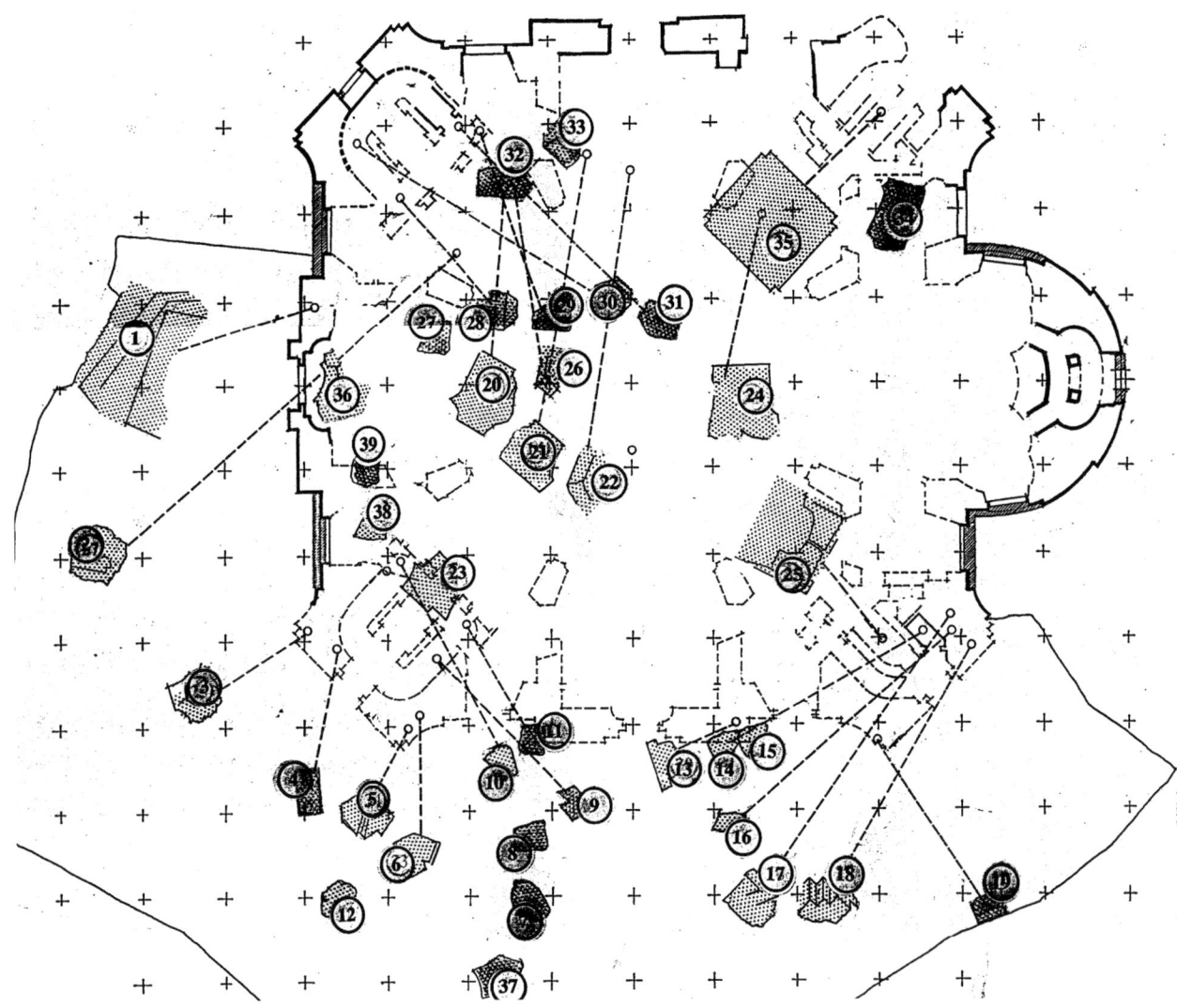

Abb. 2   Aus der Vogelperspektive

Das Großteil G5 (Abb. 3) wurde nach gemeinsamer Entscheidung von Ingenieur, Architekt, Denkmalpfleger und Bauherr zur Aufteilung freigegeben. Die Gründe dafür waren, dass es nur eine relativ kleine Sichtfläche am Großteil gab, also nur wenige Fassadensteine. Weiter spielte eine Rolle, dass die Vierungen, die früher bereits zur Reparatur der Fassadensteine eingebaut worden waren, sich teilweise gelockert hatten, und auch, dass Oberflächenschäden in der Patina sichtbar wurden. Das heißt, dass eine gewisse schutzbildende Schicht des Sandsteines, also die Patina, örtlich bereits gestört war. Weiterhin gab es einen Bewuchs mit Flechten und Moosen. Trotz dieses Schadensbefundes, und trotz der Entscheidung, das Großteil aufzugeben, hat es uns wichtige Dienste geleistet. Wir konnten an ihm Innen- und Außengeometrien feststellen und auch geometrische Beziehungen innerhalb des Bauwerkes ableiten. Wir konnten die Gewölbekämpfer erkennen und die Gewölbegeometrie zumindest erahnen. Wir fanden auch einen gut sichtbaren Bährschen Anker. Der verhalf dazu, darüber nachzudenken, ob sich nicht im Wiederaufbau in ähnlicher Lage ebenfalls ein Anker befinden sollte. Außerdem zeigten sich am Großteil G5 Reste der Kupferabdeckung. Solche Abdeckungen waren erst nachträglich im Verlaufe der 200 Jahre, die das Bauwerk bestand, eingebaut worden. Die ursprüngliche Kirche George Bährs hatte keine Abdichtungen aus Blechen oder dergleichen gehabt.

Abb. 4 zeigt das Großteil G18 eingebaut, von der Innenseite gesehen. Ca. 1 Jahr vor dem Einheben haben wir es injiziert und mit Nadeln ertüchtigt, haben lose Bestandteile und natürlich auch lockere Steine entfernen lassen, so dass es in sich stabil war für den Hubprozess von 28 m Höhe. Mit Gerüstmaterial eingeschlagen schwebte dann das 18 Tonnen schwere Teil auf die rechte Vorderecke des Treppenturmes A im Südosten. Die Negativ-

fläche am Kirchbau war vorbereitet, so dass das Großteil millimetergenau abgesetzt werden konnte.

Ich möchte hier auch kurz auf den in das Kellergewölbe herabgerutschten Pfeiler G zu sprechen kommen. Wir fanden ihn mitten zwischen den Schuttmassen des Kellers. Jede Steinschicht war mit Stahlbändern umschnürt. Ein Teil dieses Pfeilers hat sich noch über Jahre auf der Baustelle gehalten (Abb. 4, S. 40). Bei jeder Führung bin ich dort vorbeigegangen, und es war, wenn man den Besuchern die Schäden der Kirche vermitteln wollte, sehr hilfreich, dass dieses Pfeilerstück zeigte, welche Kräfte dort in ihm gewirkt und es gespalten hatten. Leider ist es dann auseinandergenommen worden, um Platz auf der Baustelle zu schaffen.

Ganz besonders ist von den Großteilen der sogenannte Schmetterling G35 zu nennen, die Spitze eines Treppenturmes Großteil G35 (Abb. 5). Als er im Jahre 1993 während der archäologischen Enttrümmerung ins Auge genommen wurde, war schon relativ viel Mauerwerkskubatur abgefallen. Zuerst haben wir das Volumen und das Gewicht ermittelt, um darauf die Hebetechnik und dann das Heben vom Trümmerberg abstimmen zu können. Dann war das Mauerwerk in sich zu ertüchtigen, damit der Hubprozess sicher ablaufen konnte. Dafür wurde eine Betonröhre einbetoniert, was deswegen gut möglich war, weil innerhalb dieses Treppenturmteiles eine Aufgangsöffnung für das nächste Turmgeschoss vorhanden war, und in diesen Aufgang hinein konnte die Röhre betoniert werden. Ausgehend vom Bewehrungsgeflecht der Röhre wurden in den umliegenden Stein Vernadelungen vorgenommen. Außerdem wurde das Großteil noch durch Ankerstähle verspannt. In die Betonröhre wurde eine Hilfsbefestigung für das Heben einbetoniert. Das Großteil wurde am Boden mit dem Kopf nach unten gelagert, also um 180° verdreht. Die

Abb. 3   Großteil G5

Abb. 4   Großteil G18

Dresdner hinter dem Bauzaun haben sich, salopp gesagt, die Nasen plattgedrückt, und als das Teil nach der Bergung vom Trümmerberg abgesetzt war, kam Applaus auf. Wo gibt es das sonst auf einer Baustelle? Bei der Frauenkirche passierte es mehrfach. Wenn woanders der Beton in die Schalung rutscht, da klatscht niemand. Hier waren die Dresdner immer wieder interessiert.

Wir hatten uns entschieden, dieses Großteil G35, die Treppenturmspitze, wieder in das Bauwerk zu integrieren. Vor dem Einheben in das Baugefüge musste es erst einmal zurückgedreht werden. Zum Drehen und Einheben musste es mit einer Vorrichtung versehen werden, in der es während des Dreh- und Hubvorganges sicher verwahrt war. Das Gewicht beim Heben aus dem Trümmerberg betrug 95 Tonnen. Nach einigen Abarbeitungen betrug das Gewicht während des Drehens immer noch 80 Tonnen. Dafür wurde ein 16 Tonnen schwerer Stahlrahmen konstruiert, der das Großteil umschloss. Es wurden zwei Streifenfundamente betoniert, die später ein Schienensystem aufgesetzt bekamen. Darauf ließen sich zwei hydraulische Hubanlagen montieren, die horizontal einzeln bewegbar und auch vertikal einzeln justierbar waren. Damit erfolgte das Drehen des Großteiles, so dass es wieder in die richtige Lage kam. Dann wurde es horizontal dorthin verschoben, von wo aus es später gehoben wurde und ins Bauwerk gelangte.

Viele Jahre und Aktivitäten der Vorbereitung sollten am Tage des Hebens und Wiedereinbaus des Großteiles ihre Krönung erfahren. Der Kranfahrer sah es noch ganz gelassen, hat sich erst mal einen frischen Pott Kaffee geholt. Pünktlich um 8 Uhr ging es dann los mit dem Heben. Auf die Minute genau schwebte das Großteil in langsamer Geschwindigkeit nach oben. Tagelang vorher wurden Wetterberichte eingeholt. Denn die Windgeschwindigkeit musste bei diesem Prozess natürlich im Auge behalten werden. Wieder wollten dem Spektakel viele Dresdner beiwohnen. Von manchen, die etwas später kamen, wurde ich gefragt, ob denn das Heben überhaupt stattgefunden habe. Denn um 8:45 Uhr war das Einheben des Großteiles G35 bereits beendet. Der vertikale Hubprozess sah so ruhig aus, das Großteil wie eine Pickelhaube, dem Vaterland zur Zier und Ehre, hätte man Generationen früher wohl gesagt. Das Gesamtgewicht beim Heben betrug wieder 95 Tonnen, bestehend aus dem reduzierten Gewicht des Großteiles von 74 Tonnen und dem Gewicht des Stahlrahmens von nunmehr 11 Tonnen, also auch er reduziert, gegenüber der Konstruktion beim Drehen war er etwas abgespeckt worden. Und es kamen die anderen Hilfsmittel mit ihrem Gewicht dazu, so dass nunmehr das Gesamtgewicht wieder 95 Tonnen betrug. Nach dem Absetzen des Großteils im Baugefüge wurde der Stahlrahmen mit dem Kran gleich wieder heruntergehoben. Der Kranaufbau hat mehrere Tage gedauert, die Auslegerlänge betrug 70 m (Abb. 6).

Die weiteren Arbeiten am Großteil 35 galten den bereits ausgearbeiteten Vierungen, die jetzt mit Steinstücken besetzt werden mussten. Alte rostige Klammern waren auszubauen, damit keine Abplatzungen der neuen Steinverfugungen durch Rostsprengungen geschehen konnten. Es wurde eine Neuverfugung vorgenommen. Dann folgten die Arbeiten, die den Rohbau komplettierten, wie Verblechung, Blitzschutz, Taubenvergrämung, sowie die Ausbauarbeiten, Verglasungen und die Sicherungen der notwendigen Aufstiegsgeometrie. Letzteres bedeutet, dass wir die Betonröhre, die uns so gute Dienste geleistet hatte, mit einer 800 mm Kernbohrung wieder aufgebohrt haben, um dort die Revisionsbegehbarkeit zu sichern. Heute ist das Großteil 35 wie selbstverständlich in dem Treppenturm integriert.

Abb. 5   Treppenturmspitze G35 am Boden mit dem Kopf nach unten, deshalb „Schmetterling" genannt

Abb. 6   Die Treppenturmspitze wird wieder gehoben

Bei solch spektakulären Aktionen wie beim Heben der Treppenturmspitze waren nicht nur viele Dresdner dabei, sondern auch die Fotografen. Wir fanden, dass die Anzahl der Paparazzi höher war als die Zahl der Bauarbeiter. Man konnte kein Bild machen, ohne dass ein Filmmann mit auf der Linse war. Aber, ich war ja selber ein halber Filmmann, habe Aufnahmen um Aufnahmen gemacht.

Nun noch etwas zum Großteil G20 (Abb. 4, S. 12), welches an der Außenseite die Aufschrift „Karl Pinkert 1924" trägt. Es stammt mit Teilen seiner Werksteinschicht von der damaligen Sanierung, ansonsten aus der Erbauungszeit, und es steht jetzt an der Nordseite der Baustelle. Meine Hoffnung ist, dass es vielleicht als ein gewisser Ersatz für den abgestürzten Westgiebel oder für anderes erhalten werden kann, dass es einen würdigen Platz findet und dass es ein Zeugnis der alten Frauenkirche bleibt. Und den Besucher, der nach Dresden kommt und die neue Kirche bewundert, doch den Wahnsinn des Krieges erkennen lässt. An diesem Großteil sieht man übrigens auch, dass bei George Bähr kein regelmäßiger Steinverband in der Kuppel vorhanden war. Es war damals vielleicht auch ein Transportproblem, dass man froh war, die Steine überhaupt auf 45 m Höhe gebracht zu haben, sie aber nicht auch noch für einen regelmäßigen Verband herrichten konnte. Heute bauen wir die Kuppel in einem regelmäßigen Steinverband, große Werksteine, kleine Hintermauerungssteine, so wie auch das gesamte Kirchenbauwerk.

Zum Schluss noch einen Blick auf noch Kommendes, auf das Großteil G72 (Abb. 7). Es rührt aus dem Bereich der Innenkuppel her, neben dem Pfeiler D. Jetzt steht es 8 m höher, über der stählernen Decke, nahe dem Innenkuppelauge. Es soll dort ausgestellt werden, es hat einen Farbbefund aus der alten Innenkuppel und soll für die Nachwelt erhalten bleiben. Die Untersuchungen dazu laufen derzeit, ich bin aber optimistisch, dass dieses Unterfangen gelingen wird.

Wir sind 1993 mit der Meinung angetreten, die Großteile seien wahrscheinlich die am besten erhaltenen Teile, die in das Bauwerk zu integrieren sind. Wir mussten diese Meinung revidieren, einmal wegen des angegriffenen Zustandes der Großteile, zum anderen wegen der hohen Anforderungen, die wir an die Homogenität des Neubaues stellen mussten. Zwei wirkliche Großteile – neben vielen anderen Fundstücken – haben trotzdem den Weg in die wiederaufgebaute Frauenkirche gefunden: Eine Treppenturmecke und die Treppenturmspitze. Sie sind Zeugnis unserer nur begrenzt erfolgreichen

Bemühungen, nicht nur kleinere Fundstücke, sondern auch große Teile in die neu entstehende Frauenkirche zu integrieren.

Diskussion am 13.09.2003 in Dresden

Jürgen Vogeley (Moderator): Also ich muss schon sagen, ich habe so ein bisschen mitgefiebert, als der Stein da so hoch ging und man im Film gemerkt hat, welche Spannung so ringsherum herrschte. Ich glaube, das ist gut herübergekommen, denn das ist ja nicht ein alltägliches Ereignis, solche Lasten über Stadtplätze und in ein Gebäude einzuschweben. In diesem Zusammenhang eine Frage: Wie ist denn vermörtelt worden? Wurde ein Mörtelbett gesetzt, oder wurde es vergossen, oder ist es mit Blei geschehen und man hat dann den normalen Versetzmörtel genommen? Ich habe nur gesehen, dass zwischen dem aufgehenden Mauerteil und dem Teil, welches versetzt wurde, immer nur eine trockene Fuge war. Ich bitte Sie, mir das doch zu erklären.

Volker Stoll: Die Stahlteile mit den Kegeln, die Sie gesehen haben, die waren als Negativ am Großteil G35 dran. So dass der erste Bauzustand des 74 t schweren Großteils auf dem Bauwerk eine Lagerung auf vier Stahlplatten war, eine Lagerung, mit der die Kräfte gut aufgenommen werden konnten. Dann ist diese Fuge kraftschlüssig vergossen und verpresst worden.

Teilnehmer: Meine Frage bezieht sich auf den Hebevorgang. Und zwar mussten Sie ja bei dem ersten Großteil immer diesen Schlupf, also diesen Gurt, unter das Großteil bekommen, wie haben Sie denn das Großteil bewegt? Das ist die erste Frage. Und die zweite Frage: Wenn ich mir das jetzt vorstelle, müssten Sie ja eine Unzahl von Schlupflängen hier vorgehal-

Abb. 7   Großteil G72

ten haben, um das Teil letztendlich dann auszutarieren, wenn es am Haken hing.

Volker Stoll: Beim Heben aus dem Trümmerberg?

Teilnehmer: Ja, ich meine, Sie müssten das Großteil erst einmal angehoben haben, um den ersten Schlupf unterzukriegen. Wenn Sie den ersten Schlupf darunter haben, dann können Sie es ja etwas weiter anheben und eventuell dann den zweiten oder dritten Schlupf herunter kriegen. Dann fragt man sich immer noch, wie tariere ich dieses schwere Großteil aus, damit es am Haken, sage ich einmal, nicht unlastig pendelt.

Volker Stoll: Ich muss dazu sagen, dass dies einer meiner größten Fehler im Berufsleben war, als mich mein Chef gefragt hat, ob ich bei der archäologischen Enttrümmerung mitmachen wolle, dass ich da Nein gesagt habe, dass ich lieber meine Stahlbetonbauten gemacht habe und dann erst 1994 zum Wiederaufbau gekommen bin. Ich war also selber beim Abheben der Großteile vom Trümmerberg nicht dabei. Aber der Berg war ja zu einem großen Teil auch Schutt, so dass man durchaus an das Großteil von einigen Seiten heran konnte und den ersten Schlupf so unterschieben konnte, wie Sie das beschrieben haben, und dass man das Großteil dann Stück für Stück heben konnte und die Schlupfe darunter gebracht hat. Das ist eine Variante. Beim Großteil G35 gab es diese einbetonierte Röhre, an der der Kranhaken eingehängt werden konnte, so dass dieses Teil sicherlich nicht mit Schlupfen gehoben wurde, sondern dafür war eine andere Technik nötig. Also die Schlupfe, die waren für kleinere Steine mit ca. 20 t, da wird es so gewesen sein, wie ich Ihnen das als erste Variante beschrieben habe. Aber leider, und das ist nicht mehr gut zu machen, leider war ich nicht mit dabei.

Teilnehmer: Noch einmal zum Großteil G35. Das Negativteil dort musste ja so ausgeführt worden sein, dass zunächst nur eine Ablagerung auf den Stahlplatten stattgefunden hat und erst zum Schluss die Fuge zwischen dem Positiv des Großteiles und dem Negativ der Auflagerung vergossen wurde. War das aufgehende Mauerwerk vorher schon entsprechend negativ ausgeformt worden?

Volker Stoll: Ja. Und diese Platte mit dem Kegel und das Passstück am Großteil sind millimetergenau eingemessen worden. Also man hat die millimetergenaue geodätische Einmessung am aufgehenden Bauwerk gehabt und hat dazu genau passend die millimetergenaue Einmessung der Platten am Großteil gehabt. Die Oberfläche des Negativs und die Unterfläche des Positivs mussten also bekannt und hergerichtet sein. Und zwischen den Stahlteilen war die Toleranz Null, das musste passen und da war später auch nichts mehr zu justieren.

Jürgen Vogeley: Zu der Bewitterung. Was sollte die Bewitterung bezwecken, zumal die Steine und Teile ja schon bewittert waren. Es wurde über mehrere Jahre eine Bewitterung vorgenommen. Welche Erkenntnisse konnten Sie daraus gewinnen?

Volker Stoll: Meine Antwort ist zum Teil schon von Christoph Frenzel gegeben worden. Dass nämlich eine Bewertung des Großteiles durch unser Büro zum Zeitpunkt der archäologischen Enttrümmerung und dann zum Zeitpunkt des Einbaues eines Fundstückes oder Großteiles nicht mehr hundertprozentig übereinstimmen muss. Denn eine freie Bewitterung, wie sie über diese 5, 6 Versuchsjahre stattgefunden hat, ist doch etwas anderes, als eine teilweise Einbettung im Trümmerberg. Deshalb war es wichtig, dieses aus dem Trümmerberg gewonnene Teil noch so lange wie möglich zu beobachten und erst dann, nach diesem zeitlichen Abstand, eine abschließende Beurteilung durchzuführen und endgültig über den Einbau zu entscheiden. Ich habe es angedeutet, am Anfang war man sehr euphorisch wegen der Großteile und hatte vor, viel mehr von ihnen ins Bauwerk zu integrieren. Man hat ja auch um Teile an den stehengebliebenen Ruinenwänden oder um Teile der Mauerkrone gekämpft und sich überlegt, ob man sie erhält oder zurückbaut, und ob man sicher an ihnen anschließen kann. Ich denke, so ähnlich gelagert ist das Problem auch mit den Großteilen, dass man die Entscheidung wirklich bis zum letztmöglichen Augenblick hinausgezögert hat, um alles Mögliche an Erfahrungsmaterial mit für die Entscheidung zur Verfügung zu haben.

Fritz Wenzel: Ich möchte noch etwas ergänzen. Es ging bei den Großteilen auch um Fragen wie die Durchwurzelung der Fugen, oder um Eisen in ihnen, welches weiter rostet. Das mag schon im noch stehenden Originalbau begonnen haben. Dann lagen sie auf oder im Trümmerberg und da gingen die Schädigungsprozesse möglicherweise weiter. Der wirkliche Zustand ließ sich nicht allein durch einfache Sichtkontrolle erkunden. Es ging auch um ganz handfeste Dinge, zum Beispiel die Gewährleistung. Die Stiftung war sogar dazu bereit zu sagen, wenn an den Großteilen etwas passiert, was die Planer vorher nicht hatten erkennen können, dann könnten wir euch Ingenieure auch aus der Haftung entlassen, wenn ihr meint, dass ein solches Großteil in seinem Zustand viel schlechter ist als das Neuaufgebaute nebenan und dass dieses die neuen Schwachstellen werden würden, was man aber jetzt noch nicht erkennen kann. Das wollten wir Planer nun auch wieder nicht, weil wir nicht einfach sagen können, dieses und jenes Teil, das lassen wir aus der Verantwortung heraus. So haben wir in der Diskussion dann gesagt, wenn die Teile vom Trümmerberg herunterkommen, dann haben wir noch ein paar Jahre Zeit, dann setzen wir sie mal dem Wetter aus und schauen immer wieder, was mit dem Mörtel ist, überprüfen, ob wir injizieren können, ob der Mörtel gipshaltig ist, ob Wurzeln herauskommen, ob es weiter rostet oder ob sich irgendwie unter Feuchtigkeit und Frost irgendwelche Spalten weiter auftun. Und die 5 bis 6 Jahre haben auch dazu gedient, die Frage des Wiedereinbaus unter bauphysikalischen Gesichtspunkten zu betrachten, oder von der erforderlichen Materialfestigkeit in den Hauptbereichen des statischen Kraftflusses her. Auch das sind Erkenntnisse und Entscheidungen, die während der Beobachtung der Teile gereift sind. Deshalb denke ich, es war gut, dass diese Teile die 5 bis 6 Jahre dem Wetter ausgesetzt waren.

Fritz Wenzel (als Schlusswort): Zunächst möchte ich noch etwas zum Vortrag von Volker Stoll sagen, für den ich ihm sehr danke. Es hätte ja die Frage gestellt werden können, ich formuliere das einmal bewusst etwas burschikos, was hat denn dieses ganze Spektakel eigentlich gekostet? Und natürlich hat das Spektakel etwas gekostet, trotzdem sind wir alle dafür gewesen, denn erstens, wenn ich bei der Frage des Geldes bleibe, ist dieses ausgegebene Geld wieder hereingekommen, weil der Vorgang die Leute interessiert hat und die Spenden, die geflossen sind, dadurch wieder höher wurden. Es sind also auch solche Gesichtspunkte beim Wiederaufbau der Frauenkirche zur Überlegung gekommen, nicht nur hehres Gedankengut. Zweitens ging es dann um die emotionale Komponente solcher Vorgänge für Dresden und die Dresdner. Beim Wiederaufbau der Frauenkirche gab es von Zeit zu Zeit Ereignisse, wo man etwas Besonderes sehen konnte. Die Leute sind ja eine ganze Weile vom Baufortschritt ausgeschlossen gewesen, weil die Kirche verhüllt war, man konnte nichts sehen, was hinter dem Vorhang passierte. Man hat an der Westseite dann herangemalt, wie hoch jeweils innen der Wiederaufbau gekommen war. Auch die Kuppelbaustelle war verhüllt. Man sah gar nichts, und auf einmal waren die Gerüste weg. Also: Es war schon nötig, von Zeit zu Zeit auch den Fortschritt sichtbar zu machen. Und da waren solche Ereignisse, wie sie Volker Stoll geschildert hat, natürlich wichtig. Wir haben gesagt, gut, das muss von Zeit zu Zeit auch sein. Man soll es nicht übertreiben, aber man soll auch nicht darauf verzichten.

Es sind weniger Großteile in den Bau integriert worden, als wir ursprünglich alle zusammen geglaubt hatten. Wir haben letztendlich doch sehr rational entschieden. Wir haben die Risiken eingeschätzt, uns mit den drohenden späteren Schäden und Verlusten beschäftigt, die Kosten und auch den technischen Nutzen bedacht, und so ist der Einbau von Großteilen dann auf die wichtigsten Stücke beschränkt worden. Aber noch einmal, Volker Stoll: Vielen herzlichen Dank, wir waren lange in der Ingenieurgemeinschaft zusammen und ich denke, zwei Büros, ganz unterschiedlicher Herkunft, das kann man gewiss so sagen, haben mit Ihren Mitarbeitern wie Volker Stoll und Hartmut Pliett oder Markus Hauer oder wer immer sonst einen Beitrag dazu geleistet hat, gut zusammengearbeitet. Wir haben bei dieser Aufgabe von Zeit zu Zeit auch gegensätzliche Positionen vertreten, aber wir haben noch jedes Mal zu einer, wie ich meine, vernünftigen Übereinkunft gefunden.

Werner Hörenbaum

Materialwahl und Optimierung von Sandstein und Mörtel

Der Bauingenieur Werner Hörenbaum hat als Mitarbeiter von Professor Harald S. Müller, dem Leiter des Institutes für Massivbau und Baustofftechnologie der Universität Karlsruhe, und in Zusammenarbeit mit Professor Harald Garrecht von der Fachhochschule Karlsruhe durch mehrjährige Forschungsarbeit wesentliche Erkenntnisse für die Materialwahl und Optimierung von Stein und Mörtel beim Wiederaufbau der Frauenkirche beigesteuert.

Es geht in diesem Beitrag um die Auswahl von Sandsteinmaterial für die Kuppel, insbesondere für die Kuppeldeckschicht, und es geht um die Optimierung von Mörteln für den Einsatz in dieser Deckschicht. Dazu wurden umfangreiche Untersuchungen an der Universität Karlsruhe durchgeführt.

An der historischen Frauenkirche kam es immer wieder zu Abplatzungen des Sandsteines im Bereich der Fugen. Reparierte, durch Einsetzen von Vierungen instandgesetzte Sandsteine sieht man auf vielen historischen Abbildungen. Und zu Beginn des letzten Jahrhunderts, als der Zementmörtel in Mode kam, hat man gedacht, man könne ausgewitterte Fugen mit Zementmörtel, dem im Vergleich zu den bis dahin bekannten Mörteln festeren Material, wirkungsvoll und dauerhaft reparieren. Heute weiß man, dass eigentlich genau das Gegenteil der Fall war. Man hat dem Mauerwerk damit mehr geschadet als beispielsweise mit sehr viel weicherem Mörtel. Also die Mörtel, die man bis dahin kannte, wären eigentlich besser gewesen.

Damit man mit derartigen Schäden bei der wiedererrichteten Kuppel möglichst nicht mehr rechnen muss, wurde ein Untersuchungsprogramm ins Leben gerufen, dessen Ergebnisse ich hier vorstellen möchte. Das Ziel dieser Untersuchung war also, eine hohe Dauerhaftigkeit des Deckschichtmauerwerkes zu gewährleisten. Dieses Ziel versuchte man zu erreichen durch die Auswahl von geeigneten Sandsteinen und durch die Optimierung des Aufbaus der Kuppelschale. Im Mittelpunkt stand die Entwicklung besonders geeigneter Fugenmörtel, außerdem kam es auch auf die Optimierung der Fugengeometrie an.

Zur Auswahl des Sandsteinmaterials wurden Voruntersuchungen durchgeführt. Sie fanden in Dresden am Institut für Geotechnik und Angewandte Geologie der Technischen Universität bei Professor Grunert statt. Von den dort in Betracht gezogenen Sandsteinen wurden drei sächsische Sandsteine bei uns in Karlsruhe eingehend untersucht. Neben den experimentellen Untersuchungen am Stein wurde eine ganze Reihe numerischer Untersuchungen durchgeführt. Ein anderer Teil des Programms beschäftigte sich mit den mechanischen Beanspruchungen in der Kuppel, wie sie durch Befeuchtung, Erwärmung und Austrocknung hervorgerufen werden.

Die Untersuchungen hatten zum Ziel, solche Beanspruchungen aufzuzeigen, die für das Mauerwerk besonders kritisch sind. Daraus wollte man diejenigen Anforderungskriterien identifizieren und in quantitativer Form ableiten, denen ein Fugenmörtel gerecht werden muss, um die Witterungsbeanspruchungen weitgehend zu kompensieren. Man hat dann umfangreiche Mischungsserien hergestellt, angemischt, geprüft, weiter optimiert. Das hat man so lange gemacht, bis man der Meinung war, jetzt haben wir Mörtel, deren Eigenschaften soweit wie möglich an die Anforderungskriterien angepasst waren. Dann hat man neben den Untersuchungen an den einzelnen Komponenten, also am Gesteinsmaterial und Mörtel, auch Untersuchungen an Verbundkörpern durchgeführt. Man wollte dabei feststellen, inwieweit sich die entwickelten Mörtel und die ausgewählten Sandsteine auch im Verbund eignen. Und das Ganze wurde dann im Rahmen von beschleunigten Verwitterungsuntersuchungen geprüft. Danach hatte man noch einmal die Möglichkeit, die Mörtel bei Bedarf zu korrigieren, um wirklich optimale Dauerhaftigkeit für die Kuppel gewährleisten zu können.

Auf der Grundlage dieser Untersuchungen wurden zwei verschiedene Varietäten sächsischen Sandsteins ausgewählt, für die Deckschicht die Postaer Varietät Mühlleite und für die Hintermauerung die Varietät Reinhardsdorfer Sandstein. Es wurde eine ganze Reihe von Materialparametern herangezogen und berücksichtigt. Ich kann mich hier nur auf die wesentlichen Aspekte beschränken. Der wichtigste Punkt war die Dauerhaftigkeit des Sandsteines. Außerdem war der Feuchtetransport in den Sandsteinen von Bedeutung. Diese zwei Parameter, die Dauerhaftigkeit und der Feuchtetransport, haben letzten Endes den Ausschlag gegeben, die beiden Sandsteine Mühlleite und Reinhardsdorf zu verwenden.

Im Versuch unterschieden sich beide Varietäten deutlich. Beim Kristallisationsversuch gab es bei der Mühlleite nur geringe Massenverluste, während der Reinhardsdorfer nach 11 Beanspruchungszyklen nahezu zerstört war. Diesen Kristallisationsversuch muss man sich ähnlich vorstellen wie einen Frost-Tau-Wechselversuch. Statt des Wassers wird eine Salzlösung verwendet. Die Beanspruchungen, die sich im Gefüge ergeben, sind dann deutlich schärfer als bei der Frostsprengung. Daher kann man hier schon nach einer wesentlich geringeren Anzahl von Zyklen deutliche Unterschiede in der Verwitterungsbeständigkeit sehen.

Der zweite wichtige Punkt waren die Feuchte-Transport-Eigenschaften, die Wasseraufnahme-Koeffizienten. Bei der Mühlleite als einer Postaer Varietät gibt es Bereiche mit erhöhtem Eisengehalt, und diese Eisenoxidbereiche beeinflussen den Feuchtetransport in ausgeprägter Weise. Dort, wo diese Eisenbereiche vorhanden sind, wird der Feuchtetransport gebremst, die Wasseraufnahme ist dort deutlich niedriger. Dort, wo es diese Bereiche nicht gibt, hat man extreme Wasseraufnahme-Koeffizienten. Die Bereiche streuen über das Gefüge des Sandsteines ganz enorm. Man hat also sowohl günstige Bereiche mit akzeptablen Wasseraufnahme-Eigenschaften, man hat aber auch ungünstige Bereiche mit sehr hoher Wasseraufnahme.

Die Bereiche mit erhöhtem Eisenoxidgehalt beeinflussen aber nicht nur den Feuchtetransport, sondern auch die Dauerhaftigkeit des Steines. Und zwar ließ sich dieser Effekt bei den Kristallisationsversuchen an zwei Postaer Varietäten, feststellen, außer der Mühlleite noch an der Varietät Wehlen/Weiße Bank. Und da bei der Varietät Mühlleite ein mittlerer bis zum Teil geringerer Gehalt an Eisenoxidbereichen vorhanden war, hat man hier deutlich niedrigere Massenverluste festgestellt als im Fall der Varietät Wehlen. Das war mit einer der Gründe, weswegen man das Material Mühlleite für die Deckschicht bevorzugt hat und nicht das Material Wehlen.

Bei der Entwicklung des Mörtels waren natürlich auch Dauerhaftigkeitsaspekte zu berücksichtigen. Die Decksteine der Kuppel müssen aufgrund ihres Gewichts und ihrer Dimension mit dem Kran versetzt werden. Die Sandsteine werden auf Abstandshalter, auf Bleiplättchen, gesetzt, die Fugenöffnung wird durch Werg verschlossen, und dann wird der Fugenspalt durch Einfüllen des Vergussmörtels gefüllt. Nach einer entsprechenden Aushärtphase wird die nächste Lage versetzt. Das Wergmaterial, also die vordere Abdichtung, wird dann entfernt und die Fugen werden durch einen Verfugmörtel verschlossen. Wir haben es hier mit zum Teil extrem niedrigen Fugenbreiten zu tun, bis herunter auf 6 mm, teilweise noch kleiner, und durch diese Spalte muss der Vergussmörtel hindurch. Daraus lässt sich natürlich ableiten, dass der Mörtel nicht nur dauerhaft sein muss, sondern ganz extremen Anforderungen gerecht zu werden hat. Natürlich steht die Dauerhaftigkeit an erster Stelle. Die Mörtel müssen den Anforderungen an die Druckfestigkeit für das Deckschichtmaterial gerecht werden. Sie dürfen aber auch nicht zu fest sein, denn zu feste Mörtel sind relativ steif, und daraus ergäbe sich ein zu großer Unterschied im Trag-Verformungs-Verhalten von Deckschicht und Hintermauerung. Deswegen gibt es für den Vergussmörtel eine Höchstgrenze der Druckfestigkeit. Dass die Fließfähigkeit, ermittelt durch das Ausbreitmaß, beim Vergussmörtel wichtig ist, muss nicht weiter erläutert werden. Die Mörtel dürfen sich beim Vergießen aber nicht entmischen, sie sollen stabil sein. Die Zeit, in der sie verarbeitet werden können, sollte bis zu 2 Stunden betragen. Und sie sollten eine geringe Ausblühneigung haben.

Für den Verfugmörtel gilt im Prinzip dasselbe, an ihn sind ähnliche Anforderungen zu stellen wie an den Vergussmörtel, mit der Ausnahme, dass eine mehr plastische Konsistenz anzustreben ist.

Das Ziel der numerischen Untersuchung war, diejenigen Kombinationen aus Temperatur und Feuchteeinwirkung, die von außen auf die Deckschicht treffen, zu identifizieren und festzustellen, welche besonders kritisch für die Verwitterungsschäden sind. Darüber hinaus sollten diejenigen Materialkennwerte des Fugenmörtels identifiziert werden, die einen besonders großen Einfluss auf die rechnerischen Spannungen in diesem numerischen Modell ausüben. Aus den dabei gewonnenen Ergebnissen konnte man Grenzwerte und Anforderungskriterien an die Mörteleigenschaften festlegen, aus denen dann hervorgeht: Der Mörtel, den wir brauchen, sollte diese und jene Eigenschaft besitzen, nicht nur qualitativ, sondern, für uns entscheidend, auch und vor allem quantitativ. Als eine wichtige Materialeigenschaft haben wir das Endschwindmaß des Mörtels identifizieren können. Es sollte nach Möglichkeit in derselben Größenordnung liegen wie das hygrische Verformungsmaß des Sandsteins, mit dem der Mörtel vermauert wird; die Differenz zwischen beiden sollte möglichst klein sein. Dann ist natürlich entscheidend der Verbund zwischen Stein und Mörtel. Dabei spielten, was die Rissbeständigkeit angeht, die Haftfestigkeit und die Zugfestigkeit eine wesentliche Rolle. Beide sollten natürlich groß sein, so groß wie möglich, nach Möglichkeit größer als 0,5 N/mm². Im Gegensatz dazu sollte der Elastizitätsmodul des Mörtels möglichst klein sein, man sollte hier mit Kennwerten möglichst kleiner als 4.000 N/mm² auskommen. Ähnlich wie das Maß der hygrischen Verformung war das Maß der thermischen Verformung von großer Bedeutung. Es wäre gewiss von Vorteil, einen Mörtel zu haben, dessen Temperaturverhalten in derselben Größenordnung liegt wie dasjenige des Sandsteines. Aber aufgrund der zu erwartenden Komplexität der Probleme beim Versuch, einen solchen Kennwert mit baustofftechnologischen Mitteln zu erzielen und dabei die anderen Eigenschaften nicht nachteilig zu verändern, haben wir darauf verzichtet, die Temperatur-Dehnzahl des Mörtels entsprechend zu manipulieren.

Nachdem die Anforderungskriterien feststanden, wurden umfangreiche Mischungen vorgenommen. Das geschah im Zusammenwirken mit der Firma TUBAG Also haben wir intensiv mit Herrn Simon zusammengearbeitet. Die Materialien bekamen wir von der Firma TUBAG zur Verfügung gestellt, und dann haben wir versucht, die Mörtelrezepturen an unsere Kennwerte anzunähern. Wir haben ein ganzes Spektrum von Materialien verwenden müssen, um diesem Ziel nahe zu kommen. Wir haben beispielsweise vier verschiedene Zemente erprobt in unseren Mischserien, dann das Kalkhydrat und das Trassmehl. Dann musste man aufgrund der zum Teil extremen Anforderungen, gerade für den Vergussmörtel, eine ganze Palette an Zusatzmitteln heranziehen, ohne die es gar nicht gegangen wäre, es keinen Erfolg gegeben hätte. Dazu zählen Entschäumer, Fließmittel, Kunststoffdispersionen, Luftporenbildner, Methylzellulose, Quellmittel. Man muss dann auch die mineralischen Bindemittel dazuzählen, wie das Kalksteinmehl und das Quarzmehl. An Zuschlägen kamen insgesamt fünf verschiedene Sande mit drei verschiedenen Körnungen zum Einsatz.

Vorhin kam die Frage, wie denn das Optimieren von Rezepturen praktisch aussieht. Ich möchte hier ein Beispiel für den Vergussmörtel geben. Das Vorgehen wurde in enger Zusammenarbeit mit TUBAG festgelegt. Es wurde als Ausgangsbasis für die Optimierung des Vergussmörtels und des Verfugmörtels jeweils eine Rezeptur herangezogen, die sich bei den vorhergehenden Bauabschnitten bewährt hatte. Ich möchte das Beispiel des Vergussmörtels herausgreifen und möchte jetzt anhand von sechs Schritten aufzeigen, wie man da vorgehen kann. Ausgehend von der Ausgangsrezeptur wurde in einem ersten Schritt ein Teil des Kalksteinmehls und des Sandes durch Quarzmehl ersetzt. Man bekam da Füllereffekte und dadurch ließen sich das hygrische Verformungsverhalten und die Fließfähigkeit verbessern. Man hat dann eine Kunststoffdispersion zugegeben, um die Zug- und die Haftzugfestigkeit zu erhöhen. Außerdem hat man ein Quellmittel eingesetzt. Durch dieses Quellmittel konnte man das Schwinden reduzieren. Wenn man Kunststoffdispersionen einsetzt, dann muss man damit rechnen, dass die Festigkeit des Mörtels abfällt. Um diesen Effekt kompensieren oder zumindest eingrenzen zu können, wurde in dem ersten Schritt gleich der Zementanteil erhöht. Dann hat man in dem zweiten Schritt den Anteil des Fließmittels erhöht. Man konnte dadurch den Wasserbindemittelwert reduzieren. Das hat sich günstig auf die Schwindneigung ausgewirkt, führte aber dazu, dass die Festigkeit anstieg. Um diesen Effekt kompensieren zu können, hat man in einem dritten Schritt den Gehalt des Zements auf Kosten des Kalksteinmehls reduziert. In einem nächsten vierten Schritt wurde dann eine andere Möglichkeit genutzt, und zwar wurde eine andere Methylzellulose verwendet mit einem geringeren Wasserrückhaltevermögen. Dadurch konnte man das Schwindverhalten etwas verbessern, weil man weniger Wasser zugeben musste. Dann hat man im fünften Schritt den Gehalt der Kunststoffdispersion nochmals erhöht, um die Zug- und Haftzugfestigkeit noch weiter zu verbessern, und musste dann, weil das wieder mit Einbußen der Druckfestigkeit verbunden ist, im sechsten Schritt noch einmal den Zementanteil erhöhen. Insgesamt also sind hier sechs Schritte dargestellt. Welcher nun der günstigste ist, kann man von vornherein nicht unbedingt sagen. Man weiß ungefähr, irgendwo im hinteren Bereich dieser Schrittfolge liegt man vermutlich am günstigsten. Ob dadurch dann die Sollwerte erreicht werden, bleibt aber noch fraglich.

Von den Rezepturen der sechs Schritte wurden Probekörper hergestellt und entsprechend geprüft. Beispielhaft soll hier nur auf die Ergebnisse des Schrittes 5, also der Rezeptur 5, eingegangen werden. Die Kennwerte des Ausbreitmaßes, die Druckfestigkeit und die

Zugfestigkeit waren erfüllt. Bei den Massenverlusten im Frost-Tau-Wechselversuch wurden die zweitgünstigsten Ergebnisse erzielt, also der zweitgeringste Massenverlust. Nicht so gut sieht es beim Schwinden aus. Hier haben wir mit unseren Rezepturen den Sollwert nicht erreicht. Immerhin haben wir bei der Rezeptur 5 denjenigen Wert, der von allen Mörteln noch die günstigsten Eigenschaften, also das geringste Schwindmaß zeigt, erzielen können. Bei der Zugfestigkeit und bei der Haftzugfestigkeit liegen wir allerdings ebenfalls unter den Sollwerten, hier von $0,5 \text{ N/mm}^2$. Das sind nur einige Beispiele für das Vorgehen und die Ergebnisse.

Wir haben dann weitere Versuche durchgeführt, um festzustellen, ob es überhaupt Vorteile bringt, wenn wir derart aufwändige Optimierungsschritte und Optimierungsarbeiten durchführen. Wir fragten uns, was passieren würde, wenn man einen reinen Zementmörtel nähme, nur zum Vergleich. Wir haben dann ähnliche Versuche damit ausgeführt. Wir haben, ausgehend von der oben beschriebenen Rezeptur 5, einfach die Komponenten Trass, Kalkhydrat, Quarzmehl und Kalksteinmehl komplett durch Zement ersetzt. Und haben zum Teil auch noch auf die Zusatzmittel verzichtet. Diese Variationen haben zu ganz unterschiedlichen Verhalten im Frost-Tau-Wechselversuch geführt. Wir sahen, dass der reine Zementmörtel sehr dauerhaft war, man muss sagen, er schlug den optimierten Mörtel der Rezeptur 5 deutlich, er wies kaum Massenverluste auf. Der Verzicht auf die Zusatzmittel hat aber dazu geführt, dass der Zementmörtel praktisch nicht verarbeitbar war, man konnte kaum vernünftige Probekörper aus ihm herstellen. Dementsprechend waren die Werte der Rohdichte ungünstig, der Festigkeit ungünstig, und alles in allem kam es zu einem vergleichsweise schlechten Abschneiden.

Wie bereits angedeutet, wurden die optimierten Mörtel auch im Verbund mit dem Sandstein erprobt. Das waren die Untersuchungen an den Verbundkörpern. Ziel war es, die Verbundeigenschaften der Mörtel noch einmal zusammen mit dem ausgewählten Sandstein zu erproben, um ggf. noch Korrekturen vornehmen zu können. Es wurden zwei unterschiedliche Arten von Probekörpern hergestellt, ein großer und ein kleiner Typ des Verbundkörpers. Der kleine Verbundkörper wurde herangezogen, um eine größere Anzahl von Kombinationen aus Sandstein und Mörteln erproben zu können, in ähnlichen Frost-Tau-Wechseln, wie das im Fall der Mörtel- und Sandsteinprismen geschah. Und von diesen Rezepturen, die sich dabei besonders bewährt haben, wurden die großen Probekörper, die aus 4 Steinen bestanden, hergestellt. Diese Sandsteinprobekörper gaben

die Verhältnisse im realen Bauwerk etwas besser wieder als die kleinen. Zusätzlich hat man dabei noch einen Stahlrahmen angeordnet, mit dem man die stützenden Effekte, die im realen Mauerwerk auch vorhanden sind, mit berücksichtigen konnte. Bei den Versuchen an diesen Verbundkörpern traten unterschiedliche Schäden auf: Zum einen hatten wir den Fall der ausgewitterten Fuge, wo sich Mörtelpartikel aus der Fuge herauslösten, dann traten Risse in der Kontaktzone auf. Diese Risse in der Kontaktzone wuchsen anzahlmäßig und es wuchs auch die Rissbreite und Risslänge. Das führte schließlich zum Versagen. Und die Versuchskörper, die mit dem optimierten Vergussmörtel der Rezeptur 5 hergestellt wurden, verglichen wir mit denen mit Zementmörtel und Zusatzmitteln. Man konnte sehen, dass wir bei dem optimierten Mörtel zunächst Fugenauswitterungen hatten, dann Rissbildung, und nach 153 Zyklen trat dann das Versagen auf. Im Falle des kleinen Verbundkörpers, der aus dem sehr dauerhaften Zementmörtel hergestellt wurde, trat aufgrund der hohen Frostbeständigkeit der Einzelkomponenten keine Fugenauswitterung auf. Aber es kam schon sehr früh zur Rissbildung, und das Versagen trat schon nach 88 Beanspruchungszyklen auf. Daraus kann man ableiten, dass es für die Herstellung von dauerhaftem Mauerwerk nicht ausreichend ist, einfach nur dauerhafte Einzelkomponenten zu nehmen, sondern man erreicht deutlich bessere Ergebnisse, wenn man Mörtel verwendet, bei denen man versucht, die Eigenschaften auf die Sandsteineigenschaften abzustimmen. Bei den großen Verbundkörpern traten ähnliche Tendenzen auf. Wir hatten ähnliche Schäden, es gab Fugenauswitterungen, es gab Risse in der Kontaktzone. Es trat erwartungsgemäß das Phänomen auf, dass die großen Verbundkörper aufgrund der stützenden Wirkung der Stahlrahmen günstigere Ergebnisse hervorbrachten. Und diese Ergebnisse haben uns dazu bewogen, den optimierten Vergussmörtel der Rezeptur 5 mit gewissen Veränderungen, die noch nötig waren, in Kombination mit einem entsprechenden Verfugmörtel als Mörtel für die Deckschicht und für die Kuppel der Frauenkirche zu empfehlen.

Ich möchte die Erkenntnisse kurz zusammenfassen und beschränke mich dabei auf die Mörtelentwicklung: Mittels numerischer Methoden konnten präzise Anforderungen an die Fugenmörtel unter dem Blickwinkel von Festigkeit und Dauerhaftigkeit abgeleitet werden. Bezogen auf die Sandsteine und auf das Mauerwerk der Kuppel konnte daraus dann ein komplexes Anforderungsprofil für die Fugenmörtel sowohl für Verguss- als auch für Verfugmörtel ermittelt werden. Die Ausgangsrezepturen ließen sich deutlich verbessern. Allerdings ist es uns trotz aller Möglichkeiten der Einstellung der Eigenschaften nicht gelungen, alle Anforderungskriterien gleichzeitig exakt zu erfüllen.

Diskussion am 18.10.2003 in Dresden

Jürgen Vogeley (Moderator): Es ist viel über Saugverhalten gesprochen worden, insbesondere über das Saugverhalten des Sandsteines. Kennwerte über das Saugverhalten des Mörtels sind nicht vorgetragen worden. Spielt das keine Rolle?

Werner Hörenbaum: Wir haben bei den Untersuchungen festgestellt, dass das Feuchteverhalten des Mörtels, was die gesamte Kuppel angeht, nur von beschränktem Einfluss ist. Auf jeden Fall sollte kein sehr dichter Mörtel gewählt werden, um das Austrocknen nicht zu beschränken. Bei einem sehr dichten Mörtel wird zwar das Eindringen der Feuchtigkeit reduziert, aber es wird auch das Austrocknen eingeschränkt. Wir haben bei der Entwicklung der Mörtel für die Kuppel als Grundlage die Zusammensetzung der Mörtel genommen, die sich im aufgehenden Mauerwerk bewährt hatten. Wir haben uns nicht das Ziel gesetzt, deren feuchtetechnischen Eigenschaften zu beeinflussen, weil wir uns da wenig Erfolg versprachen. Uns schien im Hinblick auf die Dauerhaftigkeit die Beeinflussung der mechanischen Eigenschaften entscheidend und wichtiger. Natürlich haben wir auch die Feuchteeigenschaften bei unseren Rezepturen ermittelt. Sie konnten nicht sehr viel anders sein als bei den bisherigen Mörteln, die wir ja als Grundlage für unsere Entwicklungen genommen haben.

Jürgen Vogeley: Wir nehmen das so zur Kenntnis. Das Bauwerk möge es hören. Wenn ich an viele Schäden in diesem Zusammenhang denke, so bleibt zu hoffen, dass sich hier tatsächlich kein schädlicher Einfluss einstellt.

Harald Garrecht: Dazu kann noch gesagt werden, dass wir schon Kenntnis von der Streubreite des Wasseraufnahmeverhaltens der Mörtel hatten. So konnten wir abschätzen, welchen Einfluss dichtere Mörtel oder weniger dichte Mörtel auf den Gesamtfeuchtehaushalt der Kuppel besitzen. Aber unsere Untersuchungen zielten nicht primär darauf, die Mörtelentwicklung gezielt auf das Wasseraufnahmeverhalten abzustimmen. Je dichter der Mörtel gewesen wäre, desto weniger hätte natürlich das Hintermauerwerk an Feuchte abbekommen, aber ganz vermeiden lässt sich das ja nicht. Wir haben

gewisse Anforderungen an den Elastizitätsmodul zu stellen gehabt, damit verbunden ist dann die Porosität des Mörtels, die leitet schlichtweg die Feuchte. Es sei denn, das Feuchteverhalten würde durch Zusatzmittel beeinflusst.

Ingrid Rommel: Haben Sie Versuche durchgeführt, bei denen als Grundstoff oder als Zuschlag gemahlener Sandstein der Varietät Mühlleite mit einbezogen wurde? Es kommt ja in der Restaurierung oft vor, dass man genau den Sandstein, den man verbaut, auch als Mehl in den Mörtel einbringt.

Werner Hörenbaum: Wir haben das hier nicht gemacht.

Michael Ullrich: Wurden auch andere Mörtelhersteller gefragt, ob sie zu einer solchen Zusammenarbeit bereit sind, oder war von vornherein eine Vorentscheidung gefallen, nur auf die Firma TUBAG zuzugehen?

Werner Hörenbaum: Die Entscheidung in dieser Frage wurde nicht von uns allein getroffen, sondern im Rahmen von Baubesprechungen, bei denen der Bauherr dabei war.

Volker Stoll: Bei der Entscheidung spielten zum einen Gewährleistungsfragen eine Rolle. Zum anderen war das Thema Mörtelentwicklung schon so zeitintensiv geraten, dass wir dann beim Lieferanten des Mörtels für die Versuche, der Firma TUBAG, die uns auch auf der Baustelle seit 1996 beliefert hat, geblieben sind.

Fritz Wenzel: Die Firma TUBAG hat letztendlich ganz früh den Vorzug bekommen, weil sie wirklich eine sehr gute Logistik hatte, über den Antransport, die unteren Silos vor dem Gerüst, die oberen Silos auf dem Gerüst, bis hin zum Einsatz des Mörtels beim Mauern. Sie konnte für diese Baustelle etwas bieten, was andere Firmen, die durchaus beachtenswert sind und mit denen wir viel und gut zusammengearbeitet haben, hier nicht bieten konnten. Das hat ganz wesentlich den Ausschlag mit gegeben.

Hartmut Pliett: Wir hatten auf die Auswahl des Mörtellieferanten nur bedingt Einfluss. Der Unternehmer schuldete ein fehlerfreies Mauerwerk, das sich zusammensetzt aus Stein und Mörtel. Letztendlich war es im Wesentlichen der Verantwortung des Unternehmers überlassen geblieben, wessen Mörtel er verarbeitet. Wir haben uns bemüht, darauf Einfluss zu nehmen, wo es notwendig war. Wir haben uns da zusammengerauft, und ich bin zuversichtlich, dass wir uns richtig zusammengerauft haben.

Michael Ullrich: Was geschah eigentlich mit den Mörteln im Bestand, also in den Fugen der stehengebliebenen Ruine? Gab es da Neuverfugungen oder ist alles so geblieben, wie es war?

Volker Stoll: Im stehengebliebenen unteren Bereich des alten Vordaches über dem Chor sind sämtliche Fugen ausgekratzt und mit unserem neuen Verfugmörtel versehen worden. Dort waren ja früher viele Vierungen gesetzt worden, um der Schäden Herr zu werden. Ansonsten haben wir in die Ruine nur sparsam Vierungen neu gesetzt und haben dort den relativ harten Fugmörtel herausgenommen und durch den neu entwickelten Fugmörtel ersetzt.

Fritz Wenzel: Wir hatten kein Sanierungsprogramm mit regelmäßigem Injektionsraster, welches über das alte Mauerwerk zur Verbesserung des alten Fugmörtels gezogen worden wäre. Aber wo es nötig war, ist von außen nachverfugt worden. Wir wussten auch über die innere Struktur der Ruine Bescheid, zum Beispiel durch die Radaruntersuchungen hinten am Chor. Wenn dort größere Hohlräume oder Lücken gewesen wären, da hätte man da mit neuem Mörtel eingreifen müssen. Aber das war nicht so.

Diskussion am 11.02.2005 in Karlsruhe

Jürgen Vogeley: Man denkt immer, Mörtel ist Kalk und Sand und Wasser, fertig, aber das ist heute und hier offensichtlich wesentlich differenzierter zu betrachten. Wieviel Mörtelsorten sind denn eigentlich zum Einsatz gekommen? Sie haben, wenn ich das richtig verstanden habe, im Wesentlichen über den Vergussmörtel gesprochen. Die Kirche hat ja nicht nur Vergussfugen, sondern auch Lagerfugen verschiedenster Art, und ich weiß nicht, wo überall sonst noch Mörtel eingesetzt worden sind.

Werner Hörenbaum: Also ich kann jetzt für meinen Bereich nur sagen, dass bei der Kuppel mindestens drei Mörtel zum Einsatz gekommen sind. Unser Verfugmörtel, unser Vergussmörtel und der Mörtel der Hintermauerung. Und dann gibt es natürlich die anderen Baubereiche und dort weitere Mörtel. Wenn ich die Handzeichen, die Herr Wenzel Herrn Stoll gibt, richtig deute, müssen es insgesamt deutlich mehr als drei Mörtel sein, wohl sieben.

Volker Stoll: Also es waren mindestens sieben Mörtel. Für die Pfeiler erst mal zwei Mörtel. Der eine mit festerer Konsistenz für die Lagerfugen und ein Vergussmörtel für die Stoßfugen. Dann die drei Mörtel, die in der Kuppel zum Einsatz gekommen sind. Und für das aufgehende Mauerwerk ist ein ganz normaler Mörtel in festerer Konsistenz für die Hintermauerung benutzt worden und ein Vergussmörtel für die Werksteine, für den Stoßfugenverguss zwischen Werkstein und Hintermauerung, der dann auch in die Lagerfuge geflossen ist, und natürlich dazu ein Verfugmörtel. Damit wären wir jetzt schon bei acht Mörteln. Dann gab es noch einen Mörtel, der demjenigen für die Hintermauerung ähnlich war, aber speziell für den Einsatz bei den Stellen mit dem Ziegelmauerwerk gewählt wurde. Das wäre dann also der neunte Mörtel. Und wenn man die Feinheiten hier und da mit berücksichtigt, gibt es sicher noch einige mehr. Einer fällt mir noch ein, ein dunkel eingefärbter Mörtel für die Verfugung im Chorbereich, speziell dafür, dass sich dort die helle Neuverfugung nicht so deutlich hervortut.

Walter Simon: Ich darf die Ausführungen von Herrn Stoll noch ergänzen. Er sprach von insgesamt 10 Mörteln, wenn man die kleinen Passagen des angepassten farblichen Fugmörtels mitzählt. Dann kommen noch vier Putzmörtel dazu: ein Vorspritzmörtel für bestimmte Passagen im Putzbereich, ein Leichtputz für die normalen Putzflächen, ein Klimaputz für die thermisch und hygrisch beanspruchten Bereiche und ein Oberputz in Feinkornstruktur. Und um das endlich abzuschließen, es gab im Außenbereich für die Natursteinverlegung noch einmal zwei Mörtel, ein Verlegemörtel und ein Verfugmörtel. Insofern sind wir dann glaube ich auf insgesamt 15 oder 16 Mörtel gekommen und in der Tonnage über den gesamten Zeitraum auf etwa 5.500 t.

Teilnehmer: Inwieweit unterscheidet sich der Verfugmörtel im Kuppelanlauf von dem anderen Verfugmörtel? Ist er besonders wasserdicht eingestellt, oder vielleicht stärker kunststoffmodifiziert? Oder gibt es da keinen Unterschied?

Volker Stoll: Der Unterschied besteht darin, dass beim Kuppelanlauf kein mineralischer Mörtel zum Einsatz gekommen ist. Sondern, dass die Sandsteinplatten alle einzeln gelagert sind und der Fugenschluss mit Dichtungsbändern vorgenommen wurde, die passend zu den Sandsteinplatten eingefärbt wurden. Aus baukonstruktiver Sicht hätten die Fugen auch offen bleiben können, weil wir ja die dichtende Ebene mit dem neuen Unterdach darunter haben. Aber aus architektonischer und denkmalpflegerischer Sicht hat sich dies verboten.

Ingrid Rommel: Welches Quellmittel kam zum Einsatz, wie ließ sich das alles steuern und optimal einstellen?

Werner Hörenbaum: Das Quellmittel kam von der Firma Tricosal. Und durch die entsprechende Zugabe konnte ein gewisser Prozentsatz des hygrischen Quellens reduziert werden. Das machte aber eher weniger aus als die Reduktion des Wassergehaltes.

Ingrid Rommel: Mich interessiert das deshalb, weil wir an der Münsterbauhütte in Ulm ja auch Versuche in dieser Richtung laufen haben, und wir haben zum Beispiel Aluminiumpulver eingesetzt, das ist sehr schwierig zu steuern, und deshalb möchte ich doch gern wissen, was sich letztendlich hinter dem Wort Tricosal verbirgt.

Werner Hörenbaum: Ja, das kann ich Ihnen nach dem Vortrag sagen. Ist das in Ordnung?

Walter Simon: Ich darf noch ergänzen. Von der Basis her ist das Quellmittel im Wesentlichen Aluminiumpulver. Solche Mittel kommen eigentlich aus der Spannankerverpressung, wir haben sie in die Mörtelsysteme übernommen. Allerdings sind sie bezüglich der Quellwirkung deutlich reduziert und müssen auch in das übliche Zusatzmittelkonzept hereinpassen, in die Wechselwirkung mit Methylzellulose und Luftporenbildnern usw. Aber vom Grundsatz her sind das Quellmittel, die aus der Spannkanalverpressung kommen.

Hartmut Pliett

Mauerwerk, Anforderungen, Anforderungsklassen

Der Bauingenieur Hartmut Pliett, Projektleiter des Karlsruher Büros für Baukonstruktionen in der Ingenieurgemeinschaft Jäger/Wenzel bis 1995, hat in der Anfangsphase des Wiederaufbaus maßgebenden Anteil am Entstehen der Mauerwerksrichtlinie und ihrer Umsetzung in der Planung und Ausführung gehabt. Auch danach blieb er mit Planungs- und Überwachungsaufgaben der Baustelle verbunden.

Im folgenden, stichwortartig verkürzten Referat wird über die Anforderungen an das Mauerwerk und die Anforderungsklassen (Abb. 1) beim Wiederaufbau der Frauenkirche Dresden berichtet. Grundlagen der Einteilung in verschiedene Klassen waren

- Beobachtungen vor Ort, unter anderem bei der Enttrümmerung,
- Versuchsreihen, die im Wesentlichen an der TU Dresden durchgeführt wurden,
- Die Studie „Theoretische Untersuchungen und Auswertung vorhandener Messergebnisse zur Bestimmung von Materialkennwerten als Grundlage der Schnittkraftberechnung und der statischen Nachweis-

führung", die Professor Berndt im Auftrag der Stiftung Frauenkirche durchgeführt hat.
- die zu erwartenden Beanspruchungen im endgültigen Zustand, und nicht zuletzt
- die Möglichkeiten, die Handwerk und Material zulassen oder bieten.

Die Ergebnisse wurden von der Ingenieurgemeinschaft schrittweise in der sogenannten „Mauerwerksrichtlinie Frauenkirche", einer Richtlinie zur Beurteilung der Mauerwerkstragfähigkeit und mit Anforderungen an die Ausführung von Sandsteinmauerwerk, zusammengefasst.

In der Richtlinie werden fünf mehr oder weniger verschiedene Mauerwerkstypen unterschieden:

Bestehendes Mauerwerk, das nach dem Rückbau zerstörter Bauteile verblieb, wie dasjenige der Fundamente und des Kellers, die Ruinenteile vom Sockel bis zum Gurtgesims in 8 m Höhe, die beiden hochaufragenden Ruinenstümpfe Turm E und Chor mit den beiden Apsispfeilern und die Großtrümmerteile.

Anforderungsklasse 1 für die Ergänzung vorhandener Ruinenteile bis zum unteren Gurtgesims in ca. 8 m Höhe und teilweise darüber.

Anforderungsklasse 2 für die neu zu erstellenden Außenwände oberhalb des unteren Gurtgesimses und für die Ergänzung der Kellerwände und der Kellergewölbe.

Anforderungsklasse 3 für neues Mauerwerk der höher belasteten Spieramen und aller Innenwände, wie die der Treppenhäuser und der Bienenkörbe.

Anforderungsklasse 4 für hoch belastetes Mauerwerk der Innenpfeiler einschließlich deren Lastverteiler auf dem Kellermauerwerk sowie andere ausgewählte, hoch belastete Bereiche.

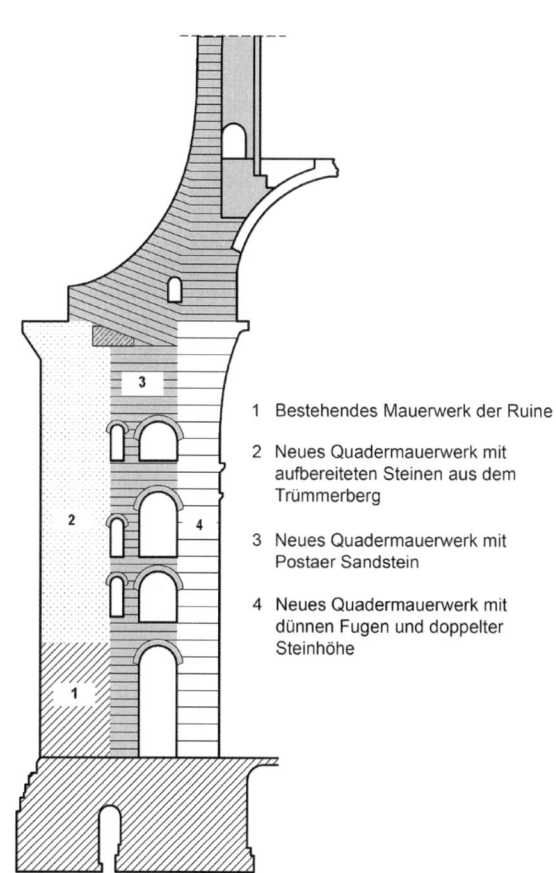

1 Bestehendes Mauerwerk der Ruine

2 Neues Quadermauerwerk mit aufbereiteten Steinen aus dem Trümmerberg

3 Neues Quadermauerwerk mit Postaer Sandstein

4 Neues Quadermauerwerk mit dünnen Fugen und doppelter Steinhöhe

Abb. 1   Anforderungsklassen

Im Folgenden möchte ich weniger auf die Theorie und die Ergebnisse von Berechnungen eingehen, sondern im Wesentlichen auf die Randbedingungen. Dem Planer kann die Theorie Hilfe und Sicherheiten geben. Letztendlich bestimmt aber die handwerkliche Umsetzung, d. h. das Zusammenfügen der Materialien Stein und Mörtel zum Mauerwerk, den Erfolg wesentlich. Aber weder die Planer noch die Ausführenden konnten für sich in Anspruch nehmen, schon einmal eine Frauenkirche wieder aufgebaut zu haben.

Die Kennwerte für die Anforderungsklassen können den Folien weiter hinten entnommen werden. Auf sie werde ich hier nur insoweit eingehen, wie sie für den Wiederaufbau von wesentlicher Bedeutung waren.

Zum bestehenden Mauerwerk soll hier eine Zusammenfassung der wichtigsten Ergebnisse der in Dresden durchgeführten Untersuchungen und der Versuche wiedergegeben werden:

Vor Ort wurde überwiegend Sandstein Postaer Varietät vorgefunden. Für einzelne Werksteine war Cottaer Varietät verwendet worden, die sich nach den Erfahrungen der Steinmetze (auf Grund ihrer physikalischen Eigenschaften) besser bearbeiten läßt. Aus alten Bauberichten des Maurermeisters Fehre war bekannt, dass es schon damals einen Bauboom im Raum Dresden und Geldmangel gab, was zeitweilig zur Verknappung des Steinmaterials führte. Vermutlich wurde dann auf andere, vielleicht auch preisgünstigere Brüche zurückgegriffen.

Berichte über das Aufbereiten der Werksteine (Abb. 2, 3) bleiben hier im Seminar den verantwortlichen Architekten überlassen.

Erkenntnisse über die Festigkeit des vorhandenen Mauerwerks wurden nicht nur aus Untersuchungen

Abb. 2   Werksteine am Elbufer

von Fugenbohrkernen gewonnen, sondern es wurden auch Probekörper aus vorhandenem Steinmaterial für Versuchsreihen an der TU Dresden erstellt, beides im Zusammenhang mit dem Sonderforschungsbereich „Erhalten historisch bedeutsamer Bauwerke" in Karlsruhe. Wie beim ursprünglichen Bau der Frauenkirche wurde bei den Versuchen ein reiner Kalkmörtel ohne hydraulische Bindemittel verwendet. Seine intensive Rotfärbung ergibt sich aus dem Zuschlag an Ziegelmehl, lässt aber mit zunehmender Trocknung wieder nach. In Ziegeln, die früher mit niedriger Brenntemperatur hergestellt wurden, sind bekanntlich Puzzolane enthalten, die die Verarbeitung und den Erhärtungsprozess des Kalkmörtels günstig beeinflussten. Es stellte sich dann aber heraus, dass solche Ziegel für das gesamte Bauwerk heute nicht mehr in ausreichender Menge zur Verfügung standen.

Die Tragfähigkeit des bestehenden Mauerwerks (Abb. 4) wird im Wesentlichen durch den Fugenanteil bestimmt. Als Beispiel für die Unterschiede zwischen Einstufungen nach DIN 1053 und den Werten, die auf der Grundlage differenzierter Untersuchungen ermittelt wurden, sei hier die Druckfestigkeit der Hintermauerung genannt: Aus den Rechenwerten, die sich aus unseren Untersuchungen herleiten, ergibt sich unter Berücksichtigung eines globalen Sicherheitsbeiwerts in Höhe von 1,36 eine zulässige mittlere Druckspannung von $2,3 \text{ MN/m}^2$ gegenüber $1,2 \text{ MN/m}^2$ nach DIN, d.h. eine Erhöhung um ca. 90 %. Nach Korrektur des Kraftflusses durch das von Bernd Frese beschriebene zusätzliche Spannankersystem liegt die maximale Kantenpressung in der Hintermauerung heute mit ca. $2,5 \text{ MN/m}^2$ im zulässigen Bereich, zwar nicht nach DIN, aber nach unseren Untersuchungen. Die vergleichsweise hohe Ausnutzung setzt aber ein intaktes Gefüge am äußeren Rand des Mauerquerschnittes voraus. Dieses darf beim Werksteinmauerwerk in der Sichtfläche vorausgesetzt werden. Die Oberflächen der Hintermauerung und der Grundmauern wurden überall dort, wo sie freilagen, nachverfugt.

Bei der Einstufung in Anforderungsklassen waren nicht nur die unterschiedlichen Beanspruchungen zu berücksichtigen, sondern auch die Verfügbarkeit des Materials. Das galt auch für das wieder zu verwendende Steinmaterial aus dem Trümmerberg. Auch in dieser Hinsicht muss Berichten, „es sei alles da und bräuchte nur noch mit Computerhilfe zusammengesetzt zu werden", widersprochen werden. Selbst wenn die Reserven, die zeitweilig einen großen Bereich am Käthe-Kollwitz-Ufer bedeckten, schier unermesslich schienen, musste damit wirtschaftlich umgegangen werden. Aus dem von IPRO Dresden ermittelten Bedarf ergab sich, dass die Grundstücke, also die nicht profilierten Altsteine aus dem Trümmerberg, in Abb. 5 am Elbufer gelagert, kaum für die Hintermauerung ausreichten. Der fehlende Rest, der tiefer unter dem Trümmerberg lag, war zerstört oder zu Sand zermahlen.

Für den Wiederaufbau war im Hinblick auf die Steifigkeiten des Gesamtgefüges eine Rotationssymmetrie zu gewährleisten, unabhängig davon, ob die Lasten auf altes oder neues Mauerwerk abgetragen werden. Deshalb war es notwendig, die vorhandenen, niedrigen Ruinenteile bis in Höhe des Gurtgesimses so zu ergänzen, dass sie das gleiche Verformungsverhalten zeigten und den gleichen E-Modul aufwiesen, wie die höheren stehengebliebenen Teile. Die Mauerwerks-Grundstücke wurden aufbereitet. Sie wurden in lohnintensiver Arbeit von anhaftendem Mörtel befreit. Dabei wurden am Elbufer verschiedene, auch maschinelle Techniken erprobt, die aber fast alle mit Materialverlusten verbunden waren und damit zu kleineren Steinformaten führten.

Beim Probelos 1, dem Ergänzen der Ruinenteile bis auf 8 m Höhe, waren in vielerlei Hinsicht schon verlorengegangene Erfahrungen wieder zu beleben. Unregelmäßiges statt zu perfektes Mauern beim Ergänzen des Ruinenmauerwerks (Abb. 6) war manchmal schwer zu vermitteln, da jeder Handwerker sich die besten Steine aussuchte und sein Bestes gab. Schließlich war jeder bestrebt, für „unsere" Frauenkirche „gutes" Mauerwerk zu errichten. Die Tradition des Plänerns, d.h. des Unterlegens unregelmäßig behauener kleiner Steinstücke, musste wieder geübt werden. Es kam nur in der Hintermauerung bis zum unteren Gurtgesims zur Anwendung, darüber nicht mehr, und auch nicht bei den Werksteinen. Auch das Beschaffen von Pläner, einem Tonschiefer mit hoher Biegezugfestigkeit, bereitete Schwierigkeiten.

Die Brüche im Umkreis waren aufgelassen. Schließlich konnte ein neu erschlossener Bruch bei Cotta ausfindig gemacht werden, wo noch ausreichend Material verfügbar war.

Der reine Kalkmörtel war sehr empfindlich. Er musste sorgfältig nachbehandelt, d.h. lange Zeit feucht gehalten werden. Da im heißen Sommer 1994 die Verdunstung sehr stark war, hat man neu errichtetes Mauerwerk mit Folien abgedeckt, was zu Moosbildungen führte. Temperaturen unter 10 Grad verzögern den Abbindeprozess deutlich. Unter 5 Grad ist keine Erhärtung mehr zu erwarten. Darüber hinaus muss noch nicht abgebundener Kalkmörtel zuverlässig vor Frost geschützt werden. Die ursprüngliche Absicht, die Ruinenteile nur unter günstigen Witterungsbedingungen zu ergänzen, ließ sich nicht mit parallel laufenden Arbeiten vereinbaren und stellte den vorgegebenen Zeitplan in Frage. Ein erstes Schutzdach wurde geschaffen und die Baustelle darunter mit Warmluft beheizt.

Das Versetzen der schweren Werksteine im Mörtelbett stellte sich als kaum zumutbar heraus. Ein kraftschlüssiges Vergießen mit unmodifiziert verflüssigtem Kalkmörtel war nicht zu bewerkstelligen, da die Mischung sedimentierte. Der saugfähige Sächsische Sandstein

Abb. 3   Mauerkörper am Elbufer

Abb. 4   Bestehendes Mauerwerk

nahm das Überschusswasser dankbar auf, was zusammen mit der für die Nachbehandlung notwendigen Feuchte später zu Ausblühungen und lokal zu verstärkter Patinabildung führte. Über die sich daran anschließende Entwicklung industriell hergestellter Mörtel, mit denen das Vergießen gelang, werden die Kollegen Stoll und Simon später berichten.

Die Technik des Versetzens (Abb. 7) hat sich bei späteren Losen ständig weiterentwickelt. Für das Werksteinmauerwerk standen detaillierte Schichtenpläne von IPRO Dresden zur Verfügung, die unter den Planern im Vorfeld abgestimmt wurden. Dank Schrittmotoren an den Kranbahnen konnten die Werksteine präzise auf weichen Unterlagen aus gerollten Bleistreifen abgesetzt werden (Abb. 8). Dennoch musste fast jeder Stein mehrfach wieder aufgenommen und die Dicke der Unterlagen korrigiert werden. Danach wurde die Hintermauerung nach schematischen Schichtenplänen der Ingenieurgemeinschaft im Mörtelbett hergestellt. Die senkrechten Schaltafeln (Abb. 9) sicherten ausreichend Zwischenraum, um dem fließfähigen Vergussmörtel ausreichend Steighöhe zu bieten, damit die Lagerfugen der vorgeblendeten Werksteine unter dem hydraulischen Druck vollständig gefüllt wurden.

Die Verfahrensweise war sehr erfolgreich. Bei stichprobenhaften Überprüfungen durch zufälliges Aufnehmen einzelner Werksteine nach dem Vergießen waren nur selten kleinere Fehlstellen festzustellen. Auf diese Weise konnten die Wände im Erdgeschoss in gleichbleibender, dem bestehenden Mauerwerk entsprechender Struktur und vergleichsweise zügig wieder hergestellt werden (Abb. 10).

Grundsätzlich entspricht die Struktur der Anforderungsklasse 2 derjenigen der Klasse 1. Oberhalb des unteren Gurtgesimses sind die Außenwände dünner, d.h.

es gibt außen einen Rücksprung. Dies gab Gelegenheit, auch die innere Struktur anzupassen. So konnten in der Hintermauerung auch Steine verwendet werden, die maschinell besäumt, d.h. in wirtschaftlicher Weise aufbereitet worden waren, aber eben geringere Abmessungen aufwiesen. Die zum Teil geringeren Steinhöhen aus der „Resteverwertung" oder der Wiederverwendung von Steinen projektfremder Herkunft zwangen zu Anpassungen: Es waren mehr als zwei Schichten Grundstücke je Werksteinschicht nötig. Die Fugendicken waren entsprechend anzupassen. Immer seltener ergaben sich derart ebene Abschlüsse zwischen Hintermauerung und Werksteinmauerwerk wie in Abb. 11. Das Bild zeigt unten den Wandquerschnitt mit der vorderen Werksteinschicht links und der Hintermauerung rechts. Oben sieht man das Schutzdach und den Brückenkran.

Die Verbandsregeln konnten nicht immer strikt eingehalten werden. Die hohen Anforderungen an die Steinauswahl und die Mörtelqualität ließen Freiräume für handwerkliche Anpassungen vor Ort, ohne dass ein Qualitätsverlust befürchtet werden musste (Abb. 12).

Insbesondere an Übergängen zwischen verschiedenen Mauerwerksstrukturen (Abb. 13) war Kreativität und handwerkliches Können unerlässlich, um Rissbildungen in Arbeitsfugen zu vermeiden. Nur, wo aus Gründen des Bauablaufs stehende Verzahnungen nicht vermieden werden konnten, wurden Arbeitsfugen nachträglich mit Nadelankern überbrückt.

Der Einsatz von Mauerwerk aus neu gebrochenen (Abb. 14), gesägten Steinen, wie beim Quadermauerwerk der Anforderungsklasse 3, mag zunächst als einfache Ingenieuraufgabe erscheinen. Die Beanspruchung mit ca. 3,0 MN/m² lag aber über dem nach DIN 1053 zulässigen Wert. Ein Erhöhen der Tragfähigkeit durch Verringern

Abb. 5   Grundstücke des Mauerwerks, am Elbufer gelagert   *Abb. 6   Ergänzen des bestehenden Mauerwerks*

der Fugendicken hätte zu große Steifigkeitssprünge zur Folge gehabt. Wiederum war eine intensive Auseinandersetzung mit dem Naturbaustoff Sächsischer Sandstein erforderlich.

Schon frühzeitig wurde die Tragfähigkeit dieses Mauerwerks auf der Grundlage von Versuchen (Abb. 15) ermittelt. Unter den vorgenannten geometrischen Randbedingungen ergab sich eine zulässige Druckfestigkeit von ca. 3,7 MN/m², die um ca. 50 % über dem zulässigen Wert der DIN liegt.

Mit dem Wissen, dass der Ausnutzungsgrad maximal ca. 80 % betrug, konnten auch Steine zugelassen werden, die nicht ganz so gelungen waren oder Abplatzungen aufwiesen. Die Steine erhielten Spitzhiebe für eine bessere Putzhaftung in traditioneller Weise (Abb. 16). Mit Spitzhieben im Ober- und Unterlager wurde auch vermieden, dass die Steine auf dem Mörtel schwimmen. Später wurden die Oberflächen sandgestrahlt, was vergleichbare Effekte bewirkt.

Auf der Grundlage schematischer Vorgaben der Architekten und Ingenieure waren vom Ausführungsbetrieb Schichtenpläne für die Spieramen zu erstellen. Dabei waren für die Fertigung der Bögen über den Durchgängen (Abb. 17) Steine mit höchst schwieriger Geometrie zeichnerisch darzustellen, um lohnintensives Nacharbeiten und Verzögerungen auf der Baustelle zu vermeiden.

Für uns Ingenieure war der Kräfteverlauf an den Spieramenköpfen im Übergang zum Tambour eine der vielen Herausforderungen. Die nach außen strebenden Druckkräfte hätten zu so hohen Schubbeanspruchungen geführt, dass sie über horizontale Mörtelfugen stellenweise nicht hätten übertragen werden können. Deshalb wurden die Fugen im Bereich der Druckstreben mit entsprechender Neigung hergestellt (Abb. 18), was sich letztlich einfacher gestaltete, als von uns befürchtet.

Handwerklich wesentlich anspruchvoller war der Anschluss zwischen ergänztem Ruinenmauerwerk und Spieramen. Um eine ausreichend kraftschlüssige Verzahnung zu erzielen, mussten viele Steine innerhalb der vorgegebenen Randbedingungen einzeln vor Ort angepasst werden (Abb. 19).

Abb. 20 gibt nochmals einen Überblick über das Zusammenwirken von bestehendem Mauerwerk in Bildmitte, Ergänzungen der Außenwand im Hintergrund links (Anforderungsklasse 1), und der Wand- und Turmvorlage in Anforderungsklasse 3, die auf die Pfeiler zulaufen. Das gleichmäßige Erscheinungsbild der Pfeiler, hergestellt aus Sandstein der Anforderungsklasse 4, veranlasste Besucher bei einer Führung zu der Frage, warum wir jetzt doch Betonfertigteile verwenden würden. Zugegeben: Das wäre einfacher gewesen, denn die Aufgabe, den archäologischen Wiederaufbau mit Pfeilern aus Sandstein zu bewerkstelligen, brachte für alle Beteiligten viel Arbeit mit sich, da der Naturbaustoff erheblichen Schwankungen unterliegt und nicht so gleichmäßig verfügbar ist, wie es auf den Bildern scheint.

Abb. 7   Versetzen eines Werksteins

Abb. 8   Bleiplättchen unter den Werksteinen

Zunächst war gemeinsam mit den Sächsischen Sandsteinwerken ein geeigneter Abbauort zu finden ,(Abb.
21). Das heißt
- die Qualität musste gut sein,
- die natürlichen Klüftungen mussten den Abbau ausreichend großer Rohblöcke zulassen
- die Kapazität der Bänke musste ausreichen, um keine
  kritischen Materialwechsel hinnehmen zu müssen.

Abb. 9   Hintermauerung

Abb. 11   Werksteine (ganz rechts) und Hintermauerung

Abb. 12   Verband in der Rundung

Wir entschieden uns für die sogenannte „Weiße Bank".

Die Rohblöcke wurden, der Tradition folgend, mindestens ein Jahr vor der Herstellung gebrochen (Abb. 22).
Damals sollte das Überwintern im Freien helfen, nicht
witterungsbeständiges Material erkennen und aussortieren zu können. Für uns heute bedeutete das auch,
dass sich Eigenspannungen aus dem Gebirge vor der
Herstellung der Steine abbauen können. Jeder einzelne
Rohblock wurde geprüft. Die Proben wurden in einfacher Weise an den Ecken entnommen, obwohl bzw.

Abb. 10   Mauerwerksverband

Abb. 13   Anschlüsse unterschiedlicher Mauerwerksklassen

gerade weil in den Randbereichen Störungen infolge der Lockerungssprengungen zu erwarten waren. Die Ergebnisse lagen somit auf der „sicheren Seite".

Material aus Blöcken, die eine etwas schlechtere, aber noch ausreichende Qualität aufwiesen, wurde unkritischeren Bereichen im Pfeilerschaft zugewiesen. Für die Kapitelle wurde dagegen stets sehr gutes Material verwendet, da dort trotz der Korrekturen im Lastfluss mit großen Randspannungen zu rechnen war.

Zur Einleitung der Pfeilerlasten in die Grundmauern des Kellers wurden lastverteilende große Sandsteinplatten verlegt (Abb. 23). Darüber wurde dann die Pfeilerbasis aufgebaut (Abb. 24).

Über die Fugendicken bei den verschiedenen Anforderungsklassen wurde lange diskutiert. Der Begriff „Dünnbettmörtel" wurde aus dem Sprachgebrauch verbannt, da dieser nach DIN so hohe Anforderungen an die Ebenheit der Flächen stellt, dass sie mit Sägen allein nicht herzustellen war. Die fertiggestellten Oberflächen und die Unterlager der Steine hätten mit viel Aufwand

Abb.14   Steinauswahl im Bruch

nachgeschliffen werden müssen. Unter diesen Randbedingungen wurde das Machbare gemeinsam festgelegt und die Toleranzen sowie Fugendicken wurden darauf abgestimmt. Die Randbereiche erhielten einen leichten Randschlag, um unkontrollierte Kantenpressungen auf Grund der geringen Fugendicken zu vermeiden.

Versuche, den Mörtel frei Hand aufzutragen und mit einer Setzlatte eben abzuziehen, scheiterten. Die schweren Steine drückten sich auf Grund der großen Fläche nicht ausreichend gleichmäßig in den vergleichsweise steifen Mörtel, sondern lagen eher punktuell auf. Eine Korrekturmöglichkeit war nicht gegeben. An den Rändern mussten deshalb Lehren aufgesetzt werden, damit eine große Zahnleiste mit kleiner Zahnung darauf abgezogen werden konnte, so dass sich damit den hohen Toleranzanforderungen gerecht werden ließ.

Mit zufälligen Verbänden und unregelmäßig dicken Fugen, wie an anderer Stelle an dem zu Schaden gekommenen alten Pfeiler gezeigt, wäre keine ausreichende Tragfähigkeit zu erzielen gewesen. Erst das Befolgen der hohen Anforderungen ermöglichte die Aufnahme der hohen Pressungen. Die Verbände jeder einzelnen Schicht (Abb. 25) wurden von der Ingenieurgemeinschaft auf der Grundlage der Architektenpläne detailliert in Schichtenplänen vorgegeben, wobei alle Anschlüsse oder Ausnehmungen zu berücksichtigen waren.

Die Schichthöhen wurden durch Bogenanfänger und architektonische Gliederungen bestimmt (Abb. 26). Die Pfeiler waren mit einer Toleranz von maximal 5 mm exakt lotrecht zu erstellen, um ungewollte Ausmitten ausschließen zu können.

Das Verständnis gegenüber den hohen Anforderungen an Material und Handwerk wuchs bei den Planern

Abb. 15   Versuchskörper

Abb. 16   Verband, Spitzhiebe

und Ausführenden mit zunehmender Höhe der Pfeiler. Was zunächst gedrungen erschien, erscheint uns, die wir die Pfeiler schon vorher von den Plänen kannten, auch heute noch wohlproportioniert und schlank (Abb. 27). Die zulässigen Spannungen von ca. 7,0 MN/m², gegenüber ca. 3,0 – 5,0 MN/m² nach DIN (je nach Einstufung), werden in Höhe des Kapitells zu 88 % ausgenutzt.

Trotz höchster Qualität von Pfeilern und Spieramen bestand die Sorge, dass Risse, die schon George Bähr Kritik eingebracht hatten, wieder auftreten könnten. Obwohl der Baugrund vorbelastet ist, war davon auszugehen, dass sich zunächst die schweren Außenwände setzen und später dann mit zunehmender Bauhöhe der Kuppel der Boden unter den Pfeilern nachgeben würde. George Bähr hatte, um auftretenden Rissen im Mauerwerk vorzubeugen, schmiedeeiserne Anker über den Durchgängen eingebaut, die er mit Keilschlössern aber nur wenig spannen konnte. Heute werden hierfür zeitgemäße Materialien eingesetzt. Abb. 28 zeigt die Bohrungen für die runden Ankerplatten von Spannstählen, die hinüber in

Abb. 17   Pfeiler und Spieramen mit Bögen über den Durchgängen

die Spieramenwände reichen und in die Pfeiler so zu integrieren waren, dass das äußere Bild nicht gestört wurde. Schließlich sollten die Pfeiler nur geschlämmt werden.

Zum Anspannen musste ausreichend Auflast gegeben sein. Daher wurden in den Spieramen Spannkammern belassen (Abb. 26), die nach dem Spannen geschlossen wurden. Das entkoppelte den Spannvorgang vom Baufortschritt.

Über die geltenden Regeln der Technik und die Baubestimmungen hinaus wurde von der Ingenieurgemeinschaft ein Qualitätssicherungssystem (dazu Abb. 29) erarbeitet, in dem alle Anforderungen und ein großer Teil der beschriebenen Erfahrungen zusammengefasst wurden. Das Qualitätsmanagement ist nicht Thema dieses Referates. Die nachfolgenden Ablaufdiagramme mögen Ihnen einen ersten Einblick geben. Über die Mörtel werden die Kollegen Simon und Stoll später im Detail berichten.

Wir wollten nicht, wie heute im Bauwesen (und nicht nur im Bauwesen) häufig üblich, das Rad neu erfinden. Wir konnten auf Traditionen aufbauen, mussten aber auch viele neue Wege gehen.
Ich danke allen Beteiligten für
- die Unterstützung, den richtigen Weg zu finden, sowie
- das Verständnis und die Hilfe dabei, das hohe Qualitätsniveau um- und durchzusetzen, was manchmal nicht leicht war.
So wurde ein kollegiales Miteinander zwischen Planern, Herstellern und Ausführenden möglich. Ich denke, das Ergebnis gibt uns recht.

Im Grunde könnte über jede Anforderungsklasse und wie sie umgesetzt wurde ein eigenes Buch geschrieben

Abb. 18   Spieramenkopf mit geneigtem Mauerwerk

Abb. 19   Anpassung der Schichthöhen. Links die Spieramenwand,
rechts das ergänzte Ruinenmauerwerk

werden. Ich hoffe, ich konnte das Wichtigste auflisten und einen Überblick über die Randbedingungen geben.

Diskussion am 18.10.2003 in Dresden

Jürgen Vogeley (Moderator): Das Mauerwerk der Frauenkirche, ein spannendes Thema, es gibt viele Fragen.

Helmut Maus: Herr Pliett, Sie haben von den Kriterien gesprochen, die Sie angelegt haben, und von den Problemen, die aufgetreten sind: Der Sandstein hat die Feuchtigkeit aufgesaugt, die Gefahr bestand, dass die Lagerfuge nicht gleichmäßig verfüllt war, usw. Können Sie noch etwas dazu sagen, wie der Mörtel ausgesucht wurde, welche Bestandteile er hatte und wie das Einfüllen, das Vergießen baupraktisch umgesetzt wurde?

Hartmut Pliett: Was die Zusammensetzung der Mörtel angeht, so möchte ich Sie auf die Referate von Werner Hörenbaum, Volker Stoll, Walter Simon und Ekkehard Karotke verweisen.

Zum Handwerklichen kann ich folgendes sagen: Zunächst haben wir versucht, zuerst die Hintermauerung zu erstellen, um dann davor die Werksteine im Mauermörtel zu versetzen. In den Sichtflächen des verbliebenen Werksteinmauerwerks war eine Fugendicke von ca. 5 mm ablesbar, die aus architektonischen Gründen entsprechend der Planung von IPRO Dresden auch beim Wiederaufbau vorzusehen war. Die schweren Steine saugten sich aber im Mörtelbett fest und konnten nicht mehr korrigiert werden, so dass es selten auf Anhieb gelang, die Steine exakt nach den geometrischen Vorgaben zu versetzen.

Handwerklich wurde das letztendlich gelöst, indem zuerst die Werksteine in der Sichtfläche auf Bleiplättchen bzw. aufgewickelte Bleistreifen gesetzt und ausgerichtet wurden. Dann wurde eine Schaltafel dahinter gestellt und dann erst die kleinteiligere Hintermauerung bis zur Oberkante der Werksteinschicht errichtet. Nach dem Entfernen der Schaltafel wurde dieser Schlitz mit einem darauf abgestimmten Vergussmörtel aufgefüllt. Der hydrostatische Druck genügte, auch die horizontalen Lagerfugen der Werksteine vollflächig zu füllen, indem die Hanfstricke, mit denen die Lagerfugen in der Sichtfläche verstopft waren, punktuell gelöst wurden, bis Mörtel ausgetreten ist. Dabei war das Geschick der Handwerker gefordert, immer genug Mörtel nachzufüllen, die Fugen vorne lange genug offen zu lassen, bis der Vergussmörtel austrat, sie jedoch auch schnell wieder zu schließen, damit der Mörtel nicht an

der Fassade ablief und diese verschmutzte. Die Truppe war schließlich so geübt, dass bei keiner der stichprobenartigen Kontrollen Fehlstellen festgestellt werden konnten.

Helmut Maus: Ist irgendwann einmal daran gedacht worden, die Quadersteine zu verkleben?

Hartmut Pliett: Ich sprach das Thema Dünnbettmörtel an. Das ist ja etwas Ähnliches. Wenn hier Dünnbettmörtel hätte eingesetzt werden sollen, insbesondere bei den Pfeilern, dann wären so hohe Ebenheitsanforderungen zu erfüllen gewesen, dass man die Flächen hätte schleifen müssen. Das heißt, es wäre ein sehr aufwendiger zusätzlicher Arbeitsgang notwendig gewesen, um die Oberflächen außerordentlich eben nachzuarbeiten, das Oberlager und das Unterlager. Der Aufwand wäre zu hoch gewesen. So haben wir geprüft, wie dick die Fugen mit Blick auf die ± 2 mm Toleranz des Sägeschnittes sein mussten. Wir haben festgelegt, dass die Fuge im Extremfall nicht dünner als 4 mm sein darf. Um dieses sicherzustellen, haben wir im Vorfeld Versuche gemacht. Es wurden bei den Pfeilern Lehren angeordnet, die dabei halfen, das Mörtelbett eben abzuziehen. Trotz ihrer Größe und Schwere haben sich die Pfeilersteine nicht in den Mörtel eingesenkt, haben flächig aufgeses-

Abb. 20 Überblick über verschiedene Mauerwerke

sen. Das war das Bestmögliche, was mit Hilfe von Säge und Handwerk für die Lagerfugen zu erreichen war.

Ingrid Rommel: Sie haben vorhin gezeigt, dass Sie Bleibänder eingelegt haben, um einen entsprechenden Abstand der Steine sicherzustellen. Wenn der Mörtel abbindet, schwindet er. Haben Sie berücksichtigt, dass der Stein sich nicht auf Dauer auf die Bleiplättchen setzt, sondern dass der ganze Druck auf die Mörtelfuge verteilt wird?

Hartmut Pliett: Unsere Altvorderen haben Holzkeile und Plänerstücke genommen. Daraus, aus der hohen Punktbelastung, resultierten Schäden in der Sichtfläche. Das wollten wir nicht wiederholen. Dank der Technik mit den Schrittmotoren am Kran war das Absetzen der Steine so sanft möglich, dass die gerollten Bleiplättchen nicht sofort zusammengequetscht wurden. Für das Eigengewicht des Steins, für das Justieren war das in Ordnung. Wenn der Stein nicht ganz genau lag, ist man mit dem Eisen darunter gegangen, hat ihn leicht angehoben, hat das Plättchen herausgezogen, neu gewickelt, dicker gewickelt oder dünner gemacht, oder ein Stück abgeschnitten, und dann hat man den Stein wieder voll abgesetzt. Im Übrigen haben Sie recht: Den schwindfreien Mörtel gibt es nicht, das ganze Mauerwerk kommt nach und nach herunter, aber das geschieht über den ganzen Querschnitt, also auch bei der Hintermauerung. Und dann wächst die Auflast von oben mit dem Fortschritt des Bauwerkes ja an, so dass letztendlich die Weichheit des gerollten Bleiplättchens doch dazu führt, dass sich die ganze Last auf den Mörtel absetzt. Sagen wir es anders herum: Dort, wo die Bleiplättchen angeordnet sind, kann es kleine Fehlstellen im Lastfluss geben.

Ingrid Rommel: Ich habe noch eine Frage hinsichtlich der Auswahl der Sandsteine. Sie haben von der

Weißen Bank gesprochen, aber auch von dem Material, derjenigen Varietät, in der diese Schichtungen durch die Eisenoxydbildung eingeschlossen sind, Schichtungen, die man ja auch deutlich ablesen kann. Mineralogisch gesehen müssten sich die Steine doch stark voneinander unterscheiden. Wie ist das bauphysikalisch, zum Beispiel mit der Wasseraufnahme, mit dem Ausdehnungskoeffizienten bei Frost-Tau-Wechsel usw.. Die Steine sind ja sehr schön gemischt verwendet worden. Ist das bewusst geschehen, oder gab es da ein Programm? Und dann möchte ich noch eine Frage anschließen: Gerade in den Außenzonen kann man sehr deutlich sehen, dass nicht immer Material gewählt wurde, welches diese typischen durchgehenden waagerechten Lagerschichten hat, sondern welches auch Verwerfungen zeigte, wo die Schichtung also etwas abgedriftet ist.

Hartmut Pliett: Wo fange ich an, ein sehr komplexes Thema. Die Materialeigenschaften des von uns verwendeten, frisch gebrochenen Postaer Sandsteines weisen, über den natürlichen Streubereich hinaus, keine gravierenden Unterschiede auf. Nun sind auch noch Alt und Neu zusammengemischt, doch ich darf Ihnen versichern, alles ist Postaer Varietät, was Sie hier außen sehen. Bauphysikalisch sind die entsprechenden Untersuchungen gemacht worden.

Zur Weißen Bank und den Sedimentationsebenen ist festzustellen, dass dort durchaus auch einmal Sedimentierungen im Stein sind. Als die Eisenoxydhorizonte sich zeigten, gab es Fragen. Bei uns Ingenieuren, ob es minderwertigeres Material ist, bei den Architekten, ob man das nachher sieht, wenn die Pfeiler nur lasiert werden. Wir haben als Ingenieure durch Versuche festgestellt, dass sich die Festigkeit dadurch nicht ändert, selbst bei einem gewissen Abdriften der Sedimentationsschicht nur wenig ändert, und die Architekten haben sich damit auch abfinden können. Warum sollte man nicht sehen, dass es da eine Maserung in dem Stein gibt.

Abb. 21 Steinbruch Wehlen

Abb. 22 Rohblöcke

Teilnehmer: Auf einigen Bildern haben wir gesehen, dass die gesägten Stoßfugen mit Rillen versehen wurden. Wie weit wurden die Fugen überhaupt weiter bearbeitet, oder wurden sie oder einige von ihnen sägeglatt gelassen? Denn bei den handwerklich hergestellten Steinen sind die Fugen rauh, aber bei den gesägten sind sie doch sehr glatt.

Hartmut Pliett: Wir haben je nach Anforderungsklasse den Betrieben anheim gestellt, uns die Steine mit Spitzhieben zu liefern oder sandgestrahlt. Nur bei der höchsten Anforderungsklasse haben wir das Sandstrahlen zwingend vorgegeben. Ansonsten war es im Belieben der Firma, welche Profilierung dem glatt gesägten Stein gegeben wurde. Es ist bekannt, wenn ich einen sägeglatten Stein habe, der dann möglicherweise eine Schlemme besitzt, der kann in der Lagerfuge das Schwimmen anfangen. Beim rauhen Stein kann sich eine solche „Schmierschicht" eher entspannen, der Stein findet schneller zum festen Sitz. Die Rillen in den Stoßfugen dienten zum besseren Einbringen des Vergussmörtels.

Abb. 23   Lastverteilende Sandsteinplatten unter der Pfeilerbasis

Jürgen Vogeley: Die sächsischen Sandsteine quellen ja sehr stark, und in dem Außenmauerwerk sind zwei verschiedene Steinsorten verwendet worden, die gewiss unterschiedliche E-Moduli haben, die äußere Werksteinschicht und die innere Hintermauerung. Dann hat man aber gesagt, wir wollen nicht so eine erhöhte Kantenpressung haben wie früher, und aus meiner Architektenstatik weiß ich, dass steifere Zonen Lasten anziehen. Passiert also nicht doch an der Außenschale etwas, was man nicht will, zusätzlich gesteigert dadurch, dass die Fassaden beregnet werden und die Steine dann doch erheblich quellen, fast mehr quellen, als unter Temperatureinwirkung die Ausdehnung beträgt? Wie ist das Zusammenspiel zu sehen?

Hartmut Pliett: Zum Quellen muss ich sagen, das hängt beim stehengebliebenen Mauerwerk und bei den einzeln eingefügten Altsteinen von der Dicke der Patina ab. Die Patina behindert das Eindringen des Wassers, insofern bringt sie einen positiven Effekt mit. Die kurzfristigen Feuchtewechsel finden in den oberen Bereichen des Bauwerkes mit dem überwiegenden Anteil an Neusteinen statt. Die Steine der Werksteinschicht wurden so versetzt, dass in den äußeren 2 cm ein Hanfstrick drin lag, sie wurden, nachdem die Last drauf war und der Hanfstrick entfernt war, von Hand nachverfugt. Also erst zum Schluss, als man das Hauptgesims erreicht hatte, dann erst hat man die Fugen von Hand ausgefüllt, so dass dann schon die Last im Stein eingeprägt war und wir die Gewissheit hatten, dass in den von Hand nachverfugten Bereichen keine besonderen Kantenpressungen auftreten können.

Das Zusammenspiel zwischen Hintermauerung und Werksteinschicht, das ist ein Thema, welches uns insbesondere zu Beginn unserer Arbeit bis hin zur Modellierung der Statik sehr beschäftigt hat. Können wir das als einheitliches Mauerwerk begreifen und in die

Abb. 24   Pfeilerbasis

Abb. 25   Pfeilerverband

Rechnung einführen? Wir haben nachgerechnet, was passiert, wenn die Lasten nach den Steifigkeiten aufgeteilt werden. Wir haben dann festgestellt, dass das so gar nicht funktionieren kann, weil es sich nicht um endlose getrennte Mauerwerksscheiben handelt, sondern eigentlich immer nur um kurze Längen, und in diesen kurzen Längen haben wir im Mauerwerk immer wieder Bindersteine, welche die Schalen verbinden. So dass dadurch eigentlich zwangsweise ein Zusammenarbeiten von Innen und Außen gegeben ist, auch durch den lebhaften, immer wieder abknickenden Grundriss. Zu versuchen, die Zustände durch getrennte Modelle zu erfassen und dann irgendwelche Klammern, Dübel oder ähnliches rechnerisch nachweisbar einzusetzen, das funktioniert nicht. Da hatten wir auch die Gewissheit aus der Kenntnis des Originals, welches handwerklich ja von nicht so präziser Qualität war, und an ihm sind, außer den Kantenpressungen, aus dem Zusammenwirken oder Nicht-Zusammenwirken von Außenhaut und Hintermauerung keine Ablösungen oder Schäden hervorgegangen.

Jürgen Vogeley: Ja, vielen Dank, das war ja eine Statikvorlesung, die mir jetzt weitergeholfen hat.

Diskussion am 11.2.2005 in Karlsruhe

Ingrid Rommel: Sie haben erklärt, dass Sie im Steinlager die Steine in eine gute und eine schlechte Kategorie geteilt haben. Da waren aber sicherlich auch Steine im Grenzbereich, und gab es für diese grenzwertigen Steine Untersuchungen, wie man sie durch Steinfestiger, durch Kieselsäureester zum Beispiel, für den Einbau hätte verbessern können?

Hartmut Pliett: Wir müssen unterscheiden: Das eine sind die Werksteine in der Sichtfläche, die aufgrund ihrer Kubatur und des vorgegebenen Fugenmaßes mit Blick auf die Festigkeit keine Probleme hatten, allenfalls in Einzelfällen, wenn es wichtige Architekturteile waren, die Risse oder andere Störungen aufwiesen. Aber das sind Dinge, die wir handwerklich angegangen sind. Zum anderen haben wir die Hintermauerung. Bei ihr haben wir eine Festigung auch nicht für notwendig erachtet. Wenn Steine zerbrochen oder angebrochen waren, ließ sich damit kein vernünftiger Verband mehr herstellen. Aber man konnte Teile von ihnen nehmen, um ein paar Ecken in der Geometrie auszufüllen. Ohnehin waren vor Ort Anpassungsarbeiten notwendig, so dass kleine Teile gebraucht wurden. An dem, was

Abb. 26 Pfeilerschaft mit Spieramenbögen und architektonischen Gliederungen

Abb. 27 Chorpfeiler

wir am Elbufer für die Wiederverwendung hergerichtet haben, haftete großen Teils der alte Mörtel. Es gab eine lange Diskussion, wie man den mit wirtschaftlich vertretbarem Aufwand entfernen könnte. Das ging hin bis zu einer Art Hobelbank, durch die man die Steine durchlaufen ließ. Dabei sind auch manche Steine, die Mikrostörungen hatten, zerbrochen. Sie waren dann eben unbrauchbar. So dass die Steine eigentlich, bevor sie wieder vermauert wurden, mehr oder weniger abgearbeitet oder bearbeitet waren und noch mal einer Sichtkontrolle unterlagen. An eine Festigung haben wir nicht gedacht, wir haben auch die Notwendigkeit nicht gesehen.

Ursula Thomas: Sie sprachen von dem Suchen nach oder in Steinbrüchen. Meine Frage: Sind alte Steinbrüche wieder aktiviert worden, waren es Steinbrüche, die in Betrieb waren, und aus wie vielen Brüchen haben Sie jetzt das Material zusammengetragen?

Hartmut Pliett: Aus wie vielen Brüchen, das ist eine schwierige Frage. Die Frauenkirche hat viele unterschiedliche Bauteile, in denen auch nicht immer das gleiche Material zur Anwendung kommen konnte. Zum Beispiel hat man beim Kuppelanlauf auf eine andere Varietät als bei den Pfeilern zurückgegriffen, weil es da nicht primär auf die Festigkeitseigenschaften ankam. Wir Ingenieure waren an einem guten Traggefüge interessiert, für uns kamen eigentlich nur Postaer Varietäten in Frage, wie sie im ursprünglichen Bauwerk auch durchgängig vorhanden waren. Da standen noch genug Brüche dafür zur Verfügung. Allerdings haben wir tatsächlich festgestellt, dass die Materialeigenschaften stark streuen können, aber durch unser dichtes Qualitätssicherungssystem hat sich für uns schnell gezeigt, dass es wichtig ist, ein Auge auf die Unterschiede zu haben.

Abb. 28 Bohrungen für die Spannanker als Verbindung zwischen Pfeiler und Spieramenwänden

Wenn Sie sonst in die Brüche gehen, bekommen Sie ein Prüfzeugnis, das hat eine Gültigkeit von 2 oder 3 Jahren und gilt für den ganzen Bruch. Also ich kann nur dazu raten, bei etwas sensibleren Bauaufgaben oder bei höher belasteten Teilen die Bänke für sich zu betrachten, möglicherweise auch die Abschnitte zwischen einzelnen Verwerfungen.

Torsten Knappe: Ich habe eine Frage zur Schadstoffbelastung der wieder verwendeten Altsteine. Wurden Schadstoffe, insbesondere Salze erkundet, oder gab es nur eine optische Kontrolle? Und wie wurde sichergestellt, dass aus den Haufen von Steinen, die aus unterschiedlichen Lagen stammten, dann wirklich nur gering belastete Steine in der Mauer wieder zum Einsatz kamen? Wie gab es da diese Qualitätssicherung?

Hartmut Pliett: Wir hatten das Glück, dass die Sockelbereiche der Frauenkirche weitestgehend unbeschadet waren. In den verbliebenen Ruinenteilen im Erdgeschoss, die über Jahrzehnte dem Regen ungeschützt ausgesetzt waren, gab es zweifelsohne Ansammlungen von Salzen. Da möchte ich aber auf das Referat der Kollegen Karotke/Simon verweisen.

Jürgen Vogeley: Richtig, wir haben ja hier in dem Seminar auch noch die Mineralogen, die zu Wort kommen, und die werden möglicherweise hierzu noch Stellung nehmen.

Volker Stoll: Was die Steinauswahl angeht, so ist noch zu ergänzen, dass auch das Altmaterial wie das Neumaterial durch statistisch abgesicherte Materialprüfungen wertemäßig erfasst wurde, insbesondere bezüglich der Tragfähigkeit. Hartmut Pliett hat Ihnen, Frau Rommel, hier etwas lapidar geantwortet. Es war nicht nur eine Sichtkontrolle, es waren schon umfangreiche Materialprüfungen, die auch mit dem Altmaterial durchgeführt worden sind. Nicht nur am Chor mit der Apsis und am Treppenturm, sondern auch an den geborgenen Steinen. Und dann noch zum Einsatz des Altmaterials: Steine aus dem Trümmerberg waren nur in den Anforderungsklassen 1 und 2 zugelassen, also auf relativ schwach belastete Bereiche begrenzt. Der Einsatz von Altsteinen in den Anforderungsklassen 3 und 4 war von vornherein ausgeschlossen. Also die Altsteine sind dort eingesetzt worden, wo kein großer Kraftfluss stattfand.

Klaus Künstlin: Ich habe eine Frage an den Ingenieur bezüglich der Edelstahlanker. Bis zu welcher Tiefe haben Sie die eingesetzt, wie haben Sie sie eingeklebt, und haben Sie ihre Beanspruchung auch rechnerisch nachgewiesen?

Hartmut Pliett: Volker Stoll, der das Kellermauerwerk bearbeitet hat, mag mich korrigieren. Aber wir haben dort wohl die längsten Nadelanker, nicht Spannanker, sondern Nadelanker eingebracht. Wir wollten sicherstellen, dass unter den Pfeilerfüßen die Hohlräume durch Injektion gefüllt sind und durch Bewehrung das Mauerwerk zusammengehalten ist. Wir haben unter den Pfeilern zwei Schichten Mauerwerk abtragen müssen, mehr wollten wir nicht. Wir hätten sonst, wenn wir dort nicht injiziert und vernadelt hätten, noch gut und gerne zwei bis drei Schichten tiefer gehen müssen mit dem Ausbruch. Wie lang waren die Anker? Volker Stoll sagt ungefähr 4 m.

Im aufgehenden Mauerwerk, wo es Verbindungen zwischen den Pfeilern und den Spieramenwänden gab, und auch anderswo an kritischen Stellen, wo George Bähr schmiedeeiserne Anker angeordnet hatte, dort haben wir, der heutigen Zeit und Technik angemessen, vorgespannte Anker eingebaut. Sie werden nicht erst unter der Last länger, was Risse im Mauerwerk nicht ganz verhindern könnte, sondern ihre Dehnung ist durch die Vorspannung vorweggenommen. Nicht, um dem Mauerwerk Gewalt anzutun, aber um zu vermeiden, dass Dehnungen des Stahles und damit Risse im Mauerwerk auftreten können. Ihre Längen waren bis zu 8 m. Wichtig war uns auch das Verpressgut, wir haben nicht verklebt, sondern mineralischen Injektionsmörtel genommen, ohne irgendwelche Zusätze. Sprich, bei den Spannankern ganz normalen Zement, wobei ich sagen muss, dass wir bestehendes Mauerwerk, wenn wir vermuten mussten, dass da Hohlräume waren, vorher mit Trasskalk injiziert hatten, so dass der Zement nicht unkontrolliert davonlaufen konnte und wir nicht irgendwo Zementplomben bekamen. Der Zement

Abb. 29 Sichtbar angezeigt: Qualität des Mörtels in Ordnung, Silomaterial freigeben

diente als Umhüllung der Anker, also als zusätzlicher Korrosionsschutz. Und um das auch einmal zu sagen, er wurde auch um den nichtrostenden Stahl eingebracht, denn letztendlich ist ein nichtrostender Anker doch auch ein nicht nichtrostender Anker. Ankerquerschnitt und Verankerung wurden, wo erforderlich, rechnerisch nachgewiesen.

Gerhard Steidl: Sie haben Edelstähle eingesetzt. Ist sichergestellt, dass das ältere Mauerwerk keine Chloridbelastungen hat, oder haben Sie bei der Werkstoffwahl für die Anker auf diesen Punkt Einfluss genommen durch die Auswahl eines entsprechenden Werkstoffes?

Hartmut Pliett: Wir haben auf einen höherwertigen nichtrostenden Stahl zurückgegriffen, der als handelsübliche Ware auch als Gewindestange verfügbar ist. Alles andere wären Sonderanfertigungen gewesen, die für den Unternehmer nicht so ohne weiteres zu erhalten gewesen wären. Wir mussten einen Kompromiss schließen zwischen Kosten, Nutzen und Risiko. Chloridbelastungen sind eigentlich nur unten im Sockelbereich außen festgestellt worden. Im Massenmauerwerk hatten wir damit keine Probleme.

Gerhard Eisele: Ich habe noch eine Frage zu den Tragfähigkeiten. Sie haben immer die Druckfestigkeit nach der Theorie angegeben. Haben Sie während der Bauausführung oder auch vorher Großversuche gemacht an ganzen Pfeilern, um diese Werte zu bestätigen? Und wenn Sie das gemacht haben, wie war das Ergebnis? Kam da wesentlich mehr heraus als rechnerisch, oder hat es gepasst?

Hartmut Pliett: Wir müssen es umgekehrt sehen. Es wurden Mauerwerkskörper abgedrückt, von unterschiedlicher Struktur, wir haben auch altes, geplänertes Mauerwerk in der Versuchsanstalt gehabt und es belastet. Wir haben aber auch das Quadermauerwerk der Pfeiler in der Versuchsanstalt gehabt. Alles, bevor es draußen beim Bau zum Einsatz kam. Letztendlich wurden ja die Bemessungsformeln nach den Ergebnissen dieser Versuche ausgerichtet. In-situ-Versuche am bestehenden Mauerwerk haben wir nicht gemacht. Wir haben auf die Erfahrungen, die Entwicklung der Formeln aus Versuchsergebnissen und auch auf die handwerkliche Umsetzung vor Ort vertraut. Und wir haben regelmäßig auf der Baustelle kontrolliert, dass alles auch handwerklich gut umgesetzt wird. Großversuche vor Ort wären zu punktuell und nicht wirklich repräsentativ gewesen, wir hielten sie nicht für nötig und haben die Frage deshalb auch nicht weiter verfolgt.

Bestehendes Mauerwerk

Steine	überwiegend	Postaer Varietät
Mörtel	Hintermauerung	Kalkmörtel MG I (und höher)
	Werksteinmauerwerk	Vergussmörtel aus Kalkleim

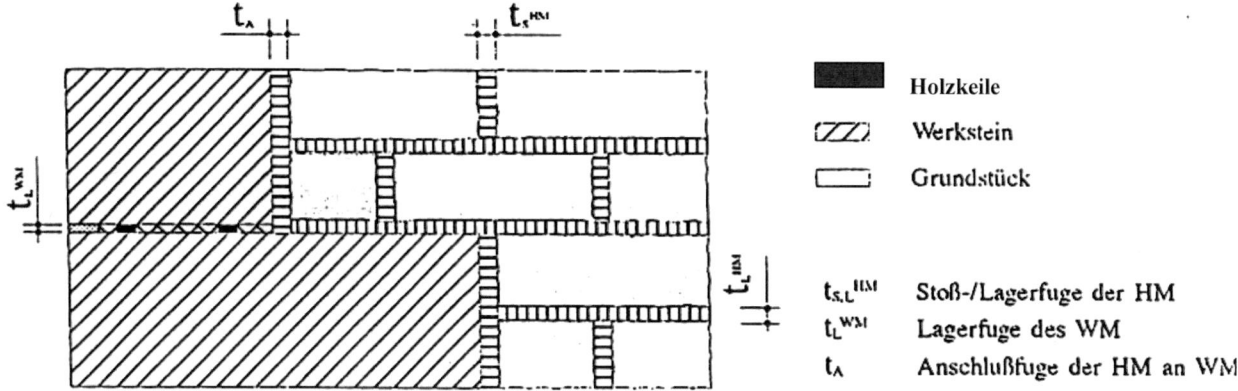

Geometrie	Hintermauerung Steinformate	Hammerrechtes Schichtenmauerwerk nach Sächs. Elle ca. 53,5 x 24 x 24 cm
	Werksteinmauerwerk Schichthöhen	Quadermauerwerk 50 – 53 cm
Lagerfugen	mittlere Fugendicken	tm
	Hintermauerung	23,0 mm
	Werksteinmauerwerk	17,5 mm
	Apsispfeiler	15,2 mm

Rechenwerte (theoretisch ermittelt nach Berndt)

	Elastizitätsmodul	Druckfestigkeit bR
Hintermauerung	~4.800 MN/m^2	4,1 MN/m^2
Werksteinmauerwerk	~8.600 MN/m^2	8,0 MN/m^2
zusammen ideell	~5.700 MN/m^2	
Fundamentmauerwerk	~4.800 MN/m^2	3,0 MN/m^2
Apsispfeiler	~6.300 MN/m^2	4,3 MN/m^2

Volumen   ca. 1.780 m^3 **)

**) Mauerwerk im Erdgeschoss gemäß Massenermittlung IPRO Dresden (Stand 01/95)
insgesamt mit Keller ca. 10.000 m^3 (40-50% des gesamten Mauerwerks)

Mauerwerk Anforderungsklasse 1

Steine   Aufgearbeitete alte Steine   aus Wiederverwendung

                      ergänzt durch neue Steine   Postaer Varietät

Mörtel   Hintermauerung   Mauermörtel

                      Werksteinmauerwerk   Vergussmörtel

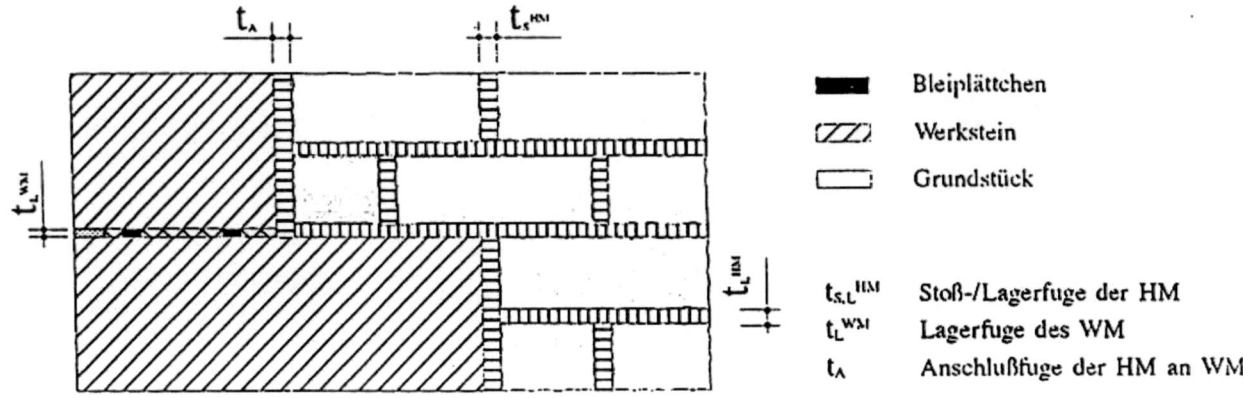

▬	Bleiplättchen
▨	Werkstein
▭	Grundstück

$t_{s,L}^{HM}$ Stoß-/Lagerfuge der HM
t_L^{WM} Lagerfuge des WM
t_A Anschlußfuge der HM an WM

Geometrie   Hintermauerung   Hammerrechtes Schichtenmauerwerk
                    Steinformate   53,5 x 24 x 24 cm

                    Werksteinmauerwerk   Quadermauerwerk
                    Schichthöhen   50 – 53 cm nach Werksteinplanung

Lagerfugen   Hintermauerung   Werksteinmauerwerk

                    mittlere Fugendicke tm   15 mm   5 mm *)
                    Fugengrenzabmaß   ±5 mm   ±2 mm

                    *) "Plänern" bzw. Auszwickeln zugelassen

Rechenwerte   (theoretisch ermittelt nach Berndt)

	Hintermauerung	Werksteinmauerwerk
Elastizitätsmodul	~11.500 MN/m^2	~17.000 MN/m^2
Elastizitätsmodul (ideell)	~13.000 MN/m^2	
Druckfestigkeit bR	4,1 MN/m^2	8,0 MN/m^2

Volumen   ca. 1.780 m^3 **)

                    **) ohne Werksteinmauerwerk gemäß Massenermittlung IPRO Dresden (Stand 01/95)

Mauerwerk Anforderungsklasse 2

Steine   Aufgearbeitete alte Steine   aus Wiederverwendung

ergänzt durch neue Steine   Postaer Varietät

Mörtel   Hintermauerung   Mauermörtel

Werksteinmauerwerk   Vergussmörtel

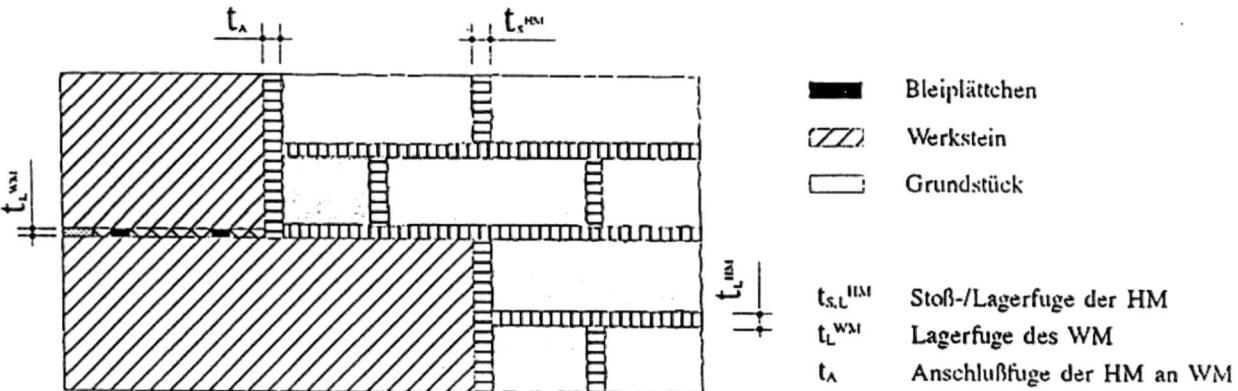

■	Bleiplättchen
▨	Werkstein
▭	Grundstück

$t_{s,L}^{HM}$ Stoß-/Lagerfuge der HM
t_L^{WM} Lagerfuge des WM
t_A Anschlußfuge der HM an WM

Geometrie   Hintermauerung   Hammerrechtes Schichtenmauerwerk
Steinformate   53,5 x 24 x 24 cm

Werksteinmauerwerk   Quadermauerwerk
Schichthöhen   50 – 53 cm nach Werksteinplanung

Lagerfugen   Hintermauerung   Werksteinmauerwerk

mittlere Fugendicke tm   15 mm   6 mm *)

Fugengrenzabmaß   ±5 mm   ±2 mm

*) "Plänern" bzw. Auszwickeln nicht zugelassen

Rechenwerte   (theoretisch ermittelt nach Berndt)

	Hintermauerung	Werksteinmauerwerk
Elastizitätsmodul	~12.000 MN/m²	~17.000 MN/m²
Elastizitätsmodul (ideell)	~13.500 MN/m²	
Druckfestigkeit bR	3,9 MN/m²	8,0 MN/m²

Volumen   ca. 2.830 m³ **)

**) ohne Werksteinmauerwerk gemäß Massenermittlung IPRO Dresden (Stand 01/95)

Mauerwerk Anforderungsklasse 3

Steine	Postaer Varietät	Ausschließlich neue Steine
Mörtel	Mauermörtel	

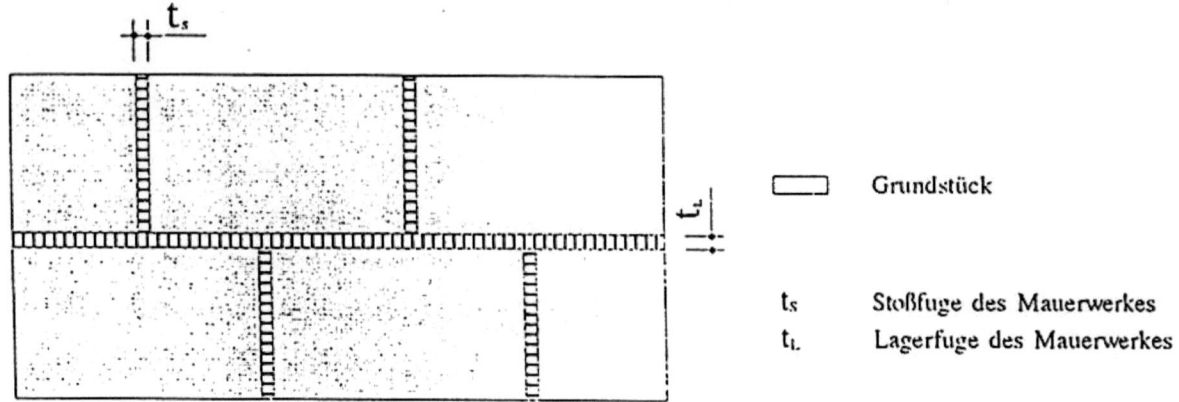

		Grundstück
	t_S	Stoßfuge des Mauerwerkes
	t_L	Lagerfuge des Mauerwerkes

Geometrie	Quadermauerwerk	
	Schichthöhen	16 – 36 cm
	Formate	Werksteinplanung
		nach schematischen Schichtenplänen
Lagerfugen	mittlere Fugendicke tm	10 mm *)
	Fugengrenzabmaß	± 5 mm

*) Stoßfugendicke maximal das 1,5-fache der Lagerfugendicke

Rechenwerte	(theoretisch ermittelt nach Berndt)	
	Elastizitätsmodul	~14.500 MN/m^2
	Druckfestigkeit bR	5,0 MN/m^2
Volumen		ca. 2.660 m^3 **)

**) gemäß Massenermittlung IPRO Dresden (Stand 01/95)

Mauerwerk Anforderungsklasse 4

Steine   Postaer Varietät   Ausschließlich neue Steine
             sog. "Weiße Bank"   von ausgewählten Rohblöcken

Mörtel   Mauer- und Vergussmörtel   für dünne Fugen

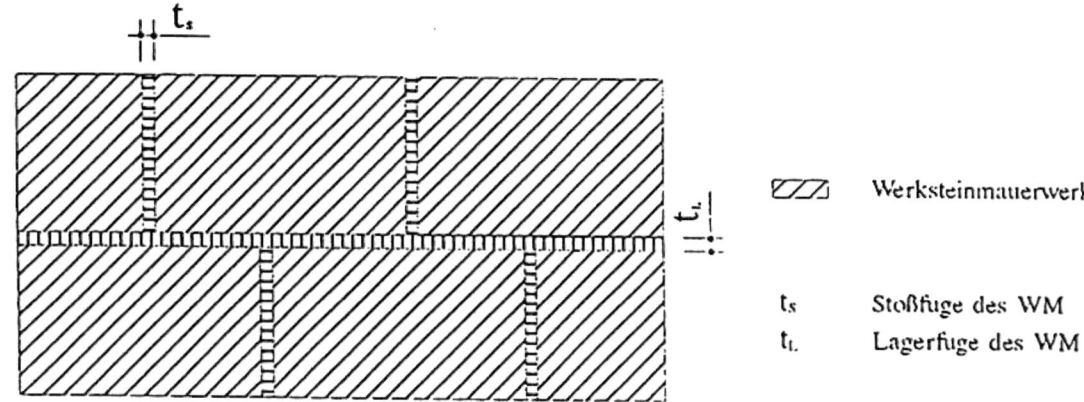

	Werksteinmauerwerk
t_s	Stoßfuge des WM
t_L	Lagerfuge des WM

Geometrie   Quadermauerwerk mit dünnen Fugen

             Schichthöhen   40 – 70 cm

             Formate   Werksteinplanung
                          nach detaillierten Vorgaben

Lagerfugen   mittlere Fugendicke tm   6 mm *)

             Fugengrenzabmaß   ± 2 mm

*) Minimale Fugendicke von tmin = 4 mm darf nicht überschritten werden

Rechenwerte   (theoretisch ermittelt nach Berndt)

             Elastizitätsmodul   ~24.500 MN/m^2

             Druckfestigkeit bR   9,4 MN/m^2

Volumen   ca. 1.160 m^3 **)

**) gemäß Massenermittlung IPRO Dresden (Stand 01/95)

Wiederaufbau Frauenkirche Dresden
- QSS-Prinzip/Ablaufschema

ALLGEMEINES ABLAUFSCHEMA QUALITÄTSSICHERUNG

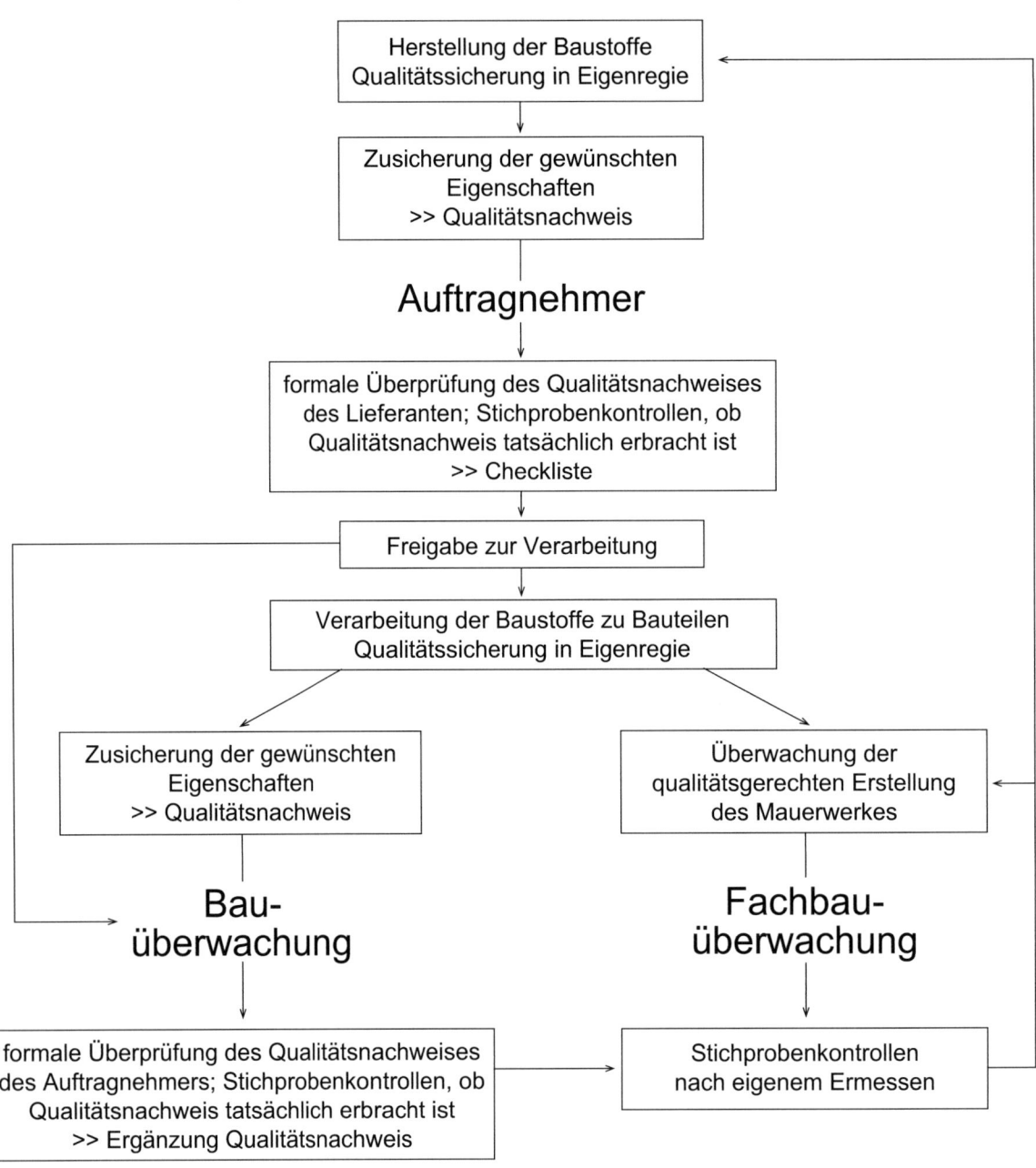

Wiederaufbau Frauenkirche Dresden
- QSS-Prinzip/Ablaufschema

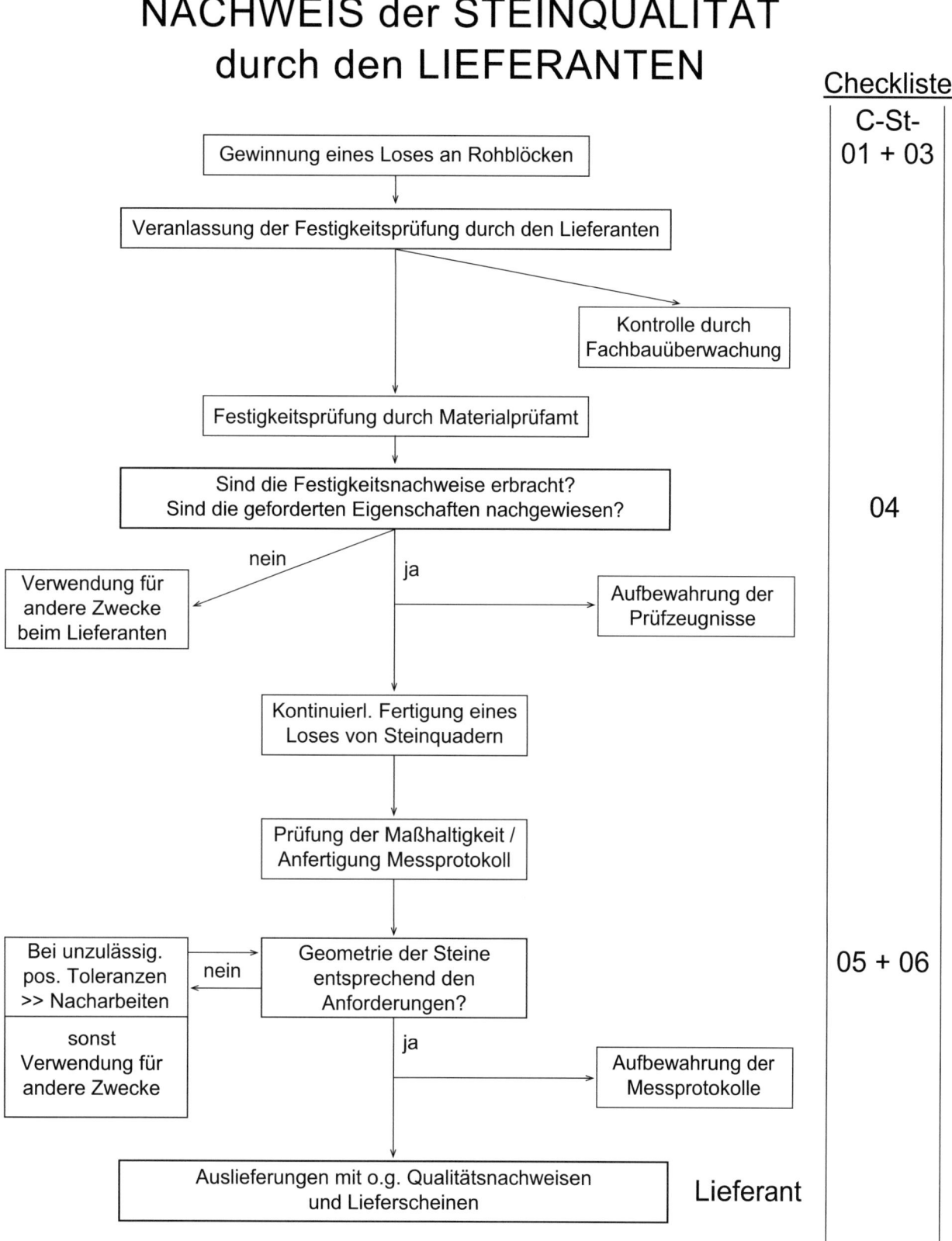

NACHWEIS der STEINQUALITÄT durch den LIEFERANTEN

Checkliste

C-St-
01 + 03

Gewinnung eines Loses an Rohblöcken

Veranlassung der Festigkeitsprüfung durch den Lieferanten

Kontrolle durch Fachbauüberwachung

Festigkeitsprüfung durch Materialprüfamt

Sind die Festigkeitsnachweise erbracht?
Sind die geforderten Eigenschaften nachgewiesen?

04

nein

ja

Verwendung für andere Zwecke beim Lieferanten

Aufbewahrung der Prüfzeugnisse

Kontinuierl. Fertigung eines Loses von Steinquadern

Prüfung der Maßhaltigkeit / Anfertigung Messprotokoll

Bei unzulässig. pos. Toleranzen >> Nacharbeiten

nein

Geometrie der Steine entsprechend den Anforderungen?

05 + 06

sonst Verwendung für andere Zwecke

ja

Aufbewahrung der Messprotokolle

Auslieferungen mit o.g. Qualitätsnachweisen und Lieferscheinen

Lieferant

Volker Stoll, Walter Simon

Die Mauermörtel

Von Volker Stoll und seinen Aufgaben und Arbeiten beim Wiederaufbau der Frauenkirche ist schon weiter vorn die Rede. Walter Simon ist beim Mörtellieferanten TUBAG für Forschung, Entwicklung und Qualitätskontrolle zuständig und hat immer wieder auf eine möglichst gute Übereinstimmung der verschiedenen Mörtel mit den Anforderungen der Mauerwerksrichtlinie hingearbeitet.

Volker Stoll

Die Mörtelentwicklung war, wie das gesamte Projekt Frauenkirche, ein komplexes und schwieriges Thema. Die Ingenieurgemeinschaft hat mit mehreren Leuten im Büro daran gearbeitet, Wolfram Jäger, Frank Pohle und ich in Dresden, Hartmut Pliett und Birger Gigla bei Fritz Wenzel in Karlsruhe. Dazu kamen noch weitere Kollegen. Das war auch nötig, denn wir wollten die typischen Schäden an der alten Frauenkirche, an der immer wieder Reparaturen besonders im Bereich der Mörtelfugen erforderlich wurden, nicht wiederentstehen lassen. 1992/93 begannen wir während der archäologischen Enttrümmerung mit Bestandsuntersuchungen an den alten Mörteln. Es folgten Nachstellungen historischer Mörtel und Erprobungen mit Hilfe von Prüfkörpern aus gesägten Alt- und Neusteinen. Die Mörtel wurden dann an der Universität Karlsruhe in einem Untersuchungsprogramm bewertet und optimiert, die Ergebnisse in die schon mehrfach erwähnte Mauerwerksrichtlinie übernommen. 1994 begann die Firma TUBAG mit der Entwicklung von Mörteln auf der Grundlage der Vorgaben, die sie durch die Ingenieurgemeinschaft erhielt. Auch dieses geschah in enger Zusammenarbeit mit der Universität Karlsruhe (siehe den Beitrag von Werner Hörenbaum, S. 94). 1997 wurde die Palette der verschiedenen Mörtel für das Sandsteinmauerwerk um einen besonderen Mörtel für Mauerziegel erweitert. Abgerundet wurden die Arbeiten durch die Entwicklung spezieller Mörtel für Bereiche, die der Witterung ausgesetzt waren, insbesondere für die Kuppel.

Zu Beginn galt es, Mörtelproben aus dem Ruinenmauerwerk zu entnehmen, um die Qualität der alten Mörtel zu erkunden. Es folgten Untersuchungen und Bewertungen durch den Sachverständigen Hans A. Gasch. Festgestellt wurde, dass die alten Mörtel sich unterschieden. Die Brennart war vermutlich immer gleich, jedoch waren unterschiedliche Rohmaterialien verwendet worden. Dieses ging auch aus der Auswertung alter Bautagebücher hervor, die Gitta Kristine Hennig vorgenommen hat [8]. Es wurden Kies und Sand, ungelöschter gebrannter Kalk sowie Ziegelmehl und Trass in den alten Mörteln gefunden. Die Sande waren von unter-schiedlicher Körnung, sie wiesen alle ein rundes Korn in guter Abstufung auf. Die Konsistenz dürfte eher dünnbreiig gewesen sein.

Die neuen Mörtel sollten den alten Mörteln in Zusammensetzung und Festigkeit angepasst sein. Allerdings galt es, sich auf dünnere Fugen zu orientieren; dickere Fugen sollten ausgezwickert werden. Letzteres haben wir dann beim Wiederaufbau, wie Hartmut Pliett schon ausgeführt hat, nur begrenzt getan. Die Haftung des Mörtels am Stein sollte durch eine gewisse Rauhigkeit der Steinoberflächen gewährleistet werden. Achtzugeben war auf die Anschlüsse des neuen, ergänzenden Mauerwerks zum alten Mauerwerk der Ruine. Ein zu großes Schwinden des neuen Mauerwerks gegenüber dem nicht schwindenden alten Mauerwerk hätte zu Rissen im Nahtbereich geführt. Hier kam auch der Verzahnung beider Mauerwerke und zusätzlicher Vernadelungen Bedeutung zu. Die Werksteine der Fassade sollten mit dünner Fuge auf Bleiplättchen versetzt und mit Mörtel vergossen werden. Für das Pfeilermauerwerk mit seinen planmäßigen Lagerfugen von 6 mm, also an der Grenze des handwerklich Machbaren, wurde ein besonderer Mörtel für dünne Fugen und vollflächiges Versetzen entwickelt. Wir haben also je nach Einbauort und Beanspruchung des Mörtels verschiedene Mörtelarten am Bauwerk eingesetzt. Mauermörtel für die Hintermauerung der Werksteine, Mauermörtel für die Ziegelpartien, Mauermörtel für dünne Fugen, Vergussmörtel für die Werksteine in der Außenschicht, Vergussmörtel für dünne Stoßfugen im Pfeiler, dazu ein spezieller Vergussmörtel für die Kuppel, der noch etwas duktiler als die anderen ist und den Temperaturdehnungen in der Kuppel besser gerecht werden kann. Hinzu kommt noch ein Verfugmörtel für das Regelmauerwerk, der für die Kuppel dann noch optimiert und frostsicher gemacht wurde.

In der Mauerwerksrichtlinie sind die Anforderungen an die Mörtel konkret formuliert. Es war ein enges Netz von Güteprüfungen vorgeschrieben, im Labor des Herstellers und auch auf der Baustelle. Vorgabe war, dass die Bindemittel und Zuschlagstoffe hochsulfatbeständig sein mussten. Die Mörteleigenschaften wurden relativ präzise vorgegeben und waren einzuhalten. Die Ausblühneigung sollte unbedingt minimiert werden. Sandsteinverträglichkeit wurde für alle möglichen chemischen Zutaten vorausgesetzt. Die Qualität der handwerklichen Ausführung wurde auf der Baustelle wiederholt durch unangekündigtes Abheben des einen oder anderen Steines stichprobenhaft kontrolliert.

Bei den Pfeilersteinen waren die Anforderungen an den Mörtel besonders hoch. Er war auf die zeitlich begrenzte Verarbeitbarkeit abzustimmen, weil es doch eine gewisse Zeit dauerte, den relativ schweren Stein an den Einbauort und dann in die Einbaulage zu bringen. Der Mörtel musste geeignet sein, mit einem Zahnspachtel aufgetragen zu werden, wozu seitlich am Pfeiler Hilfsschienen angebracht wurden. Bei den Pfeilersteinen wurde ohne Bleiplättchen im Mörtelbett gearbeitet, wir wollten in diesem hoch beanspruchten Bauteil keinerlei Inhomogenitäten in der Mörtelfuge haben. Für jeden Pfeiler mussten knapp 260 Steine millimetergenau versetzt werden. Zum Vergießen der engen Stoßfugen wurden hier Fließrillen vorgesehen.

Zusammengefasst: Damit eine gleichbleibende Qualität am Bau gewährleistet werden konnte, war ein durchgängiges und engmaschiges Qualitätssicherungssystem vom Steinbruch und dem Mörtelwerk bis zum Mauern auf der Baustelle erforderlich.

Walter Simon

Die Firma TUBAG hat sich, wie schon gesagt, sehr lange mit der Mörtelentwicklung für den Wiederaufbau der Frauenkirche beschäftigt. Sie hat nun über 10 Jahre hinweg die einzelnen Bauphasen des Objektes begleitet, mit den jeweils notwendigen Mörteln versehen, natürlich auch vorweggefasste Konzepte wieder umgestoßen, abgerundet, angepasst. Die Anforderungen an die Mörtel kamen aus unterschiedlichen Bereichen. Die baudenkmalpflegerischen Vorgaben hießen, dass die neuen Mörtel den alten Mörteln in Bezug auf die Mörtelbestandteile und das Festigkeits- und Verformungsverhalten angepasst sein sollten. Die Anforderungen der Planer, insbesondere der Ingenieurgemeinschaft, waren wesentlich differenzierter. Es sollte ein werkgemischter Mörtel in Form eines Werktrockenmörtels hergestellt werden, und zwar gemäß der sächsischen Handwerkstradition. Hier war für uns Rheinländer die erste Hürde aufgebaut, denn wir mussten erst einmal klären, welches ist die sächsische Handwerkstradition. Dabei haben wir festgestellt, dass es sich eigentlich genauso, wie bei uns im Rheinland, um Natursteinmauerwerk aus Sandstein handelt, für welches die Mörtel benötigt wurden. Da waren wir wieder beruhigt, denn es ging eigentlich nicht anders zu als im Rheinland. Wir mussten aber die Mörtel an den zur Verwendung kommenden Sandstein anpassen. Doch die handwerklichen Vorgehensweisen waren eigentlich dieselben, die wir schon kannten.

Jetzt zu den Anforderungen im Einzelnen. Hochsulfatbeständig sollte der Mörtel sein, das war natürlich wichtig. Der Alkaligehalt sollte weniger als 0,1 % betragen, das war nicht einfach mit Blick auf den von uns verwendeten rheinischen Trass, der ja von Haus aus ein hohes Alkalipotential mitbringt. Da ging es um die Sulfate in der Trockenmischung. Die notwendigen Zusatzmittel im Mörtel sollten sandsteinverträglich sein, was Probleme mit sich brachte, deren Lösung wir nicht einfach aus unserer Erfahrung ableiten konnten, weil wir in der Vergangenheit nie Langzeitversuche mit Natursteinen und Mörteln mit und ohne Zusatzmitteln durchgeführt hatten. Wir mussten also gemeinsam mit unseren Zusatzmittel-Lieferanten versuchen, erst einmal theoretisch herauszufinden, ob die Inhaltsstoffe sandsteinverträglich sind. Wir haben dann ein ganzes Sortiment von Zusatzmitteln zusammen mit dem Sandstein der Frauenkirche getestet. Es hat sich gezeigt, dass innerhalb der standardmäßig vorhandenen Palette von Zusatzmitteln sich solche und solche befinden. Also haben wir einen Katalog von solchen Zusatzmitteln erstellt, die wir über die unterschiedlichsten Anforderungsklassen des Mauerwerks hinweg immer wieder einsetzen konnten. Die Anforderungen der Planer gingen aber noch weiter, die geforderten Festigkeiten sollten erst nach 70 Tagen erreicht werden. Das ist im Mörtelgeschäft überhaupt nicht der Standard, denn dort gilt es, die Festigkeiten nach 28 Tagen zu erreichen und nicht erst nach 70 Tagen. Nach der Festigkeit in 70 Tagen fragt nur jemand, der sich im Bereich der historischen Bauten bewegt. Aber hier waren explizit Mörteleigenschaften gefordert, bei denen die erwartete Festigkeit erst nach 70 Tagen erreicht wurde. Dann gab es die Anforderungen des Verarbeiters: Gute Verarbeitungseigenschaften, baustellengerechtes Handling, es musste bei der Verarbeitung eine gewisse Wirtschaftlichkeit zu erzielen sein. Bereitstellung des Materials in Silos, angepasst an den Baustellenablauf. Es wurde ja eine Vielzahl von Gewerken gleichzeitig durchgeführt, also musste die Mörtellogistik am Einsatzort in den gesamten Baustellenablauf eingepasst werden. Dann die Qualitätssicherung im Lieferwerk nach Vorgaben des Bauherrn, kontrolliert von allen Instanzen, die zwischengeschaltet waren. Und natürlich die Qualitätssicherung im Lieferwerk, eingepasst in die Qualitätssicherung der Baustelle. Es musste also gewährleistet sein, dass nur Mörtel zur Verwendung kamen, die auch wirklich unter allen Gesichtspunkten durchgeprüft waren. Und vergessen darf man auch nicht, dass der Auftragnehmer einen marktgerechten Preis erwartete.

Wie kommt man über solche Anforderungen zu einem Mörtelkonzept? Beginnend beim Rezepturkonzept haben wir im Vorfeld eine Bindemittelauswahl getroffen, um die geforderten Festigkeitseigenschaften zu erreichen. Da waren drei Stoffe maßgebend, der Zement in Kombination mit einem Weißkalkhydrat und mit rheinischem Trassmehl. Als Zuschlag wurde ein Grubensand 0 – 4 mm als gewaschener Quarzsand mit Rundkorn eingesetzt. Die Produktionsstätte lag ja im Rheinland, das heißt, es sind im wesentlichen Rhein-Nebenarm-Sande, die als gewaschene Grubensande zur Verfügung standen. Als Füller haben wir ein Kalksteinmehl herangezogen, einen Füller deswegen, weil natürlich bei vielen Aufgaben am Objekt die Bindemittelmenge nicht ausreicht, um genug Feinstoff herzugeben, damit verarbeitungsgerechte Mörtel entstehen. Denken Sie an die Fließfähigkeit des Vergussmörtels, an das Aufziehen des Mörtels mit der Zahnkelle bei dünnen Mauerfugen. Also musste da ein Füller mit hinzu, in unserem Fall ein Kalksteinmehl. Dann kamen noch die Zusatzmittel, beim Mauermörtel ein Luftporenbildner und eine Methylzellulose. In den weiterführenden Mörteln, dem Vergussmörtel und dem Mörtel für dünne Fugen, kamen zusätzlich noch Stabilisatoren dazu, es kamen Fließmittel dazu, es kamen in dem einen oder anderen Fall Dispersionen dazu, um bessere Flankenhaftungen zu erreichen, zum Beispiel beim Fugenmörtel der Kuppel. Diese Zutaten wurden dann in das Grundkonzept eingepasst. Wenn man das Ganze bezogen auf

die Mischungsanteile je Tonne Trockenmörtel betrachtet, dann bestand der Werksteinmörtel aus 78 % Sand, 5 % Portlandzement, 5 % Trass, 6 % Kalk, 6 % Füller in Form eines Kalksteinmehles und letzten Endes 0,03 % Zusatzmittel in der Kombination Methylzellulose und Luftporenbildner. Eingebaut wurde dieser Mörtel in der Regel mit einem Wasserbindemittelwert von 0,75, was in etwa ein Mischungsverhältnis von 1:3,5 ergibt.

Jetzt in groben Zügen etwas darüber, welche Mörtelinhaltsstoffe am Ende zu welchen Reaktionen führen und wie man das Ganze entsprechend den Anforderungen aussteuern kann.

Frischmörtel und Verarbeitungseigenschaften: Der Maurer muss einen verarbeitungsfähigen Mörtel auf der Kelle haben, oder in diesem Fall im Eimer zum Vergießen, oder auf dem Zahnspachtel zum Aufziehen. Die Verarbeitbarkeit wird im Wesentlichen von den Mengenverhältnissen der Rohstoffe gesteuert. Die Kellengängigkeit wird von 3 Faktoren beeinflusst: Vom Kornaufbau, vom Feinstoffanteil und vom Zusatzmittel. Bei der Frauenkirche war es insbesondere der Feinstoffanteil, mit dem wir die Kellengängigkeit, sprich das Verarbeitungsgefühl für den Maurer, hergestellt haben.

Stoßfugenhaftung: Beim Versetzen der Sandsteinquader war keine Stoßfugenhaftung erforderlich, sie wurden später vergossen. Aber beim aufgemauerten kleinformatigen Mauerwerk muss eine Stoßfugenhaftung vorhanden sein. Auch hier wieder drei Komponenten, Feinstoffanteil, Luftporenbildner, Methylzellulose.

Wasserrückhaltevermögen: Also die Eigenschaft des Mörtels, sich gegen den Wasserentzug durch den Stein zu wehren. Bei der Frauenkirche wird ein relativ stark saugender Naturstein auf den frischen Mörtel gesetzt, er entzieht ihm sofort Anmachwasser, was dann dazu führt, dass die Korrigierbarkeit des Steines nur schwerlich gewährleistet ist, der Stein lässt sich im Mörtelbett schlecht ausrichten. Und durch den Wasserentzug verändert sich natürlich das Wasserbindemittelverhältnis im Mörtel. Um das alles vernünftig aussteuern zu können, stellt man das Wasserrückhaltevermögen bei einem Mörtel ein. Die drei Komponenten, die dafür verantwortlich sind, sind der Kalk, der Trass und die Methylzellulose. Über ihr Mengenverhältnis kann das Wasserrückhaltevermögen gesteuert werden.

Grundstandfestigkeit: Das ist eine gewisse Stabilität des Mauerwerkes über eine Aufmauerstrecke. Man setzt ja nicht eine Lage und geht damit einmal rund um das Bauwerk herum, so wie das früher war, sondern heute setzt man zum Beispiel einen bestimmten Eckbereich in einer schnellen Abfolge hoch, und damit muss eine

Grundstandfestigkeit der unteren Lagen schon vorhanden sein, um das frische Mauerwerk zu tragen. Hierfür ist der Kornaufbau verantwortlich und im Kornaufbau die Fraktion 2 – 4 mm.

Verarbeitungszeit: Man braucht einen Mörtel, der über eine gewisse Zeit verarbeitbar ist. Diese Zeit lässt sich steuern über die Bindemittelanteile des Zementes und über das Wasserrückhaltevermögen.

Festmörtelrohdichte: Wenn man einen Quarzsand nimmt, erhält man natürlich eine höhere Dichte, als wenn man einen Leichtzuschlag verwendet. Und es spielt das Mengenverhältnis der Rohstoffe untereinander eine Rolle. Sehr viel Feinstoff setzt die Rohdichte herab, Kalksteinmehl ist leichter als Quarzsand.

Druckfestigkeit: Bis zum 28 Tage-Termin war bei diesem Mörtelkonzept der Zement für die Festigkeit verantwortlich, nach dem 28 Tage-Termin die Reaktion zwischen Trass und Kalk. Hier spielte der Trass eine besondere Rolle.

Elastizitätsmodul: Er wurde nicht in der klassischen Größenabhängigkeit zu Druckfestigkeit und Biegezugfestigkeit gefordert, sondern sollte weiter abgesenkt werden, als es das normale Mörtelkonzept hergegeben hätte. Also war die Druckfestigkeit über Zusatzmittelzugabe zu steuern, in unserem Fall über Methylzellulose und Luftporenbildner.

Anteil löslicher Alkalien: Eigentlich sind alle Rohstoffe zu betrachten, aber natürlich besonders der (ansonsten hervorragende) rheinische Trass. Hier waren besondere Anstrengungen nötig, um den sehr engen Alkaliwert einhalten zu können.

Schwindmaß: Es beruht auf der Kornverteilung und dem Feinstoff. Je gröber der Mörtel, umso größer ist die Schwindbehinderung. Und je nachdem, welche Feinstoffe zum Grobkornkonzept hinzudosiert werden, gibt es unterschiedliche Schwindeigenschaften, bei Kalk wird das Schwinden etwas größer, bei Zement etwas geringer. Also muss gegenseitig ausgesteuert werden.

Haftscherfestigkeit: Sie wird allgemein durch den Feinstoff gesteuert und über Zusatzmittel im Mörtel, über letzteres im Allgemeinen mehr als über den Feinstoff. Aber beim Werksteinmörtel für die Frauenkirche gab es eine etwa gleichwertige Beeinflussung durch Feinstoff und Zusatzmittel.

Wassersättigungswert: Er wird über die Kornverteilung und das Zusatzmittel beeinflusst. Über letzteres wird dann die Dichte entweder verstärkt, indem man Poren aus dem Mörtel herausnimmt, oder der Mörtel wird porenreicher gestaltet, dadurch nimmt die Dichte ab, und so kann man die Wasseraufnahme steuern.

Sicherung gleichmäßiger Qualität: Bei der Frauenkirche ein sehr wichtiger Punkt. In erster Linie wurde sie über die Rohstoffkontrolle erzielt. Hier wurde über geringfügige Verschiebungen oder auch über Rohstoffwechsel versucht, ein bestimmtes gleichmäßiges Niveau einzustellen. Eine moderne Verfahrenstechnik im Herstellerwerk versteht sich von selbst. Man muss die Stoffe sehr intensiv und gleichmäßig miteinander mischen, um im Ergebnis dann immer relativ gleiche Werte zu bekommen. Und eine ausgereifte Transportsilo- und Mischtechnik war für die Frauenkirche natürlich auch ganz wichtig. Stellen Sie sich vor, der Mörtel wurde 500 km entfernt von Dresden produziert, über eine Mörtelanlage in Silos gefüllt, in Silotransportwagen übergeben, dann nach Dresden gefahren, dort in die Baustellensilos, die über lange Jahre vor der Frauenkirche standen, eingeblasen und aus diesen Silos in kleine Silos entnommen, die dann zum eigentlichen Einsatzort im Bauwerk gingen. Unter den Kleinsilo ist der Durchlaufmischer geschaltet, das heißt, die Mischtechnik wurde von uns mit der Siloeinrichtung zusammen geliefert und war natürlich auf das Mörtelkonzept eingestellt. Was die Sicherung gleichmäßiger Qualität angeht, so war es wichtig, dass wir im Modellversuch einmal die Probleme der Frauenkirche durchgespielt haben, um möglichst frühzeitig zu erkennen, wo die Schwachstellen liegen. Dann kam die Erprobung auf der Baustelle, für uns natürlich ein ganz wichtiger Schritt. Wir haben diese Mörtel, von denen wir im stillen Kämmerlein erst einmal die Eigenschaften erkannt haben und auch davon überzeugt waren, dass sie nun verarbeitungsfähig seien, auf der Baustelle dem Handwerker präsentiert. Und nun musste der sein Urteil abgeben. Beim Werksteinmörtel war es ein Treffer. Wir konnten unser Konzept 1:1 umsetzen. Beim Mörtel für dünne Fugen musste mehrmals nachgesteuert werden. Auch haben wir Musterwände mit Originalsteinen und unserem Mörtel errichtet, die weiteren Aufschluss gaben (Abb. 1). Diese Musterwände wurden bewittert. Sie wurden auch mit Blick auf die Sandsteinverträglichkeit der Zusatzmittel überprüft. Es ist klar, dass man in Laborversuchen einen gewissen Alterungsprozess und Bewitterungsprozess nur simulieren kann, aber es bleiben die Zweifel, wie es denn in der Praxis funktioniert. Die intensive Objektbegleitung war für uns ganz wichtig. Wir durften überall hin, wir durften dem ausführenden Unternehmer in die Karten gucken – nur so konnten wir letzten Endes dann auch bestimmte geforderte Eigenschaften in den Mörtel einbringen. Zwischen den Labordaten und den Baustellendaten gab es zu Anfang eine große Diskrepanz. Von den Zahlenwerten hat erstmal nichts gestimmt. Da muss man dann sehen, woran es liegt. Liegt es an der Mischzeit, an der Standzeit, am Schocken, an etwas, was in der Praxis ganz anders ist

Abb. 1   Musterwand auf der Baustelle

Voruntersuchungen an den Universitäten, die zwar schon Mörtelfestigkeiten und Eigenschaften ergeben haben, aber auf der Basis einer vollkommen anderen Prüfkörpergeometrie als bei uns mit dem 4 x 4 x 16 cm Prisma. Es kostete einen erheblichen Aufwand, um beide Aussagen miteinander in Einklang bringen zu können. In diesem Zusammenhang war auch die Gleichmäßigkeit der Ausgangsstoffe zu beachten, und auch die Gleichmäßigkeit der Randbedingungen. Wer mischt wie lange, wo wird gemischt usw. Ganz wichtig ist, dass man sich das im Vorfeld überlegt, auch diese Kombination Labor- und Baustellenprüfung. Weil immer eine gewisse Diskrepanz zwischen diesen beiden Prüfarten da sein wird. Wenn an der Baustelle auf 30 m Höhe Mörtel entnommen wird und zur Prüfung nach unten gebracht und dort noch eingepackt wird, im Labor aber geschieht das unmittelbar, nachdem der Mörtel angerührt ist, das sind schon Unterschiede. Und auch die subjektive Prüfungsdurchführung spielt eine Rolle, auch das haben wir schmerzlich erfahren. Drei Laboranten von einer Firma, drei Ergebnisse. Sechs Laboranten von drei Firmen, alles unterschiedliche Ergebnisse. Also auch das musste erst einfließen und erkannt werden bei der Beurteilung. Zum Schluss konnten wir aber sagen, dass wir die Anforderungen in einer gewissen, aber akzeptablen Bandbreite erfüllt haben.

Diskussion am 18.10.2003 in Dresden

Jürgen Vogeley (Moderator): Vielen Dank für den Schnelldurchgang durch die Apotheke der Mörtelhersteller. Ich kriege ja immer mehr Hochachtung vor dem, was unsere Barockbaumeister getan haben. Dass sie sozusagen ein Bauwerk mit einem Mörtel hergestellt haben. Aber ich denke, es gab den Montagsmörtel, den Dienstagsmörtel, den Mittwochsmörtel, insofern lagen die mit ihren 6, 7 Mörteln damals auch nicht so daneben. Doch Spaß beiseite: Sie haben gesagt, Herr Simon, die Mörtelrezepturen lassen sich steuern. Aber man kann sich ja auch versteuern, und deshalb meine Frage: Was für Sicherungen haben Sie eingebaut außer dieser Qualitätssicherung, die permanent erfolgt ist?

Walter Simon: Es geht einfach nur so, dass man ständig alle Abläufe im Auge behält. Und das ist eigentlich die einzige Grundsicherung, die man vornehmen kann. Man hat sein Gerüst, weiß wo man hin muss, weiß was für eine Bandbreite man bei den einzelnen Parametern erreichen darf, und so ist man wirklich, trotz moderner Mörtelwerke, die natürlich in ganz engen Toleranzen verwiegen können, dosieren können, am Ende doch

als im Labor? All diesen Diskrepanzen sind wir nachgegangen und haben sie versucht aufzuklären. Wichtig war auch die Einbeziehung der Einflüsse, die aus dem Mischsystem, also dem untergehängten Mischaggregat, auf die Festmörteleigenschaften einwirkten. Und ganz wichtig war die Wasserdosierung. Man kann natürlich über mehr oder weniger Zugabewasser alle Eigenschaften auf den Punkt bringen, oder sehr weit zum Ausschlag bringen, und insoweit war der Mischer von vornherein auf eine definierte Wasserbandbreite eingestellt. Bis jetzt, im Oktober 2003, haben wir 4.300 Tonnen Mörtel zur Frauenkirche gebracht und knapp 300 Überwachungszugriffe im Werk getätigt. Da sind die Überwachungen auf der Baustelle noch nicht mitgerechnet. Zusätzlich kommt dann also die Eingangskontrolle auf der Baustelle mit entsprechenden Überwachungsmechanismen und auch mit Prüfkörperherstellung dazu. Letztendlich wurden die Werte der Endkontrolle im Werk mit denen der Eingangskontrolle auf der Baustelle verglichen und auch über das Verhalten der Prüfkörper noch einmal geprüft. Wenn man den Vergussmörtel oder den Mauermörtel für dünne Fugen betrachtet, dann ist fast jede Tonne überwacht worden, weil dort die Anforderungen sehr hoch gewesen sind und die Bandbreite sehr eng. Wir mussten also relativ häufig zugreifen. Was die Prüfkörper angeht, so gab es

auf den Laboranten angewiesen, der eine Probe nimmt. Stellen Sie sich einen 25 t LKW vor, und da kratzt er einmal oben herüber, er nimmt von oben so eine Probe, schlägt sie dann ein. Aus dieser Probe werden Sie nie Kenndaten bekommen, die Sie fürs Ganze verwenden können. Also dort geht die ganze Qualitätssicherung dann wirklich in die Situation des händischen Arbeitens hinein, und man muss an bestimmten Stellen einen verantwortungsvollen Mitarbeiter haben, um am Ende zum Ziel zu kommen. Und das erstreckt sich eigentlich auch über die ganze Baustelle hinweg. Dort ist es genau so. Dort muss man dann wirklich zugreifen, wenn man das erwischen kann, was man prüfen will.

Hartmut Pliett: Zur Ergänzung der Ruinenteile hatten wir keine andere Wahl, als den handgemischten reinen Kalkmörtel zu nehmen. Wir hatten auf der Grundlage der Rezepturen von Hans A. Gasch Mörtelkonzepte erarbeitet. Uns wurde bei diesen kleinen Bauabschnitten klar, dass es so in der Großserie beim Neuaufbau, der nach den Gesichtspunkten eines Neubaus zu erstellen war, nicht weitergeht. Wären die Mörtel dafür ohne Zusatzmittel herstellbar gewesen? Das war meine erste Frage. Und die zweite Frage: Mit reinem Kalkmörtel wäre es nicht machbar gewesen?

Walter Simon: Also ich fange mal mit dem Zweiten an. Wenn man die Bedingungen der einzelnen Mörtelanforderungsklassen sieht und zum Beispiel nur den Punkt Druckfestigkeit herausgreift, ganz zu schweigen von einer Reihe anderer Parameter, die man natürlich in Verbindung damit sehen muss, dann ist es sehr schwer, wirklich nur mit Kalkmörtel zu arbeiten. Weil doch eine gewisse Frühfestigkeit erzielt werden muss, weil die Bauabläufe grundsätzlich anders sind, als sie früher einmal waren. Bei der Frauenkirche haben jetzt zeitweise 50 bis 60 Maurer kontinuierlich gearbeitet. Und wenn Sie sich das zugehörige Mauerwerksvolumen vorstellen, welches dort innerhalb einer Schicht von 8 Stunden aufgemauert wurde, und wenn Sie dann überlegen, ob ein kalkgebundener Mörtel dann diese Last noch tragen kann, dann kommt ein erster Punkt, an dem Sie Schwierigkeiten bekommen. Und dann geht es weiter mit der zulässigen Pressung, mit der Veränderung der Mauerwerkseigenschaften, mit dem Wasserentzug, mit all diesen anderen Problemen. Insofern muss man prüfen, wie sind denn die Baustellenabläufe. Ich behaupte aber, wenn man eine vernünftige Rohstoffauswahl trifft und entsprechende Bauzeiten vorgibt, warum sollte man heute nicht mit kalkgebundenen Baustoffen arbeiten können? Wir beweisen es mit unserer eigenen Palette, indem wir dort natürlichen hydraulischen Kalk mittlerweile als Standardmauer- und Fugmörtel anbieten. Allerdings kommen wir dann an unsere Grenzen, wenn der Verarbeiter anruft und sagt, heute morgen hatte ich 2° Außentemperatur, gestern hatte ich 1°, ich muss aber weiterarbeiten. Da muss man ganz einfach sagen, das geht nicht. Das verträgt dieses Rohstoffkonzept nicht. Genauso ist es mit Blick auf den Baufortschritt. Also insofern sehe ich das jetzt weniger von den technologischen Eigenschaften her (wenn wir das Festigkeitsverhalten für eine bestimmte Anforderungsklasse einmal außen vor lassen). Die Forderung nach Verwendung von Kalkmörtel muss also in Übereinstimmung mit den Baustellenabläufen gebracht werden. Und mit Blick auf Zusatzmittel ist das eigentlich genau so. Ich muss handwerklich wesentlich mehr Aufwendungen betreiben, wenn ich ohne Zusatzmittel arbeite. Das beginnt beim Vorbereiten des Steinmaterials. Wenn Sie einen Mörtel rezeptieren, ohne dass das Wasserrückhaltevermögen über eine Methylzellulose hergestellt wird, dann müssen Sie eine intensive Vorsorge beim Steinmaterial bezüglich des Nässens betreiben. Was natürlich dann wieder andere Risiken mit sich bringt. Gefüllte, wassergefüllte Poren beim Vermauern lassen ganz einfach keinen guten Verbund zu. Zuviel Nässen kann Ausblühungen, Auslaugungen hervorbringen, zu wenig Nässen kann ein Verbrennen des Mörtels zur Folge haben. Insofern, es geht auch heute ohne Zusatzmittel, und man muss nicht glauben, dass die Trockenmörtelhersteller im Prinzip etwas wesentlich anderes machen als eine verantwortungsvolle Maurerkolonne mit ihrem Mischmeister. Nur ist der Mischmeister in der Kolonne heute nicht mehr da, aber im Prinzip wurde das gleiche gemacht: Wenn dort das Material zu fett oder zu mager war, dann hieß es, Jupp, eine halbe Schaufel Kalk mehr, ne halbe Schaufel Kalk weniger, und dann hat er das einfach gemacht. Wenn es darum ging, irgendwelche Fundamentierungsarbeiten zu machen, dann musste der Jupp halt zwei Schaufeln Zement mehr nehmen. Im Grundsatz nichts anderes, und da er auch immer die Schaufel gleich voll gemacht hat, war bei dieser Kolonne das Ergebnis immer annähernd das gleiche. Aber wenn Jupp dann krank wurde, dann war es schwierig. Und so muss man das wohl sehen. Ich persönlich sage, wenn man Zeit genug hätte und auf Geld keine Rücksicht nehmen müsste, warum hätte man die Frauenkirche nicht in alter Technologie aufbauen können? Allerdings, man muss da das entsprechende Umfeld bis hin zum entsprechenden Handwerker dafür haben. Das sehe ich ganz leidenschaftslos, Herr Pliett.

Hagen Grütze: Wie wurde beim Vergussmörtel die Forderung nach Fließfähigkeit gesteuert? Das fehlte mir ein wenig in Ihrem Vortrag.

Walter Simon: Man muss, wenn man jetzt den Sprung vom Mauermörtel zum Vergussmörtel macht, in Betracht ziehen, dass dafür das Mörtelkonzept entsprechend komplizierter ist. Man muss vom Rohstoffkonzept her bei einem Vergussmörtel noch viel mehr Wert auf die Auswahl der Ausgangsstoffe legen, auf die Größe ihrer Oberfläche, auf die Verteilung innerhalb einer Sieblinie, das muss also erst einmal exakt stimmen, um über kontinuierliche Sieblinien und entsprechende Leimmengen, die man ja über das Bindemittelkonzept inklusive Füllstoff darstellt, schon eine gewisse Tendenz zum Fließen zu erreichen. Das bedeutet aber, dass man Mörtel bekommt, die über einen hohen Wasseranspruch über eine nur kurze Zeit in ihrer Konsistenz stabil wären, um in das Mauerwerk hineingegossen zu werden. Und an dieser Stelle kommt dann die Frage nach dem Zusatzmittel, dass man also über ein entsprechendes Zusatzmittel die Konsistenz auf dem gleichen Niveau länger hält, um in einer bestimmten Flüssigkeit in eine enge Fuge hineinzukommen, und gleichzeitig den Wasseranspruch zurückfährt. Das heißt also, die Konsistenz bleibt stabil, die Wassermenge fährt zurück, man bewegt die Körnchen über Zusatzmittel, und gleichzeitig hat man durch die Rücknahme des Wassers im Vergussmörtel noch einen weiteren Vorteil, man kann wieder Bindemittel einsparen. Und jetzt beginnt das Spiel der Zusatzmittel untereinander. Jetzt darf man natürlich nicht nur mit Fließmitteln operieren, sondern man muss auch mit Entschäumern operieren, damit der Porengehalt wieder zum Fließmitteleinsatz passt. Sehr komplizierte Systeme, deshalb habe ich mir dieses einfache ausgesucht, um mal darzustellen, wie das vom Ansatz her funktioniert.

Jürgen Vogeley: Jetzt noch die Münsterbaumeisterin aus Ulm, die sicherlich zu den Mörteln auch ihre Fragen an Sie hat.

Ingrid Rommel: Also Herr Simon, ich möchte gerne wissen, was sie als Luftporenbildner eingesetzt haben, um eine gleichmäßige Verteilung zu erreichen, auch eine gleichmäßige Größe der Luftporen zu erreichen?

Walter Simon: Es gibt bei den Luftporenbildnern einmal die Unterscheidung der Porengröße. Wir haben bei der Frauenkirche einen Luftporenbildner eingesetzt, der sehr kleine Poren produziert, und somit über lange Zeit stabile Poren. Je größer die Pore wird, umso früher zerplatzt sie, umso früher ist die Wirkung des Luftporenbildners dahin. „Früher" bedeutet immer bezogen auf die Frischmörteleigenschaften. Wir haben dann wegen des Durchlaufmischers auch einen Luftporenbildner wählen müssen, der sich in einer kurzen Mischzeit

sehr schnell anregen lässt. Wir reden ja über Trockenmörtel und müssen praktisch all diese Zusatzmittel in geringer Menge redispergieren, bevor sie überhaupt im Frischmörtel wirksam werden. Und wir haben dann auch noch auf die Alkalibeschränkung zu achten. Normalerweise nimmt man Natriumsulfate oder ähnliches als Luftporenbildner, hat dann aber wieder das Problem, dass man unter Umständen die Alkaligehalte hochfährt. Und wir haben uns hier über unsere Schwesterfirma Tricosal spezielle Luftporenbildner bereitstellen lassen. Die ließen sich aber auch nur deswegen ordern, weil dort bestimmt Zyklen bei der Produktion herausgelassen wurden. Und so haben die Luftporenbildner dann auf die Bindemittel und deren Eigenschaften reagiert. Dann, je nachdem was für einen Zement oder Kalk ich habe, wirken Luftporenbildner anders, mehr oder weniger intensiv, und wir haben also hier in diesem Konzept einen passenden Luftporenbildner über eine Art Heranbasteln ausgewählt. Das ist einfach das Geheimnis, es war kein Luftporenbildner von der Stange, sondern wir haben in intensiver Arbeit mit den Leuten, die ansonsten auch Luftporenbildner vermarkten, halt das richtige Konzept ausgewählt.

Fritz Wenzel: Zwei kurze Fragen, Herr Simon. Wenn wir Trassmörtel nehmen, dann ja auch deswegen, weil er geschmeidig ist, und diese Geschmeidigkeit wollen wir ausnutzen. Dann haben Sie von der 70 Tage-Festigkeit gesprochen und wir kriegen immer wieder Schwierigkeiten, wenn wir mit dieser Festigkeit kommen, und die Prüfstelle will die Festigkeit schon nach 28 Tagen haben, und wir sind da noch nicht hoch genug mit der Festigkeit und sagen, wir wollen ja gar nicht so hoch mit der Festigkeit. Und zum anderen: Wir wollen sowieso nicht höher mit der Festigkeit, weil wir einen gewissen E-Modul gar nicht überschreiten wollen. Passiert das aus Ihrer Kenntnis öfter?

Walter Simon: Ja. Und da muss ich einen kleinen Schwenk machen. In der Vergangenheit hat der Trassmörtel irgendwie den Ruf gehabt, na ja, bei dem gibt es keine Ausblühungen. Wobei man gar nicht definiert hat, welche Ausblühungen es nicht gibt. Natürlich gibt es, wenn man vernünftig rezeptiert, wenig Kalkausblühungen, aber es kann erhebliche Alkaliausblühungen geben und auch Alkaliauslaugungen. Und mittlerweile ist das Bewusstsein soweit fortgeschritten, dass diese moderate Festigkeitsentwicklung in dieser Kombination mit einem Puzzolan - es muss nicht immer Trass sein, das kann man auch mit anderen Puzzolanen erreichen - dass also diese moderate Festigkeitsentwicklung für die historischen Objekte das ist, was man haben will. Und da muss man halt über eine sorgsame Rezeptierung und entsprechende Erfolge an Bauwerken das Bewusstsein in die entsprechenden Prüfinstanzen und Bauaufsichtsämter hineinbringen, dass die langsamere Festigkeitsentwicklung und letztendlich geringere Mörtelfestigkeit gewollt und von Vorteil sind. Aber mittlerweile ist mehr und mehr bekannt, dass man verantwortungsvoll und wohldosiert mit diesen Stoffen umgehen muss und kann, und wir haben immer weniger Probleme, wo zu Unrecht behauptet wird, der Einsatz von Trass sei wegen der verlangsamten und begrenzten Festigkeitsentwicklung regelwidrig, was früher häufig der Fall war.

Fritz Wenzel: Jetzt habe ich noch eine Frage. Wir hatten eine Laborbaustelle. Im Winter wurde sie beheizt, da war sie außen herum dicht. Im Sommer, selbst wenn die Planen weggenommen waren, kam der Regen nicht an sie heran. Fürchten Sie da eigentlich, dass mit dem Mörtel etwas passieren kann, dass er vielleicht jetzt noch ausblüht, hinterher, oder dass irgendwelche Dinge, die Wind und Wetter sonst über Jahre hinweg vorweggenommen hätten, jetzt erst passieren können?

Walter Simon: Ich will klar antworten. Es ist ja nicht so, dass wir dank dieser Einhüllung und der engen Grenzdaten auf der Baustelle keine Probleme gehabt hätten. Wir hatten in verschiedenen Bereichen – am Anfang verstärkt, weil da auch die Nachbehandlung des Mauerwerks mit eine Rolle gespielt hat – eine gehörige Portion an Ausblühungen und Auslaugungen von Alkalien. Ganz einfach, weil diese Ausblühungen bzw. ihre Bestandteile hoch wasserlöslich sind und als erstes nach draußen getragen werden. Dann haben wir während des Baus auch ein Stückchen gelernt, was es heißt, Feuchtigkeit in das Mauerwerk einzutragen. Ich sehe nach wie vor bestimmte Partien als möglicherweise ausblühgefährdet an, nämlich überall dort, wo auf 1,80 m Dicke ein sehr kleingliedriges, sehr mörtelintensives Mauerwerk besteht. Dort war trotz eingehaltener Grenzwerte von Alkalien < 0,1 % eine Riesenmenge Mörtel unterzubringen zwischen den Steinen und damit zusätzlich zwangsläufig auch sehr viel Feuchtigkeit. Und dort sehe ich nach wie vor unter Umständen Problemzonen, die sich beim Bestrahlen durch die Sonne oder durch Diffusionseigenschaften vielleicht sogar in weißer Form zeigen könnten. Wir hatten bislang Glück, ich bin heute morgen noch mal rundum geschlichen, ich konnte zumindest von unten solche Partien nicht sehen. Wir haben jetzt ganz zum Schluss auch noch einmal die Konzentration innerhalb der Rohstoffe, bezogen auf Alkali und Sulfate usw., bewertet. Aber wir konnten einfach keinen Bezug herbeiführen, wir haben im Bauwerk Stellen, die mit sehr sauberem Mörtel verarbeitet wurden und trotzdem Ausblühungen gezeigt haben, und wir haben andere Stellen, diese dicken massigen Bauteile, wo ich Ausblühungen vermutet hätte, und da sind erstaunlicherweise keine gekommen. Also es ist ein sehr differenziertes Spiel zwischen Feuchtigkeit, Umgebungstemperatur usw. Und natürlich auch der Zeit, je nachdem wann die Bewitterung kommt. Bestimmte Mörtelverbindungen sind ab einem bestimmten Zeitpunkt in unlösliche Verbindungen überführt und können dann nicht mehr auslaugen. Also insofern denke ich, die Zeit hat dort über den langen Witterungsschutz der Baustelle für uns gearbeitet, aber ganz sicher bin ich mir nicht, dass wir absolut ausblühungsfrei bleiben.

Jürgen Vogeley: Das sind dann die sogenannten Nebenwirkungen bei der Pharmazie, nicht wahr?

Walter Simon: So ist es.

Jürgen Vogeley: Noch eine letzte Frage, bitte.

Ingrid Rommel: Ja, sie betrifft die Qualität des Anmachwassers. Mussten Sie hier auch Überlegungen anstellen?

Walter Simon: Wir haben diese Überlegungen plötzlich anstellen müssen, als uns die Kennwerte davonliefen. Wir waren ziemlich lange in einem relativ ruhigen Fahrwasser, wir haben in regelmäßigen Abständen Rohstoffe untersucht, haben Mörtel untersucht, annähernd konstante Prüfergebnisse erzielt, und plötzlich liefen uns die Werte davon. Aber erstaunlicherweise erstmal diejenigen Werte, die auf der Baustelle ermittelt wurden; unsere Laborwerte waren in Ordnung. Also insofern blieben wir, nachdem wir das einen Tag hin und her diskutiert hatten, beim Anmachwasser hängen. Das Wasser bei uns zu Hause ist halt viel sauberer als das Dresdner Wasser, also schauten wir uns das Wasser an. Wir haben im Wasser auch kritische Bestandteile gefunden, aber in keiner hohen Konzentration. Das Weglaufen der Werte ließ sich also nicht auf das Anmachwasser schieben. Im Nachhinein hat sich dann herausgestellt, dass das, was wir für am sichersten angesehen hatten, nämlich unser Rohsand in Form von Quarzsand, plötzlich weggeschossen ist, weil eine andere Sandgrube genommen worden war. Wir haben dann über eine gewisse Zeit eine Ausweichkörnung hereingenommen von einem anderen Sandlieferanten, und dann sind wir wieder in ruhiges Fahrwasser gekommen. Also, das Anmachwasser kann eine Rolle spielen, aber das war es hier nicht, und ich habe bis jetzt in der Praxis noch keine Situation erlebt, wo man solches hätte auf das Anmachwasser schieben können.

Ekkehard Karotke, Walter Simon

Begrenzung von Ausblühungen

Ekkehard Karotke, Akademischer Oberrat am Mineralogischen Institut der Universität Karlsruhe, hat sich viele Jahre mit der Analyse von alten und neuen Steinen und Mörteln und mit der Rezeptur nachgestellter Mörtel und ihrem Ausblühverhalten befasst. Bei der Frauenkirche hat er entsprechenden Rat gegeben. Dabei hat er mit dem Mörtellieferanten TUBAG und dem dort verantwortlichen Leitenden Ingenieur Walter Simon zusammengearbeitet.

Ekkehard Karotke

Was muss man berücksichtigen, wenn ein steinsichtiges Natursteinmauerwerk saniert bzw. neu aufgebaut werden muss? Die Betonung liegt hier bei „steinsichtig". Mit dieser Frage hat sich die Arbeitsgruppe Mineralogie seit Beginn des Sonderforschungsbereiches 315 „Erhalten historisch bedeutsamer Bauwerke" an der Universität Karlsruhe Mitte der 80er Jahre beschäftigt. Aus mineralogischer Sicht gibt es an Bauwerken aus Natursteinen zwei Problembereiche:

1. Mauerwerk mit Erdkontakt, also Fundamentmauerwerk und Gebäudesockel im Einflußbereich aufsteigender Feuchte.
2. Aufgehendes Mauerwerk und Belastung überwiegend durch Umwelteinflüsse.

Natursteine, besonders die porösen Bausteine wie z.B. Sandsteine, sind sehr sensible Materialien, die auch dementsprechend behandelt werden müssen. Entscheidend bei einer Verarbeitung von Sandsteinen ist nicht, was technologisch machbar ist, sondern was der Sandstein verträgt. Hieraus resultieren ganz bestimmte Vorgaben beim Errichten von Sandsteinmauerwerk, wie z.B. Mauerwerksverband und geeigneter Mörtel.

Durch Beobachtungen an vielen Bauwerken und aus analytischen Daten wurden Erkenntnisse erarbeitet, die an vielen historischen Bauwerken erfolgreich angewendet wurden. Es war daher 1994 der Wunsch von Herrn Wenzel, diese Erfahrungen auch beim Wiederaufbau der Frauenkirche mit einzubringen. Auch hier gab es die bereits angesprochenen zwei Problembereiche: Altbestand mit Erdkontakt, also der Keller des Bauwerks, und die Sandsteine des noch vorhandenen aufgehenden Mauerwerks und des Trümmerbergs.

Nach Freilegung der Ruine wurden erste analytische Untersuchungen zur Salzbelastung am Mauerwerk des Kellergewölbes vom Mineralogischen Institut der Bergakademie Freiberg durchgeführt. Die Untersuchungen ergaben keine große Belastung des Mauerwerks. Das lag daran, dass die Probennahme zu einem denkbar ungünstigen Zeitpunkt durchgeführt werden musste. Es war sehr warmes Wetter, die Mauerwerksoberflächen waren frisch gereinigt, und da ist es natürlich verständlich, dass man keine oder nur geringe Mengen an Ausblühungen findet. Eigene Untersuchungen am Fundamentmauerwerk und Versalzungen im Kellergeschoß zeigten jedoch an, dass ein Salzpotential im Untergrund vorhanden ist. Nach Wiederherstellung des Gewölbekellers und nachfolgender Nutzung für Veranstaltungen traten unter den nun veränderten raumklimatischen Bedingungen Ausblühungen mit Vergrünungen durch Moose auf den Mauerwerksoberflächen auf. Mikroorganismen bilden sich immer dort, wo drei Bedingungen erfüllt sind:

Es muss eine Kohlenstoffquelle vorhanden sein, es muss Feuchtigkeit vorhanden sein und es müssen Salze vorhanden sein. Die Salzbelastung insgesamt war im Mauerwerk aber nicht so groß, als dass man mit besonderen Maßnahmen hätte einschreiten müssen. Es wurde die Empfehlung gegeben, die Salze dort, wo sie nach gewisser Zeit in größeren Mengen sichtbar wurden, vorsichtig oberflächlich zu entfernen, damit es durch Aufkonzentration von Salzen nicht zu Steinschäden kommen kann.

Für den Wiederaufbau wurde auch das originale Sandsteinmaterial verwendet. Dieses Material war seit Kriegsende schutzlos den Umwelteinflüssen ausgesetzt (Abb. 1), jeder Altstein war in gewisser Weise mit Salzen belastet. Ausblühungen auf Oberflächen von wiederverwendeten Altsteinen wurden oft beobachtet, sie werden aber an der Außenfassade durch Niederschlagswasser abgetragen. Da in einem alten Stein nur eine endliche Menge an Salzkomponenten vorhanden ist, sollten die Ausblühungen hier im Gegensatz zu dem Mauerwerk im Kellergeschoß mit der Zeit geringer werden. Dies gilt aber nur für den Fall, dass nicht noch aus anderen Quellen Salzkomponenten geliefert werden, wie z.B. dem Mörtel. Und damit wäre man bei einem sehr wichtigen Punkt, wenn Sandsteine verbaut werden.

Für den Wiederaufbau der Frauenkirche wurden Mitte der 90er Jahre drei Mörtel verwendet:

1. ein Fließmörtel für das Versetzen der großen Werksteine der Außenfassade,
2. ein Mauermörtel für das Kernmauerwerk (also die Hintermauerung)
3. ein Fugenmörtel (nach Aussagen ein veränderter Mauermörtel).

Kennzeichnend für das Außenmauerwerk sind sehr schmale Fugen. Dieses gleichmäßige Fugenbild wurde erreicht, indem man die Werksteine auf Abstandsblöcke setzte, die Fugen vorn mit Werg verschloss und Stoß- und Lagerfuge dann von hinten mit einem Fließmörtel verfüllte. Damit der Fließmörtel nach dem Eingießen nicht „verdurstet", was bei schmalen Fugen immer ein Problem ist, mussten die Werksteine zuvor in Wasser getränkt werden. Nach dem Aushärten des Fließmörtels wurden die in den Sichtflächen offengebliebenen Spalte mit Fugenmörtel verschlossen. Bereits nach kurzer Zeit zeigten sich Ausblühungen auf den Oberflächen der Werksteine, die zu fast 100 % aus Natriumsulfat bestanden. Natriumsulfat (Thenardit) ist das häufigste Salz an Bauwerken und macht etwa 60 bis 70 % aller Ausblühungen aus. Die Quelle für die Bildung dieses Salzes am Außenmauerwerk der Frauenkirche war der Fließmörtel, für den ein Fließmittel mit einem hohen Gehalt an Natriumsulfat verwendet wurde. Es wurde dringend geraten, sofort ein anderes Fließmittel zu verwenden.

Ausblühungen wurden lokal auch an Mauerwerksteilen beobachtet, die konventionell aufgemauert worden waren. Es galt daher zu prüfen, welche Gefahr von dem verwendeten Mauermörtel ausgehen kann. Wir wissen aus unseren langjährigen Untersuchungen an sanierten Sandsteinbauten, dass je nach Feuchtezustand eines Bauwerks bereits bei einem Gehalt von 0,2 Masseprozent löslicher Alkalien in einem Fertigmörtel Ausblühungen auftreten können. Ich betone extra, auftreten können. Das hängt immer von den örtlichen Gegebenheiten ab. Bei diesem kleinen Wert von 0,2 Masseprozent erschrecken die meisten Produzenten von Fertigmörteln

Abb. 1   Trümmerberg im Winter

und halten es für kaum machbar, einen so kleinen Wert einzuhalten. Aber es gibt durchaus Beispiele, bei denen ein Fertigmörtel mit diesem niedrigen Grenzwert verwendet wurde. Mir ist bewusst, dass man bezüglich des Ausblühverhaltens des verwendeten Mörtels bei einer so großen Baustelle wie der Frauenkirche Kompromisse schließen muss. Denn neben einem geringen Ausblühverhalten und den bauphysikalischen Eigenschaften eines Mörtels müssen auch andere wichtige Anforderungen berücksichtigt werden, wie Anlieferung, Aufbereitung, Verarbeitbarkeit u.a. Im Jahre 1996 lag der Wert des auf der Baustelle verwendeten Fertigmörtels bei ca. 0,45 Masseprozent lösliche Alkalien. Wir haben damals in Dresden sehr heftige Diskussionen geführt, und die Firma TUBAG als Lieferant des Fertigmörtels hat damals signalisiert, dass eine Reduzierung dieses Wertes erreicht werden könne. Hören wir nun, was Herr Simon von der Firma TUBAG hierzu mitzuteilen hat.

Walter Simon

Aus Sicht des Mörtelherstellers möchte ich an das, was Herr Karotke gesagt hat, noch etwas anfügen. Die Anforderungen, die an der Dresdner Baustelle an den Mörtel und den Stein gestellt wurden, waren sehr hoch. Aber es gab dezidierte Anforderungen, was bei anderen Objekten oft nicht der Fall ist; insofern war eine zielgerichtete Arbeit gefragt, und das war für uns positiv. Wir hatten also ein Tableau von Anforderungen, nach denen man sich richten konnte und auf deren Lösung hingearbeitet werden konnte. Die große Schwierigkeit für uns war eigentlich, mit unseren Ergebnissen eine Einpassung in eine derart stringent organisierte Baustelle zu finden, die Einhaltung unserer den Anforderungen entsprechenden Rezepturen bis hin zum Vermauern vor Ort zu schaffen. Wenn man über Alkaligehalte und die Reduzierung von Alkaligehalten und über Fließneigungen, Verstärkung von Fließneigungen, Festigkeiten usw. redet, muss man natürlich die zur Verfügung stehenden Rohstoffe sehr gut kennen. Das war bei uns gegeben, weil wir viele Kenndaten unserer eigenen Rohstoffbasis hatten, so dass wir uns erst einmal ein Grundgerüst für die Mörtel erarbeiten und dann auf dieser Basis weiterarbeiten konnten.

Wir haben dann und wann in Dresden Krisenzeiten und Krisensitzungen gehabt, weil wir die gestellten hohen Anforderungen, zum Beispiel hinsichtlich der Alkaligehalte, nicht gleich und nur mit äußersten Schwierigkeiten geschafft haben. Wir haben auch Rohstoffe austauschen müssen, weil uns ganz bestimmte Werte dieser Rohstoffe davonliefen, und wir mussten Ersatzrohstoffe finden, ohne die Verarbeitungsqualität, die Farbe und die Funktionstüchtigkeit des Mörtels zu gefährden. Ja, solche Situationen hat es gegeben. Aber insgesamt ist es trotz der langen Bauzeit gelungen, der geforderten Qualität gerecht zu werden. Und ich bin davon überzeugt, dass die Frauenkirche, von wenigen lokalen Ausnahmen abgesehen, ausblühungsfrei dastehen wird. Sie haben Recht, Herr Karotke, dass wir uns zu Anfang sehr stark mit dem in der Mauerwerksrichtlinie aufgestellten Werten bei der Mörtelherstellung und Mörtelanlieferung auseinandersetzen mussten. Dazu kommt, dass die Firma TUBAG über ihren rheinischen Trass, der dort zum Einsatz kam, nicht unbedingt Vorteile beim Alkaligehalt aufweisen kann. Die Alkaligehalte sind ja relativ hoch, aber eingepasst in die einzelnen detaillierten Mischungskonzepte ist es uns dann doch gelungen, mit den hohen Anforderungen zurechtzukommen. Das wollte ich noch ergänzen.

Diskussion am 11.2.2005 in Karlsruhe:

Günter Stanzl: Warum hat man beim Aufmauern der äußeren Quaderschale Vergussmörtel verwendet? Der Bau ist zur Zeit von George Bähr handwerklich hochgezogen worden, ohne dass man die Vergussmörteltechnologie eingesetzt hat.

Walter Simon: Dieses Thema hat im Wesentlichen etwas mit dem Baufortschritt und dem Bauablauf zu tun. Natürlich hätte man diese schweren und großen Quader auch ins Mörtelbett setzen können, hätte aber Riesenprobleme mit der Maßgenauigkeit gehabt. Es wäre dazu gekommen, dass der Stein mehrmals hätte angehoben werden müssen, um ihn dann wirklich in die richtige Position zu bringen. Also wählte man das Konzept des Absetzens auf Bleiplättchen und nachträglichen Untergießens, so dass man damit schon im Vorfeld über die Dickenauswahl der Bleiplättchen und die Ausnivellierung des Steines einen exakten Sitz des Quaders erreichen konnte. Dieser hat sich dann nicht mehr verändert, die Hintermauerung wurde hochgezogen und im Spalt zwischen Werksteinaußenschale und innerer Mauerschale wurde dann vergossen, was natürlich bezüglich der Kraftschlüssigkeit und des vollflächigen Ausfüllens Vorteile gegenüber einem Versetzen im Mörtelbett bringt.

Günter Stanzl: Als Denkmalpfleger und, in meinem Fall, auch als Archäologe, der sich mit den Fragen der Anastylose befasst, erfahre ich bei der Beschäftigung mit solch einem Bauwerk ja auch etwas über den ursprünglichen Bauprozess. Und gegenüber dem ist mit der Vergussmethode ja eine neue Technologie ins Spiel gekommen, aber mit ihr auch eine Reihe von Problemen, die es früher nicht gab. Das also ist ein Einwand von der anderen Seite.

Hartmut Pliett: Es wurde in der Anfangsphase wirklich versucht, die Steine im Mörtelbett zu versetzen. Und das auch mit dem Wissen, dass schon die Altvorderen Versuche mit dem Vergießen unternommen haben. Es ist aber damals, wie wir an den Ruinenteilen und an den Großtrümmerteilen feststellen konnten, bei zum Teil sehr unvollständigen Versuchen geblieben. Wir haben also großflächige Hohllagen vorgefunden, die vergossen wurden, zum Teil haben sie Gipse hereingefüllt - der Tragfähigkeit wurde dieses Vergießen nicht gerecht. Auf keinen Fall können wir davon ausgehen, dass das alte Mauerwerk überall vollflächig aufgesessen hat, im Gegenteil, es kam zu Kerbwirkungen im Stein durch Hölzer oder Plänersteinchen, die als Abstandshalter eingelegt waren. Wir haben beim Wiederaufbau versucht, die vollflächige Auflage für die Werksteine durch Versetzen in den Mörtel herzustellen, haben uns dann aber letztendlich aus Kostengründen dagegen entscheiden müssen, weil das Wiederaufnehmen des Steins und das Wiederversetzen sehr zeitaufwendig war.

Teilnehmer: Also Herr Pliett, das kann ich nur bestätigen, es gab in der Barockzeit durchaus dieses Auszwicken der Steine und das anschließende Vergießen als Bautechnik, aber es hat nie richtig geklappt mit dem Ausgießen, der Mörtel hat sich halt gesetzt, oder die Kalkmilch setzte sich ab bzw. der Sand.

Fritz Wenzel: Wir haben Steine hochgenommen, und zwar ohne Vorankündigung. So haben wir immer wieder einmal überprüft, dass die Fugen auch wirklich vollflächig ausgefüllt waren.

Günter Stanzl: Mein Einwand kam ja daher, Herr Wenzel, dass Sie sich bei verschiedenen technischen Möglichkeiten immer gefragt haben, müssen wir denn das? Aber wenn Sie jetzt sagen, dass aufgrund der nicht vollflächigen Verfugung des Quaderwerkes Schäden entstanden sind, dann ist es natürlich richtig, dass Sie sagen, wir versuchen nun eine vollflächige Vermörtelung der Fugen. Mir ist natürlich bekannt, dass das Barockmauerwerk und auch das Mauerwerk früherer Zeiten nie vollflächig vermörtelt werden konnte, weil die damaligen Abstandshalter natürlich schon Hindernisse dafür waren, dass der Mörtel überall hinkam.

Fritz Wenzel: Bei den Pfeilern und ihren Lagerfugen, deren Mörtel nicht eingegossen, sondern aufgetragen wurde, haben wir uns unheimlich viel Mühe geben müssen, denn hier brauchten wir eine vollflächige, dünne Vermörtelung, sonst wären wir mit dem Tragverhalten nicht hingekommen. Früher gab es bei den Pfeilern Kantenpressungen von 12 N/mm² und wir sind jetzt zwar auf 6 N/mm², also auf die Hälfte heruntergekommen, trotzdem ist das ein Wert, der sehr viel höher liegt als in jeder Norm zugelassen. Wir mussten absolut sicher sein, dass der Druck vollflächig übertragen werden konnte, wir waren bei den Pfeilern darauf angewiesen.

Poul Beckmann: Ein neues Gebäude in Cambridge war mit Natursteinmauerwerk gebaut worden, da hat man Versuche gemacht und herausgefunden, dass die Festigkeit des Mauerwerkes dann nur noch ungefähr dreiviertel ausmacht, wenn man einen Stein auf das Mörtelbett legt und hochhebt und wieder darauf legt.

Teilnehmer: Eine Frage an Herrn Karotke: Erste Ausblühungen im Mauerwerk wurden ja schon ganz zu Beginn festgestellt. Und in Dresden gab es keinen Trass, der musste von weither angeliefert werden. Hat man einmal überlegt, warum nehmen wir nicht hydraulischen Kalk oder dergleichen mit entsprechenden Zusätzen und können damit das Risiko der Alkalien gerade aus dem Eifeltrass ausschließen?

Ekkehard Karotke: Ich kenne aus vielen Diskussionen die Frage, warum ein Natursteinmauerwerk nicht einfach mit einem Kalkmörtel versetzt oder aufgemauert wird. Das ist eine uralte Frage, im Prinzip wäre das ja möglich. Bloß in der heutigen Zeit bei dem heutigen Baufortschritt können wir uns das einfach nicht leisten. Wir müssen also den Kalkmörtel in irgendeiner Weise

modifizieren. Natürlich könnte man jetzt hergehen und einen hydraulischen Kalk nehmen. Aber selbst so ein normaler hydraulischer Kalk braucht letztlich zum Aushärten auch noch zuviel Zeit. Und wenn Sie bedenken, welche gewaltigen Lasten Sie nach kürzester Zeit auf eine Fuge drauflegen, da müssen Sie also auch wieder Tage bzw. Wochen warten, ehe Sie weitere schwere Steine aufsetzen können. Man braucht also jetzt einen Mörtel, der in einer angemessenen Zeit in der Lage ist, Lasten aufzunehmen. So, und das ist ja dann eine alte Geschichte, das haben die Römer schon so gemacht, die Modifizierung mit dem Trass.

Heutzutage kommt noch ein Punkt dazu. Die Ingenieure sind ja eigentlich gehalten, DIN-gerecht zu bauen. Und es wird ja gefordert, dass ein Mörtel auch eine ganz bestimmte Festigkeit hat. Herr Wenzel hat früher einmal in einem Seminar des Sonderforschungsbereiches gesagt, wir könnten auch nur Sand in die Fuge einfüllen, Hauptsache, er bleibt drin. Ja, wir brauchen gar kein Bindemittel. Aber im Trasskalk, und das wird ja immer ein bisschen verschwiegen, da steckt auch immer ein Zementanteil drin, damit dann also die Normfestigkeit auch erreicht wird. Was sonst noch drin steckt, ist immer das Geheimnis der einzelnen Produzenten, die einen sagen es, die anderen sagen es nicht. Aber der Trasskalk eignet sich halt nach unseren Untersuchungen heute als das beste Mörtelmaterial für die Vermauerung gerade speziell von Sandsteinen.

Egon Althaus: Noch zu den hydraulischen Kalken: Man darf sich da keinen Illusionen hingeben. Auch hydraulische Kalke enthalten Salzkomponenten. Es ist also kein Unterschied, ob man einen Trasskalk nimmt oder einen hydraulischen Kalk, wenn man den potentiellen Salzgehalt betrachtet.

Ingrid Rommel: Eine Frage noch einmal zum Einfluss des Anmachwassers. Wie ist es damit?

Walter Simon: Natürlich sind diese Mörteleckdaten nur erreichbar, wenn man Kontinuität in den Wasserbindemittelwert hineinbringt. Genau das war eine Aufgabe der Baustelle. Zum einen wurden dort über das vorhandene Mischsystem alle Mörtel in einem Durchlaufmischer angerührt, der Trockenmörtelstrom wurde definiert zum Wasserstrom geführt, und das Ganze war auch so verriegelt, dass der Maurer nur einen sehr geringen Spielraum des Konsistenzmaßes hatte. Das heißt also, die gesamten Mörtelrezepturen hatten einen Soll-Wasserwert, der in einer sehr engen Bandbreite über das ganze Bauvorhaben hinweg auch eingehalten wurde. Das galt sowohl für den Hintermauermörtel als auch für den Vergussmörtel. Es war also nicht so, dass da jeder noch einen Schluck Wasser dazugeben konnte, sondern das war in das System des Baustellenablaufes mit integriert, dass also die vorgesehene Wassermenge zur Anwendung kam. Wir sind sogar soweit gegangen, zum Schluss Wassertanks auf ein bestimmtes Höhenniveau zu stellen, um darüber auch noch mal den Druckausgleich im Griff zu haben.

Ingrid Rommel: Wie ist denn die Qualität des Dresdner Wassers?

Ekkehard Karotke: Das Wasser an sich hat also einen geringen Salzgehalt, wenn man es mit Karlsruhe oder anderen Orten vergleicht. Ich habe damals einmal über die Porosität ausgerechnet, wie viel Wasser ein solch großer Werkstein letztlich aufnimmt und habe aus der Menge zurückgerechnet, wie viel Salz aus dem Dresdner Wasser in den Stein eingeführt wurde. Das war also verschwindend wenig, und das hätte man auf der Oberfläche der Werksteine dann nicht gesehen.

Walter Simon: Vielleicht noch etwas zum Qualitätssicherungspaket insgesamt. Da war die Rohstoffuntersuchung mit integriert, die in kurzen Zeitabständen jeweils über alle Komponenten lief, so dass man wirklich die zur Baustelle kommenden Stoffe kontinuierlich im Blick hatte. Und inwieweit es zulässig oder akzeptabel war, dass der eine oder andere momentane Zielwert leicht überschritten wurde, ist immer wieder auf der Baustelle diskutiert worden, bis hin zur Frage einer Mischungsveränderung.

Volker Stoll: Wir haben eine ganze Reihe intensiver Versuche gemacht, bis wir eine praktikable Lösung hatten, den 6 mm Mörtelauftrag im Bereich des Pfeilers mit einem Mauermörtel, also nicht mit einem Vergussmörtel, aufzubringen. Und ein Grund dafür, dass die alten Pfeiler so gespalten sind, ist auch – Hartmut Pliett hat es schon gesagt – dass sie von außen mit den dünnen Fugen ganz toll aussahen, aber dass man da hinten im Inneren ein Mörtelbett bis zu 5 cm Dicke fand, und der Mörtel ist ja dann der schwache Teil im Mauerwerksgefüge. So sind die Schäden im Pfeiler auch zu erklären.

Fritz Wenzel: Die Frauenkirche hätten wir nach DIN nicht aufbauen können, weder statisch-konstruktiv noch von den Baustoffen, noch von allen bekannten Rezepturen her. So haben wir uns, davon war schon die Rede, eine eigene Mauerwerksrichtlinie geschaffen, mit Werten, die nicht alle gleich nachvollziehbar abzuleiten,

zu bestimmen waren. Deshalb haben wir die Richtlinie später durchaus variiert. Wir haben auch Kompromisse, wie sie hier geschildert wurden, akzeptieren müssen.

Teilnehmer: Was das Eindringen des Salzes durch die Bodenfeuchte angeht: Gab es Maßnahmen, dieses zu verhindern, durch eine kapillarbrechende Schicht oder durch Horizontalsperren? Oder sagt man, man lebt jetzt mit den eindringenden Salzen durch die Bodenfeuchte?

Ekkehard Karotke: Ich hatte zwar davon gesprochen, dass in dem Fundamentmauerwerk Salze vorhanden sind, aber diese Salzmengen waren nicht so groß, als dass Maßnahmen angezeigt gewesen wären. Und man muss immer vorsichtig sein: Wenn man an der Seite eine Sperrschicht anbringt, damit der Kontakt zum angrenzenden Boden vermieden wird, dann kommt immer noch Wasser von unten. Außerdem, wenn Sie eine Sperrschicht an der Wand haben, steigt die Feuchtigkeit nur noch höher. Die Ausblühungen, die wir heute im Untergeschoss sehen, sind nicht dramatisch. Wenn man das Mauerwerk etwas pflegt, die Begrünung abnimmt und vorsichtig auch die Salze, wo sie stärker austreten, trocken abnimmt und aus dem Raum entsorgt, dann kann man mit dieser geringen Salzbelastung meiner Meinung nach sehr gut leben.

Jörg Peter

Die bautechnische Prüfung als vergleichende Untersuchung

Prüfingenieure für Bautechnik können hilfreich oder hinderlich sein, besonders, wenn es um die alten Bauten geht, die nicht nach DIN gebaut sind. Hilfreich, wenn sie von Beginn an beides tun, sich kritisch mit Planung und Ausführung auseinandersetzen, gleichzeitig aber aufgeschlossen mit Anregungen und Rat zusätzlichen Ingenieurverstand beisteuern, auch und gerade dort, wo es keine Normen gibt. Hinderlich, wenn sie nur die Paragraphen im Kopf haben, nicht willens oder fähig sind, weiterzudenken, über den Tellerrand des Genormten hinaus. Jörg Peter, Prüfingenieur und Professor in Stuttgart, erfahren im Umgang mit alten Bauten, gehört eindeutig zur ersten Kategorie. Er hat wesentlich zum sicheren Gelingen des Wiederaufbaus beigetragen.

Der Vortrag von Jörg Peter musste, dem Thema angemessen, zum Teil sehr ins Detail gehen. Er wird hier stark gekürzt und nicht in allen Teilen wiedergegeben.

Es war im Oktober 1992, also vor 11 Jahren, dass mir von der Stadt Dresden der Auftrag zur bautechnischen Prüfung beim Wiederaufbau der Frauenkirche erteilt wurde. Der damalige Baudezernent Ingolf Rossberg, heute Oberbürgermeister, hatte das zur Chefsache gemacht, er verhandelte persönlich mit mir. Ein wesentlicher Gedanke, der in der Verhandlung angesprochen war, und der wohl von der Baurechtsbehörde nahegelegt worden war, bestand darin, dass ich doch eigentlich verhindern könne, dass da eine reine Steinkuppel entsteht. Als Prüfingenieur hätte ich doch die nötigen Mittel und Möglichkeiten dazu. So etwas wie eine reine Mauerwerkskuppel könne man doch nicht mehr machen in der heutigen Zeit, und man solle doch schauen, dass man eine Stahlbetonkuppel mit Sandsteinverkleidung gebaut bekäme. Da waren die Väter dieses Gedankens bei mir aber an der falschen Adresse. Ich habe lange mit Ingolf Rossberg darüber gesprochen, es war ein Drei-Stunden-Gespräch, und ich habe mir Mühe gegeben, ihm klarzumachen, dass eine solche Ausrichtung des Auftrages wohl nicht gehe. Es waren allerdings noch andere Kandidaten für die Prüfaufgabe da, aber Herr Rossberg hat sich von mir überzeugen lassen und mir den Prüfauftrag erteilt.

Die Prüfung eines Bauwerkes wie die Frauenkirche ist eine sehr komplexe Angelegenheit. Zu Beginn wurden mir von der Ingenieurgemeinschaft Jäger/Wenzel Überschlagrechnungen vorgelegt, mit denen der Frage nachgegangen wurde, ob eine schadensfreie Realisierung eines Sandsteinbaus nach den Vorgaben oder Plänen von George Bähr heute überhaupt möglich wäre, einerseits unter den Anforderungen eines archä-

ologischen Wiederaufbaus, andererseits unter Berücksichtigung neuerer baumeisterlicher Erkenntnisse. Die Voruntersuchungen der Ingenieurgemeinschaft haben dieses bestätigt, wir - meine Mitarbeiter Martin Hertenstein, Volker Landenhammer, Matthias Mayer und ich - kamen zu dem gleichen Ergebnis. Dann ging es darum, wie die statisch-konstruktiven Berechnungen und Pläne für den Wiederaufbau insgesamt geprüft werden sollten. Die Ingenieurgemeinschaft hatte an einer Reihe von Teilsystemen Untersuchungen gemacht und die Ergebnisse dann zusammengesetzt. Da gab es Berechnungen, mit denen die ebenen Probleme erfasst wurden, zum Beispiel die Wandscheiben, und die Ringrichtung wurde dann über Federn simuliert. So die Ingenieurgemeinschaft, die ja flexibel Schritt für Schritt vorgehen musste, ehe sie zum Ganzen fand. Wir vom Prüfbüro haben uns dann gesagt, und ich glaube, dass das eine gute Entscheidung war, wir versuchen das Ganze jetzt wirklich räumlich zu rechnen, und wir haben begonnen, ein räumliches System mit Finiten-Elementen aufzubauen. Und zwar sukzessive. Grundlage dafür war natürlich die bis dato erarbeitete Geometrie. Da gab es diesen Schnitt von Wolf aus dem Jahre 1924, der dann rotationssymmetrisch angesetzt wurde und erste annähernd zutreffende Maße lieferte. Und das Element-Modell wurde dann von uns schrittweise mit den neueren Erkenntnissen der Geometrie immer wieder überarbeitet und auf den neuesten Stand gebracht. Dabei ging es nicht nur um die Außengeometrie des Kirchbaues und der Kuppel, sondern unter anderem auch um die inneren Bauteile, um Innenpfeiler, Turmvorlage, Wandvorlage, also die sogenannten Spieramen, die im Grundriss eine Y-Form zeigen und die ja eine ganz entscheidende Rolle beim

Abfließen der Kräfte spielen. Wir haben mit dem Programmsystem INFOGRAF aus Aachen dieses Finite-Element-Modell entwickelt (Abb. 1), und zwar für die endgültige Vergleichsrechnung, den Vergleich mit den Werten der Ingenieurgemeinschaft Jäger/Wenzel. Wir haben nur die halbe Kirche abbilden müssen, weil man die andere Hälfte dann über die Symmetriebedingungen erfassen konnte. Wir haben in das Modell auch das additive Spannankersystem eingebaut, von dem Bernd Frese berichtet hat, den umlaufenden polygonalen Stahlring, die von ihm radial nach außen abgehenden Spannstäbe, die Stahlbetonblöcke als äußere Verankerungspunkte. Damit konnten wir, wie in der Realität, äußere Kräfte ansetzen, die auf die im Finite-Element-Programm dargestellte Kirche einwirken. An der Verschmelzung der Wandscheiben, also der Turm- und Wandvorlage, oben im Tambourbereich mit der Hauptkuppel sieht man, dass der zylindrische Teil der Kuppel durch die mit ihm verbundenen Wandscheiben auch horizontal gestützt ist. Das ist insofern wichtig, weil diese nicht rotationssymmetrische Stützung auch Biegemomente in horizontaler Richtung erzeugt. Jetzt kann man mit solch einem Computermodell natürlich herumspielen (Abb. 2). Wir haben zum Beispiel dargestellt, dass die Kuppel zweischalig ist, und dass immer eine Verbindung zwischen Innenschale und Außenschale durch die Rippen (Querwände) gegeben ist. Dieses und anderes kann man sehr gut im Computermodell sehen, es zeigt uns, welche Bauteile vom Kraftfluss betroffen sind.

Zur Hauptkuppel: Wir haben sie im Modell ohne und mit Vorspannung, ohne und mit den sechs Spanngliedern aus stehenden Flachstahlbändern dargestellt. Volker Stoll hat dazu ja Näheres berichtet. Es gab in der Mitte und weiter unten in der Kuppel ziemlich große Zugkräfte in Ringrichtung, und diese werden nun durch die Vorspannkräfte völlig überdrückt. Entlang der Meridiane haben wir ohnehin nur Druckkräfte.

Auch die Innenkuppel ist mit dargestellt, sie ist statisch-konstruktiv problemlos, die Vorspannung sowohl der Hauptkuppel als auch des Baugefüges darunter hat wenig Auswirkungen auf sie, es herrscht überall nur Druck in der Innenkuppel.

Die Biegemomente in der Hauptkuppel sind, bezogen auf die Wanddicke, nicht sehr groß. Die Meridianspannungen und Ringspannungen in der Hauptkuppel sind insgesamt klein. Und infolge der Vorspannung gibt es so gut wie gar keine Zugspannungen mehr.

Abb. 1   Elementnetz für die halbe Kirche

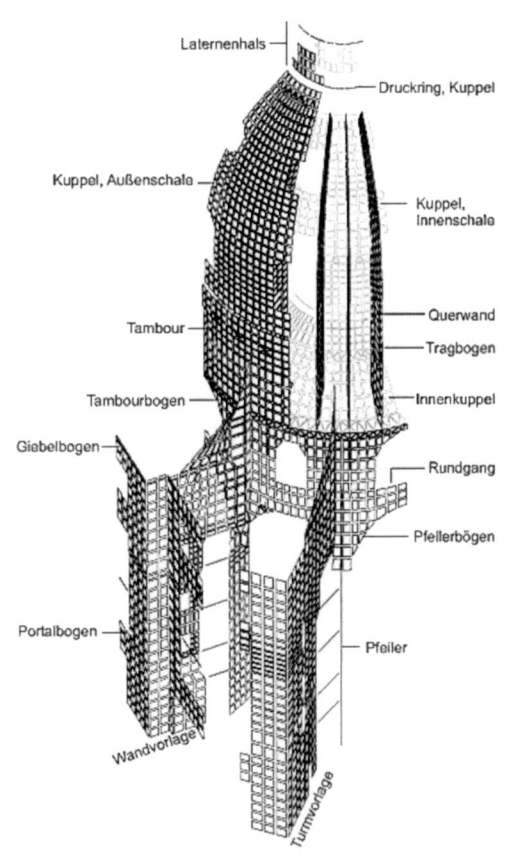

Abb. 2   Teilausschnitt des Elementnetzes mit Bauteilbezeichnungen

Wir haben die Berechnungen von Jäger/Wenzel nicht geprüft, indem wir Zeile für Zeile durchgegangen sind und Häkchen gemacht haben, sondern wir haben unabhängig gegengerechnet und dann einfach unsere Werte mit denen von Jäger/Wenzel verglichen. Dass man da nicht immer genau auf den gleichen Wert kam, ist ja klar, aber der Grad der Übereinstimmung war schon frappierend.

Ein interessantes Bauteil war und ist der gemauerte Ring über den Pfeilerbögen. Im Scheitel war er jeweils am schwächsten, da hatte er die geringste Höhe. Durch die Horizontalkraft, die in den Spieramen quasi rotationssymmetrisch nach außen strebt, zieht sich der Ring auseinander, und da er aus Mauerwerk ist, will er reißen. Um diese Risse zu vermeiden, um hier oben Druck hereinzubringen in den Ring, auch dafür dient die Vorspannung mit dem Ankerring und den Spanngliedern (Abb. 3), über die Bernd Frese sprach. Mauerwerk nimmt so gut wie keinen Zug auf, aber über die Vorspannung des Bauwerkes wurden alle großen Zugkräfte zum Verschwinden gebracht (Abb. 4).

An der Außenseite des Innenpfeilers tritt nicht nur bei Jäger/Wenzel, sondern auch bei uns die größte Spannung auf. Sie ist mit 5 N/mm² nicht klein, aber auch nicht besonders problematisch für das Mauerwerk, welches jetzt neu errichtet worden ist. Interessant war, dass die Ingenieurgemeinschaft zum Teil größere Spannungen herausbekommen hatte als wir mit unserer räumlichen Berechnung. Das konnte uns ja als Prüfer eigentlich nur recht sein, wenn der Aufsteller größere Werte und der Prüfer etwas kleinere Werte hat.

Bei der Kuppel sind es vorgespannte Flachstähle, die gegen das Mauerwerk drücken. Beim Zugring und

Spannankersystem, über das Herr Frese gesprochen hat, verhält es sich ganz anders. Hier schwebt der Ring frei, er hat mit dem Druckring der Pfeilerbögen keine Verbindung, sondern er schwebt frei hinter ihm (s. Abb. 3), ist nur auf Konsolen aufgelegt, kann sich aber radial verschieben. Und erzeugt wird die Vorspannung im Gebäude dadurch, dass von ihm aus die Zugstangen in die Betonblöcke gehen, hier wird die Presse angesetzt, dadurch wird in den Spannstangen Zug erzeugt und auch im Ring. Dieser Ring ist eigentlich das horizontale Widerlager für die angespannten Zugstangen. Und dadurch, dass gespannt wird, werden an den Stahlbetonblöcken Kräfte in das Bauwerk eingeleitet, äußere Druckkräfte. Fehlt diese Vorspannung - das kann man am Modell darstellen - entstehen in den Spieramen ziemlich große Zugkräfte. Das erklärt die von Georg Rüth aufgezeichneten Risse. Das heißt, das Mauerwerk hat sich hier abgetrennt, da es keinen Zug aufnehmen konnte, und durch das Vorspannen sind diese früher aufgetretenen Zugkräfte jetzt überdrückt worden.

Im Baugrund unter den Fundamenten war die zulässige Pressung 1 MN/m². Das reichte, um die Lasten der Frauenkirche wieder aufnehmen zu können. Wir haben auch den Setzungsverlauf simuliert. Bei unserem Modell kamen innen knapp 17 mm, außen knapp 12 mm heraus, also rund 5 mm Setzungsdifferenz zwischen Innen und Außen. Das ist ein Wert, den auch die Ingenieurgemeinschaft ziemlich genau berechnet hatte, und zwar auf andere Art und Weise. Für uns beide war das eine Bestätigung, dass unsere Modelle eigentlich richtig waren.

Wir haben den Elementen jeweils eine Dicke zugeordnet, was man sowieso machen muss, wenn man Span-

Abb. 3   Das Ankersystem wird montiert

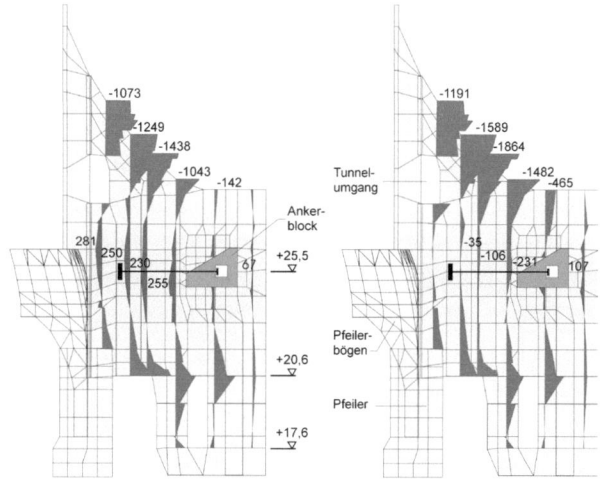

Abb. 4   Spieramenkopf. Durch das Zusammenspannen des Baugefüges entsteht links vom Ankerblock Querdruck (re) statt Querzug (li)

Abb. 5   Die Stahlkonstruktion der Emporen

nungen ausrechnen will. Damit ergab die Integration über das Computermodell auch das Volumen des Mauerwerks, welches dann mit dem Raumgewicht zu multiplizieren war. Da kamen dann 410 MN, also 41000 t als Gesamtgewicht der Kirche heraus, eine Zahl, die von der Ingenieurgemeinschaft mit anderen Mitteln in etwa auch so berechnet worden war. Es hat sehr gut übereingestimmt.

Bei den Emporen fiel die Entscheidung letztendlich auf eine Stahlkonstruktion, was sicher richtig war (Abb. 5). Die komplizierte Geometrie forderte den Ingenieuren und auch den Ausführenden einiges ab, es sind räumliche Trägerroste, die wir zu prüfen hatten, und auch diese haben wir wieder unabhängig von den Berechnungen der Ingenieure nachgerechnet. Die Übereinstimmung war erneut zufriedenstellend.

Und natürlich spielte das Mauerwerk selbst eine große Rolle, die Hauptrolle. Darüber ist ja schon gesprochen worden. Das war für mich als Prüfingenieur schwierig, weil es keine Normen für diesen Stein gab, aber es wurde ja bereits berichtet, dass durch viele Untersuchungen und Versuche eine Mauerwerksrichtlinie entstand. Sie umfasste 120 Seiten, und man kann sagen, das war eigentlich eine Norm, diejenige Norm, nach der man sich richten konnte. Alle Versuchsergebnisse wurden mir vorgelegt, wir haben sie geprüft, soweit uns das möglich war. Durch diese Mauerwerksrichtlinie war eigentlich alles, was statisch-konstruktiv hier in der Kirche vorkommt, abgedeckt.

Der Nachweis des Mauerwerks wurde damals schon mit Teilsicherheitsbeiwerten geführt, also es wurde die Einwirkungsseite der Widerstandsseite gegenübergestellt. Von Eberhard Berndt wurde an der TU Dresden ein Bemessungskonzept erarbeitet, nach dem man sich

dann gerichtet hat [9]. Die Verkehrslasten spielten keine Rolle, ihr Einfluss war vernachlässigbar gering, und so musste nicht zwischen Eigengewichtslasten und Verkehrslasten differenziert werden, sondern es konnte ein globaler Sicherheitswert angesetzt werden, und zwar in der Größe von 1,36. Auf der Widerstandsseite gab es einen Faktor, der alles Mögliche berücksichtigte, zum Beispiel ganz maßgeblich die Fugendicke, ob es eine Dünnbettfuge war oder ob die Fuge dicker war. Und vieles andere mehr.

Ich möchte noch einmal sagen, dass wir diese Vergleichsrechnungen gemacht haben, um völlig unabhängig zu eigenen Werten zu kommen, die dann mit den Werten der Ingenieurgemeinschaft verglichen werden konnten. Und alle Werte (egal von wem gerechnet) waren auf der Einwirkungsseite immer kleiner als auf der Widerstandsseite, und diese Widerstandsseite war ja durch Versuche und andere Untersuchungen abgesichert.

Ich möchte mich noch einmal bei allen, die mitgewirkt haben, bedanken, bei der Stiftung mit der Baudirektion, bei den Architekten von IPRO, vor allen Dingen aber bei der Ingenieurgemeinschaft der Kollegen Wenzel und Jäger für die gute Zusammenarbeit. Es war immer ein Konsens zu erreichen, man hat sich nie gestritten. Es war spannend, und es war auch für mich als Prüfer wirklich ein großes Erlebnis.

Diskussion am 17.10.2003 in Dresden

Gotthard Voss (Moderator): Meine Gratulation der Ingenieurgemeinschaft, dass sie einen solchen Prüfingenieur hatte, einen, der in der Sache mitgeht. Wir leben ja heute in einer Zeit, in der keiner mehr so recht die letzte Verantwortung übernehmen möchte, sondern jeder gibt sie immer noch weiter. Das erleben wir an vielen Stellen, und die Ingenieurgemeinschaft hätte ja sagen können, wir geben das ab, denn da ist noch einer, der das prüft, und der muss das letztlich auch verantworten. Wie ging es Ihnen denn damit Herr Peter, wenn Sie dann am Ende unterschreiben mussten, hatten Sie schlaflose Nächte?

Jörg Peter: Dadurch, dass die Rechenergebnisse so gut übereinstimmten, habe ich – das kann ich so sagen – keine schlaflose Nacht wegen der Statik und Konstruktion gehabt. Die technischen Probleme, die aufgetreten sind, haben wir wirklich im Konsens lösen können. Natürlich gab es immer wieder einmal Unterschiede, das ist ja alles menschlich, dass auch einmal ein Fehler gemacht wurde, aber das war kein Problem. Auch wir können Fehler machen, und man hat einfach in der Diskussion festgestellt, woher gravierende Unterschiede kamen. Und dann hat man den Fehler gefunden und hat ihn bereinigt. Das waren aber sachliche, ganz ausgezeichnete Diskussionen. Der Druck, der auf uns allen ruhte – das muss ich hier auch einmal sagen – der kam von außen. Und das war sehr schade, denn das hat unsere Arbeit doch behindert, und vor allen Dingen, wir mussten uns mit Sachen beschäftigen, für die wir eigentlich gar nicht zuständig waren, wir mussten die Ideen anderer in Frage stellen und ausdiskutieren, das war oft nicht angenehm. Aber aus dem internen Zusammenspiel folgte keine schlaflose Nacht.

Fritz Wenzel: Wir hatten schon Phasen, in denen wir nicht gleich weiterfanden, in denen es eng wurde. Zum Beispiel vor der Entscheidung für das additive Zugankersystem mit den Spannstäben und für die äußeren Kräfte, die dadurch in das Bauwerk eingeführt wurden. Damals haben wir zunächst viele andere Dinge ausprobiert. Wir waren irgendwann einmal an einem toten Punkt angekommen. Und normalerweise muss man in solchen Situationen Urlaub nehmen und im Wald spa-

zieren gehen. Unser Wald war hier dieses riesige Steinlager und dieser Trümmerberg und was da alles herauskam. Und es war dann so, dass wir noch einmal grundsätzlich nachgedacht haben. Und da ging es eigentlich um zwei Dinge, einmal um das viele Eisen, das in der alten Kirche drin war, und das einen Fingerzeig für die neue additive Hilfskonstruktion gab, und zum anderen der Gedanke von Bernd Frese, diese Hilfskonstruktion so anzuordnen, dass wir damit eine äußere Kraft auf das Bauwerk einwirken lassen konnten. Das war eine Situation nicht ohne gedanklichen Stress.

Jetzt möchte ich noch etwas zur Verantwortung sagen, die Gotthard Voss angesprochen hat. Wir alle, die Ingenieurgemeinschaft und auch der Prüfer, haben ja nicht nach DIN gearbeitet. Also man braucht eine gute Versicherung für das Büro, das ist schon klar, wir hatten sie rechtzeitig auch noch erhöht. Aber das allein reicht nicht, ich glaube, es ist für den Stand der Ingenieure – noch mehr als für den der Architekten – eigentlich ganz gut, wenn er mehr Verantwortung auf sich nehmen muss. Dann erfährt der Ingenieur, wieviel dazu gehört, solche Verantwortung tragen zu können, welche Versuche notwendig sind, welche Absicherungen, welche Materialprüfungen, welche Übereinkünfte mit der Prüfinstanz. Man hat ja nicht die Rückendeckung der DIN, dass man dann sagen kann, nach ihr habe ich geplant, nach ihr wurde gebaut, regelgerecht. Natürlich, die DIN ist kein Gesetz, man kann außerhalb der DIN bauen, nur muss man dann selbst mehr Verantwortung übernehmen. Und ich denke, die Ingenieure können in ihrer Einstellung zum Bauen dabei eigentlich nur gewinnen, wenn sie selbst mehr Verantwortung übernehmen müssen und sich nicht ohne weiteres auf die DIN abstützen können. Ich bin nicht gegen die DIN, um Gottes Willen, man braucht die DIN für die tägliche Arbeit, aber in der DIN stehen gesicherte Er-

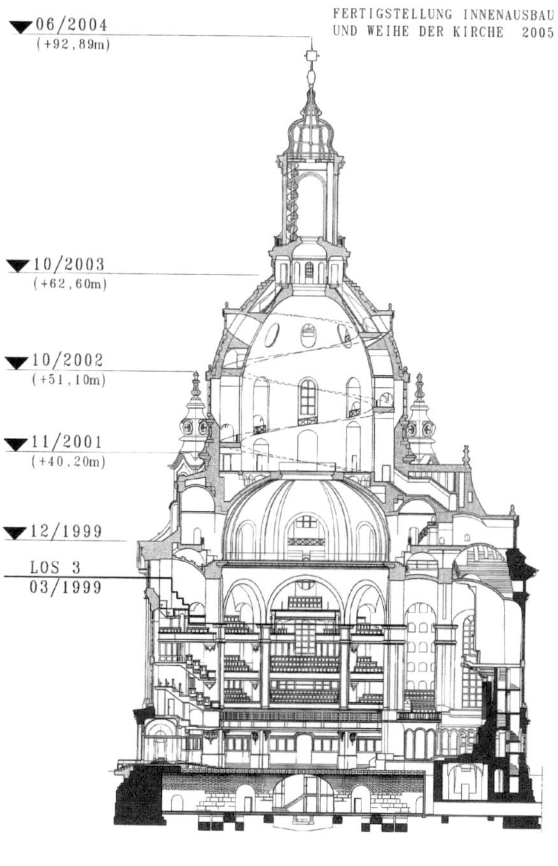

▼06/2004
(+92,89m)

FERTIGSTELLUNG INNENAUSBAU
UND WEIHE DER KIRCHE 2005

▼10/2003
(+62,60m)

▼10/2002
(+51,10m)

▼11/2001
(+40,20m)

▼12/1999

LOS 3
03/1999

Abb. 6   Baufortschritt

*Abb. 7   Die eingerüstete Kirche, davor die Regale für die Fund-
stücke*

gebnisse drin, das ist derzeitiger Standard. Aber es geht doch weiter mit unserer Ingenieurkunst, und das steht nicht in der DIN drin, wenn man weiter will, dann muss man eben über die DIN hinaus Verantwortung übernehmen. Und von da her war das ein spannendes Unternehmen (Abb. 6, 7).

Siegfried Kendel: Herr Wenzel, inwieweit darf ein Ingenieur einfach von solchen Vorschriften abweichen wie der DIN? Normalerweise wird doch ein Vertrag geschlossen, in dem man sagt, alle Vorschriften die es gibt, müssen eingehalten werden?

Jörg Peter: Ich meine, die anerkannten Regeln der Baukunst müssen eingehalten werden, das müssen nicht DIN-Normen sein, das können andere Belege sein, zum Beispiel Versuchsergebnisse. Ich muss ja neue Erkenntnisse haben dürfen und gesichert einsetzen können.

Bernd Frese: Wenn wir von der Norm abweichen, dann muss man auch wissenschaftlich nachweisen und begründen, dass das, was man tut, auch die nötige Sicherheit hat.

Jörg Peter: Sonst gäbe es ja keinen Fortschritt.

Rüdiger Scharff: Herr Peter, Sie haben über die globale Tragstruktur gesprochen. Ich könnte mir gut vorstellen, dass die heiklen und kritischen Punkte auch und gerade im Detail lagen, also vielleicht im Verpressen, oder in der Anordnung spezieller Anker. Hatten Sie auch eine Bauüberwachung zu leisten, wurde die von Ihrem Büro übernommen, und wie war da die Zusammenarbeit mit dem Tragwerksplaner?

Jörg Peter: Wir hatten die stichprobenhafte Überwachung, die eben einem Prüfingenieur zukommt. Also keine permanente Bauüberwachung, sondern nur eine stichprobenhafte. Das war natürlich hier - sagen wir es mal vorsichtig - insofern etwas schwierig, als gar nicht ständig ein Mann auf der Baustelle stehen konnte, der zuschaute, wie sie mauern, sondern der ist eben nur ab und zu gekommen. Auf der anderen Seite muss ich sagen, es war ja von Seiten der Ingenieurgemeinschaft, der Tragwerksplanung, eine permanente Bauüberwachung da, und da hat man eben auch zusammen gearbeitet.

Fritz Wenzel: Es war von Seiten der Ingenieurgemeinschaft so, dass wir jeweils einen Projektverantwortlichen hier hatten, der war auch hier, Tag für Tag. Das war in den ersten Jahren Hartmut Pliett und in den folgenden Jahren Markus Hauer. Und vom Büro Jäger war der Projektverantwortliche Volker Stoll. Also wir waren permanent vertreten.

Jörg Peter: Wenn wir auf der Baustelle waren, haben wir auch gesagt, jetzt hebt bitte mal diesen Stein herunter, wir wollen sehen, ob die Mörtelfuge planmäßig voll ist. Das ist auch bei den Hauptpfeilern passiert. So etwas musste gemacht werden, und das kann man nicht mit der üblichen Bauüberwachung durch den Prüfingenieur vergleichen. Es war ja zum Beispiel keine Bewehrung abzunehmen. Also eigentlich nichts, was normalerweise die Tätigkeit eines Prüfingenieurs ausmacht. Das war hier nicht der Fall. Mauerwerksbau ist schon etwas ganz anderes.

Hagen Grütze: Ich habe noch eine Frage zur Mauerwerksrichtlinie, die von der Ingenieurgemeinschaft erstellt wurde. Sie, Herr Peter, waren der Prüfingenieur der Baurechtsbehörde, gab es von der Behörde aus Probleme, die Mauerwerksrichtlinie anzuerkennen?

Jörg Peter: Nein, überhaupt nicht. Die Mauerwerksrichtlinie ist ja eine Unterlage, die zum Wiederaufbau der Frauenkirche erstellt wurde, und diese Unterlage wurde, wie eine statische Berechnung, auch der Baurechtsbehörde zur Kenntnis gegeben.

Hagen Grütze: Und hat hier der Prüfingenieur über diese Mauerwerksrichtlinie eigenverantwortlich entschieden?

Jörg Peter: Das habe ich in diesem Fall eigenverantwortlich entschieden. Da habe ich auch keinen Widerstand bekommen.

Fritz Wenzel: Ich habe auch mit Professor Horst Bossenmayer darüber gesprochen, der ja der Chef des Instituts für Bautechnik und damit die oberste Bauaufsichtsinstanz ist. Der hat ganz schlicht gesagt: „Unsere DIN-Norm mit den Werten für Sandstein bzw. Naturstein ist für diesen Fall nicht anwendbar. Es gibt für diesen Fall nichts, wir brauchen etwas. Die Norm ist für ganz andere Zwecke gemacht, sie ist hier nicht zutreffend. Also ist es in Ordnung, dass Sie so eine Mauerwerksrichtlinie aufgestellt haben."

Es ist natürlich noch zu sagen, dass diese Mauerwerksrichtlinie wirklich nur für die Frauenkirche gilt, also die kann nicht ohne weiteres irgendwohin übertragen werden, weil das Material dort ganz anders sein kann. Das hier in Dresden ist Elbsandstein aus ganz bestimmten Brüchen, der da untersucht worden ist, und die Werte gelten eben nur für dieses Bauwerk.

Diskussion am 11.2.2005 in Karlsruhe

Ralph Egermann (Moderator): Vielen Dank, Herr Peter. Wir sehen wieder einmal, dass diejenigen, die laut fragen, wozu man eigentlich einen Prüfingenieur brauche, doch eines besseren belehrt werden, dass das Vier-Augen-Prinzip doch etwas Hervorragendes ist, und wir hoffen, dass an diesem Prinzip festgehalten wird. Weil es nicht um ein Auf-die-Finger-Klopfen geht, sondern um eine kollegiale Zusammenarbeit, die auch die Sache weiterbringt, und das Ergebnis ist ja wirklich ausgezeichnet.

Teilnehmer: Eine Frage zur Methode. Sie haben dieses Finite-Element-Netz generiert und haben ein voll zug- und druckfestes Material vorausgesetzt. Und dann haben Sie nach der Maxime gehandelt, ich schaue, wo Zugspannungen entstehen würden, und dort tue ich etwas, d.h. Sie haben dort vorgespannt. Das ist für das Prüfen in Ordnung, aber kann man als Aufsteller sich nicht auch ein anderes System überlegen, erkunden, ob und wie man eventuell die Zugspannungen ausschaltet, oder ob man ein Tragwerk findet, das unter Umständen auch mit Rissen funktioniert, so dass man diese Vorspannung zum Beispiel nicht braucht? Oder umgekehrt gesagt: Ziel einer Berechnung kann es ja auch sein, dass man sich überlegt, warum die Kirche eigentlich stehen geblieben ist, ohne die Vorspannung. Ist hier etwas gemacht worden mit dem Finite-Element-Modell? Sie hatten ja das Modell, um dieses zu prüfen.

Jörg Peter: Ja sicher, das ist gemacht worden. Aber wissen Sie, wenn ich Aufsteller gewesen wäre, hätte ich wahrscheinlich nicht anders konstruiert. Nur, es sind auch Berechnungen gemacht worden als Vorstudien, wo man die Zugfestigkeit ausgeschaltet hat, um zu sehen, wohin die Lasten abfließen. Aber Sie sagten ja selber gerade, dann wäre das ein Bauwerk mit Rissen gewesen. Und wir wollten keine Risse, weder der Aufsteller, noch wir, schon gar nicht der Bauherr.

Teilnehmer: So war das nicht gemeint, eher umgekehrt. Es ist ja die Frage interessant, warum ist die Kirche stehen geblieben mit diesen ganzen Rissen, da war ja vorhin das Sicherheitsniveau, von dem Herr Wenzel gesprochen hat, sie mag gerade stehengeblieben sein mit einer Sicherheit von etwas über 1.

Jörg Peter: Sie ist halt gerade noch stehen geblieben. Ich meine, über dieses Problem wird ja nicht sehr häufig diskutiert, aber es ist ganz eindeutig so, dass man Glück gehabt hat, dass die Kirche stehengeblieben ist.

Denn es haben sich an den Pfeilerkapitellen und in den Pfeilerschäften starke vertikale Risse gezeigt, und das ist normalerweise der Beginn für den Bruch des Steines. Und Sie haben ja vielleicht auch gesehen an manchen Bildern, dass der Pfeilerquerschnitt umgürtet war, mit schmiedeeisernen Ringen. Das heißt, das Ganze musste zusammengehalten werden. Und ich meine, es ging ja nicht nur darum, ob die Kirche stehenblieb, sondern es ging auch darum, mit welcher Sicherheit sie stehenblieb. Und wir haben ja Sicherheitsfaktoren sagen wir mal global 1,75 oder 2,0 oder was auch immer, die haben wir einzuhalten und dazu brauchten wir diese baulichen Maßnahmen.

Zur Ergänzung: Als die Kuppel fertig war, die Originalkuppel, da gab es ein Gutachten von Gaetano Chiaveri, dem Architekten der Hofkirche, darin stand, dass die Kuppel wieder abzureißen sei, weil er als Gutachter gemeint hat, die ursprünglich für die Holzkuppel ausgelegten Unterbauten könnten die Lasten nicht tragen.

Teilnehmer: Also es geht mir lediglich darum, weil das ja ein Gebäude mit so großer Bedeutung und großer Tradition ist, ob so etwas untersucht worden ist, ob man versucht hat herauszubekommen, wie hoch das Sicherheitsniveau tatsächlich war.

Jörg Peter: Solche Untersuchungen haben wir gemacht, ja. Und auch die Ingenieurgemeinschaft.

Fritz Wenzel: Vielleicht darf ich dazu noch wiederholen, was ich vorhin nur angedeutet habe, ich meine, in den Jahren 1937 bis 1942 hat es ja eine große Reparaturphase gegeben. Es gab aber schon eine Reparaturphase von 1924 bis 1932. Also fünf Jahre später, als die Kirche schon gesichert schien, 5 Jahre später fängt man wieder an, und zwar sehr gründlich. Das heißt, damals hat man entdeckt, der Schaden ist gravierender als bislang gedacht. Und in dieser Zeit, 1937 und dann im Krieg, die erneute Reparatur zu machen und zu Ende zu bringen, das hatte schon einen Grund. Danach, als Georg Rüth das gemacht hatte, danach war die Kirche nicht mehr einsturzgefährdet. Aber unsere Aufgabe war nicht, das wieder so aufzubauen mit den Hilfsmitteln nach Rüth, sondern das Baugefüge nach Bähr wieder zu erstellen, und dazu brauchten wir diese Verstärkungen nicht mehr, die Rüth gemacht hat. Aber zu seiner Zeit war der Zustand der Kirche sehr kritisch. Denn sonst schließt man nicht 5 Jahre, nachdem man etwas repariert hat, die Kirche wieder. Also die Kirche war mit ihrer Standsicherheit schon an der Grenze.

Fritz Wenzel

Erinnerungen, Begebenheiten, Begegnungen

In diesem Beitrag, am Schluss des Seminarbuches, nehme ich mir die Freiheit, Erinnerungen festzuhalten und Begebenheiten wiederzugeben, die über unser technisches Tun hinausreichen, und Begegnungen anzusprechen, die Menschen großer Verschiedenheit zusammenführten mit dem gemeinsamen Ziel, den Wiederaufbau der Frauenkirche zu ermöglichen, zu befördern und aktiv zu begleiten.

Meine erste Erinnerung gilt Hans Nadler (Abb. 1). Ohne ihn als Wächter und Wahrer der Ruine in der Zeit zwischen Krieg und Wiedervereinigung wäre der Wiederaufbau der Kirche zum Nachbau geraten und nicht zu einer Symbiose von Alt und Neu, wie sie jetzt entstanden ist. Und ohne Hans Nadlers stille Bestimmtheit und moralische Kompetenz, mit der er sich hinter den Wiederaufbau stellte, wäre uns, die wir diese Symbiose bei unserer Arbeit im Sinn hatten, vieles schwerer geworden. Gerhard Glaser zitiert ihn und schreibt über ihn in der Festschrift zur Weihe der Kirche am 30. Oktober 2005:

„Prophetisch erscheint es geradezu, wenn wir in einem Brief vom 6. Januar 1977 an den Jenenser Kunsthistoriker Professor Möbius lesen: »…Ich bin fest überzeugt, daß im Zuge des Wiederaufbaues der historischen Bauten Dresdens nach Fertigstellung der Oper, des Taschenbergpalais und des Schlosses auch die Frauenkirche wiedererstehen wird. Man wird vom Mahnmal, dem Ort der Andacht und des Andenkens zu einem Gedenkraum des aktiven Handelns im Sinne der Verhinderung solcher Ereignisse, die zur Vernichtung des Originalbaues führten, kommen. Das heißt, der Wiederaufbau muß von einer geistigen Idee getragen werden und wieder Anliegen des Volkes als Ganzes sein, so wie seinerzeit der Bau George Bährs auch von der Bürgerschaft als Ganzes getragen wurde…«. Den Brief schrieb Hans Nadler, verantwortlich für die Denkmalpflege in

Sachsen von 1949–1982, der die Zuversicht nie verlor, der das Land nicht verließ, sondern beharrlich Stellung hielt in politisch schwierigster Zeit, dem nun, in seinem 95. Lebensjahr, die Gnade widerfährt, zu sehen, daß es nicht vergeblich war".

Zur Ruine: Zuerst zum Chor, zum durchgängigen Riss ganz im Osten, hinten in der Apsiswand. Er ist auch heute, in der wiederaufgebauten Kirche, noch erkennbar, wenn auch nicht so eindringlich wie damals in der Ruine (Abb. 2). Da zeigte er deutlicher, was der Frauenkirche widerfahren, dass ihr Baugefüge gespalten worden war. 1991 wurden oben an der Traufe, nach Plänen des Dresdner Ingenieurkollegen Roland Zepnik, Anker ins Mauerwerk eingezogen, die für den nötigen Zusammenhalt der auseinandergerissenen Teile sorgen sollten; beim Wiederaufbau wurden sie im Mauerwerk belassen. Jetzt zum stehengebliebenen Stumpf des Treppenturmes im Nordwesten. Für den dringendsten Schutz der Ruine zu Zeiten der DDR, die Verblechung der Mauerkrone, sorgte damals die Dresdner Denkmalpflege. Also wieder Hans Nadler und seine Mitstreiter. 1991 wurde das hoch aufragende, mit Blech abgedeckte Ruinenstück wieder eingerüstet, ich konnte hochklettern und Detailfotos von der Verblechung machen (Abb. 3).

Es war 1990, als mich Curt Siegel – Architekt in Stuttgart, emeritierter Hochschullehrer, 1910 in Dresden geboren, unermüdlicher Motor am Beginn des Wiederaufbaus – fragte, ob ich als Ingenieur, der Erfahrungen im baulichen Umgang mit zu Schaden gekommenen und zerstörten alten Bauten habe sammeln können, bei den Planungen für die Wiedererrichtung des Baugefüges der Frauenkirche mitmachen wolle. Und es war 1992, dass ich mit Günter Behnisch – ebenfalls Architekt in Stuttgart, emeritierter Hochschullehrer, 1922 in Dresden geboren, in der Anfangsphase als Berater beim Wiederaufbau dabei – regelmäßig zu den vorbe-

Abb. 1   Hans Nadler 1996

reitenden Sitzungen zusammenkam. Beide, Curt Siegel und Günter Behnisch, waren ganz wichtig in den Anfangsjahren. Von Curt Siegel ist das mehr bekannt, von Günter Behnisch weniger. Ungestüm vorwärtstreibend der eine, kritisch hinterfragend der andere. Beide waren für die Wiederherstellung des Äußeren, des Steinbaus. Beim Inneren dachte Günter Behnisch an eine Fassung und Ausstattung des Raumes, die aus unserer Zeit kam, in der sich das Heute manifestierte. Zum Äußeren sagte er, dass wir Ingenieure das schon machen würden, er habe aber den Wunsch, dass die Narben und Schiefstellungen der in den Wiederaufbau zu integrierenden, stehengebliebenen Ruinenteile sich zwar erkennen lassen, sich aber nicht zu aufdringlich präsentierten – was gottlob auch nicht geschehen ist. Schade, dass Günter Behnisch nicht dabeibleiben konnte, sein Rat, Anspruch und Widerspruch fehlten später.

Manches geriet beim Wiederaufbau anders, als ich mir das vorgestellt hatte. Zum Beispiel, dass der neue Außenkeller aus Stahlbeton das Mauerwerk des alten Kirchenkellers an drei Seiten sehr umfänglich und eng umschließt, groß und ohne wirklichen Respektsabstand. Oder dass sich im kreuzförmigen Hauptraum der Unterkirche keine alten Bodenplatten mehr finden. Aber wie das so ist: Funktionsräume mussten sein, das Grundstück ist klein und gab wenig anderen Platz her, die Bodenplatten waren zum großen Teil zerbrochen. Es waren Kompromisse nötig, ich habe sie mitgetragen.

Immer wieder kamen Besucher zur Baustelle, einzeln oder in Gruppen, darunter viele Studenten. Das breite Spektrum unserer Arbeit als Bauingenieure kam zur Sprache, das Studium der Bauwerks- und Schadensge-

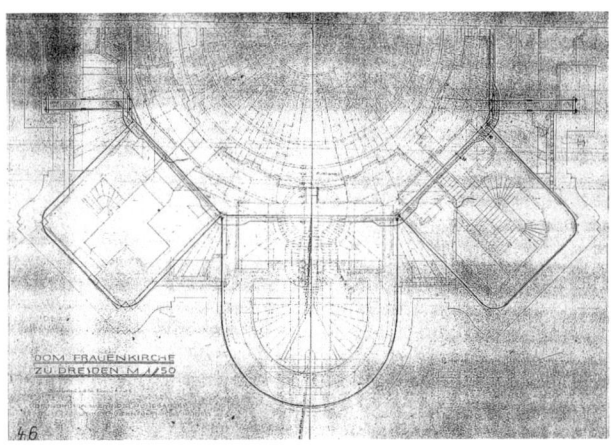

Abb. 2   Riß in der Chorapsis

Abb. 3   Verblechung der Mauerreste des NW-Treppenturmes

Abb. 4   Ankerplan von Rüth

Abb. 5   Teil des Westgiebels, abgestürzt vor der Ruine

schichte, das Wieder-Entwerfen alter Baugefüge mit modernen Hilfsmitteln, das Konstruieren mit einst gängigem, jetzt eher ungewohnten Material, das Zusammenspiel mit den anderen Disziplinen, die Rollenteilung mit den Architektenkollegen. So erfuhren die Besucher vor Ort, wie vielseitig und umfangreich die Aufgaben der Bauingenieure in der Planung und auf der Baustelle waren. In der Außendarstellung des Wiederaufbaus der Frauenkirche war davon nur wenig die Rede.

Über die Wirkungsweise und Wirksamkeit unseres zusätzlichen Ankersystems am Kuppelfuß hinter dem Kranzgesims wurde schon berichtet. Hier noch dieses: Eines Tages im Jahre 1993 – wir hatten unsere Anker-Zutat schon berechnet und gezeichnet – kam unsere Ingenieurkollegin Birgit Hauswirth mit einem Plan aus dem Archiv, der aus dem Jahre 1937 stammt, aus den Unterlagen von Georg Rüth. Der Plan (Abb. 4) zeigt, dass Rüth, 56 Jahre früher, unsere Lösung auch schon durch den Kopf gegangen war, bis hin zu den Spannschlössern und Endmuttern, mit denen er das Baugefüge gegen einen polygonalen Zugring verspannen wollte [10]. Mit den technischen Möglichkeiten seiner Zeit wäre das nur beschränkt gelungen, aber der Gedanke, die Idee, war schon da. Das hat uns später bestärkt und in den Auseinandersetzungen über unsere Lösung geholfen.

Abb. 6   Die Briten übergeben das Kuppelkreuz

Bis zum Jahre 1998 lag ein Teil des Westgiebels vor dem Hauptzugang zur Kirche, genau wie er herabgestürzt war (Abb. 5). Sollte er vor der wiederaufgebauten Kirche liegen bleiben, an die Zerstörung erinnern, als Stein des Anstoßes nachdenklich machen? Ich war, zusammen mit der Denkmalpflege und meinem Dresdner Ingenieurpartner Wolfram Jäger, dafür. Anderen Verantwortlichen lag der Giebel im Wege, sie sahen die Kirche als Mahnmal an, fürchteten, sie könnte für das Ruinenstück zur Kulisse geraten. Der Streit ging lang und war heftig. Die andere Partei obsiegte. Die Giebelsteine wurden aufgenommen, oben im Neubau am alten Platz eingesetzt. Entscheiden Sie bitte selbst, welcher Lösung Sie den Vorzug gegeben hätten.

Auch dies sei nicht verschwiegen, dass die Lisenen von oberer Kuppel und unterem Kuppelanlauf am Tambourring nicht genau aufeinander treffen, obwohl sie das eigentlich sollten, dass dort also ein nicht gewollter Versatz gegeneinander entstand. Das bemerkte und bemerkt kaum jemand, und um ehrlich zu sein: Manchmal denke ich, es ist tröstlich, dass sich auch in eine hochcomputerisierte Planung und Fertigung noch solche Fehler einschleichen.

Am 13. Februar 2000, 55 Jahre nach der Zerstörung, übergeben die Briten und für sie der Herzog von Kent das von ihnen nachgebaute und gestiftete Turmkreuz. Der Neumarkt ist voller Menschen, alle nehmen Anteil (Abb. 6). Das alte Kreuz, aus dem Trümmerberg geborgen, soll an würdiger Stelle in der Kirche aufgestellt werden.

Wir schreiben die ersten Tage des Mai 2003. Die Glocken aus Karlsruhe [11] sind in Dresden angekommen, werden durch die Stadt gefahren, dabei vom Glockengeläut der anderen Dresdner Kirchen begrüßt. 25 Tausend Menschen sind auf den Beinen, nehmen Anteil (Abb. 7). Auf dem Schlossplatz werden die Glocken geweiht, später zum Tasten und Begreifen freigegeben, schließlich in die Glockenstuben der Frauenkirche hochgezogen.

Für Dr. Fritz Büttner, den gebürtigen Dresdner, den es nach Remagen verschlagen hat, ist es ein bewegender Tag (Abb. 8). Ich gehe zu ihm an den Wagen, wir hatten oft miteinander gesprochen, jetzt drücken wir uns stumm und lange die Hand. Fritz Büttner hat 1988 in Remagen einen Förderkreis gegründet, der das Geld für die Glocken gesammelt hat. Nun sind die Glocken da, 15 Jahre persönliches Engagement sind ans Ziel gekommen, das Werk ist getan. Zwölf Tage danach stirbt Fritz Büttner.

5 Wochen später, zu Pfingsten 2003, versammeln sich wieder Zehntausende, diesmal 40 Tausend, in den Straßen um die Frauenkirche, um das erste Läuten der neuen Glocken mit zu erleben.

Am 22. Juni 2004 wird der Frauenkirche die Haube aufgesetzt, mit dem von den Briten gespendeten und gefertigten Turmkreuz obendrauf (Abb. 9). Eine Windboe und ein paar Regentropfen ziehen vorbei, dann beginnt das Heben. Wieder sind Zehntausende dabei, um den krönenden Abschluss zu erleben. Es ist die Rede von 60 Tausend.

Die Menschen schauen ernst, sie verfolgen das Geschehen voll innerer Spannung (Abb. 10). Als die Haube oben ist, singen sie „Nun danket alle Gott." Ich merke, dass sie das Lied ein, zwei Minuten zu früh anstimmen. So lange dauert es noch, bis die Haube in die Auflagertaschen des Laternenschaftes abgelassen ist.

Meine Gedanken gehen zurück ins Jahr 1991, als wir an gleicher Stelle vor dem Trümmerberg standen: Der Bauingenieur Roland Zepnik, die Denkmalpfleger Gerhard Glaser und Heinrich Magirius, viele andere (Abb. 11).

Übrigens: Dem lieben Gott beim Absetzen der Haube etwas zu früh gedankt zu haben, hat der Krönung der neuen Frauenkirche nicht geschadet.

Es ist der 30. Juli 2004. Das letzte Gerüst ist gefallen. Hans Nadler ist bei uns, 94 Jahre alt, im Rollstuhl (Abb. 12). Sein Geist und Verstand und Gedächtnis sind wach und klar wie eh und je. Er hat als Denkmalpfleger unendlich viel zur Erhaltung des gebauten Kulturgutes in der DDR getan, hat die Ruine und den Trümmerhaufen der Frauenkirche mit Mut und List verteidigt

und für den Wiederaufbau bewahrt. Ein konzeptionell und praktisch denkender, dabei feinfühliger Mann. Das Wegräumen des herabgestürzten Westgiebels hat ihn getroffen. Jetzt wartet er auf die Wiederweihe der Kirche (die er dann nicht mehr erlebt hat).

Eberhard Burger, der Baudirektor (Abb. 13). Er ist der Motor des Baugeschehens, von schnellem Auffassungsvermögen und großer Sachkenntnis. Eberhard Burger ist ein exzellenter Organisator, durchsetzungsfähig, selbstbewusst, auch Perfektionist. Er ist redegewandt und darstellungsbegabt, in Presse, Funk und Fernsehen omnipräsent. Der Westgiebel lag ihm im Wege. Nicht, dass Eberhard Burger die Positionen anderer nicht zu bedenken verstünde, aber er vermag das hintanzustellen. Als Baudirektor hat er die Planungen der Architekten und Ingenieure zielbewusst koordiniert, sich intensiv um die Baustelle gekümmert und den Wiederaufbau termin- und kostengerecht zum Abschluß gebracht.

Der Wiederaufbau der Frauenkirche zwischen Hans Nadler und Eberhard Burger: Eine große Spannweite (Abb. 14).

Noch einmal zum Thema „Alt und Neu": Der Sandstein der Ruine ist – wie der Elbsandstein überall bei

Abb. 7   Die Glocken aus Karlsruhe kommen an

Abb. 8   Fritz Büttner an den neuen Glocken

den alten Dresdner Bauten – durch die Oxydation seiner Eisenpartikel vor längerer Zeit schon außen schwarz geworden. Der neu gebrochene, noch helle Sandstein der neu aufgebauten Teile wird in den nächsten 20 Jahren auch dunkel werden. So lange wird sich die Ruine noch schwarz im Kirchenbauwerk abzeichnen. 20 Jahre sind aber auch die Zeitspanne, in der noch Menschen leben, die das furchtbare Geschehen vor 60 Jahren miterlebt haben. Ihnen ist die Ruine Denkmal geworden, Ort der Trauer, der Mahnung, des stillen Protestes, der Hoffnung, und jetzt, zusammen mit dem Wiederaufbau, glückliches Zeichen der Überwindung von Not. Dieses Denkmal durften wir ihnen und uns jetzt nicht nehmen. Dann aber, nach 20 Jahren, wenn die neuen Steine auch dunkel geworden sind, die Farben sich angeglichen haben, werden Ruine und Neubau für die nächste Generation zu einer Kirche zusammengewachsen sein. So ist uns im Äußeren ein vierdimensionales Bauwerk entstanden, mit Länge, Breite, Höhe und mit der Zeit als der vierten Achse.

Abb. 9   Der wiedererstandenen Frauenkirche wird die Haube aufgesetzt

Abb. 10   Beim Aufsetzen der Haube

Abb. 11   Vor dem Trümmerberg, 1991

Abb. 12   Hans Nadler 2004

Abb. 13   Eberhard Burger 2004

Abb. 14   Hans Nadler (Mitte), Eberhard Burger (links)

Abb. 15   Vor dem Ausrüsten der Laterne wirkte die Kuppel schlanker, als sie ist

Abb. 16 und 17   Von George Bähr's Frauenkirche ist mehr übrig geblieben, als man gemeinhin denkt. Zusammen mit den Kellerwän-
den und den Fundamenten sind es mehr als 40 % des gesamten Mauerwerks

Abb. 18 und 19   Außen zeichnen sich beide Ruinenstümpfe im Wiederaufbau ab, innen sind die Narben zwischen Alt und Neu nicht
mehr erkennbar

Abb. 21 und 22   Die Höckerlandschaft des Kuppelanlaufes mit den Sandsteindübeln unter dem Schutzdach wartet auf das Auflegen der vor der Kirche ausgelegten Sandsteindeckplatten

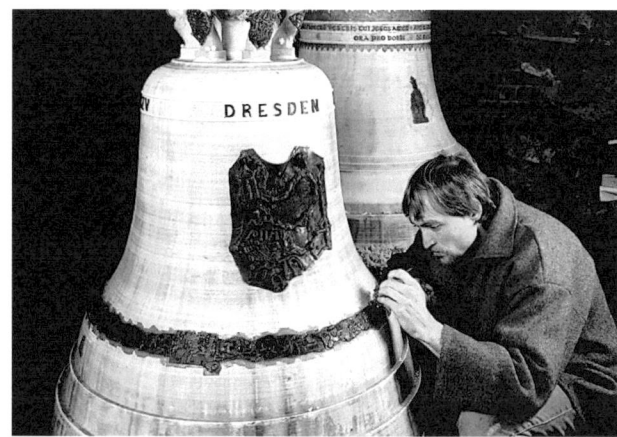

Abb. 22   Arbeit an der Glockenzier [11]

Abb. 23   Ein Klöppel wird geschmiedet [11]

Dank

Das Zustandekommen der Vortragsreihe und des daraus hervorgegangenen Buches ist vielen zu verdanken: Den Referenten und Moderatoren, die alle ohne Honorar mitgewirkt haben, der Marlis Kressner Stiftung zur Erhaltung historisch bedeutsamen Kulturgutes, die die Dresdner Seminare mitfinanziert hat, verschiedenen Gruppen, die – außerhalb der Seminarveranstaltungen – nach Vorträgen und Baustellenführungen einen Beitrag entrichteten, mehreren Einzelspendern, die uns unterstützt haben, der Firma TUBAG Trass Vertrieb in Kruft, dem BFB – Büro für Baukonstruktionen in Karlsruhe und Dresden, welches über seine Geschäftsführer und Mitarbeiter Zeit und Erfahrungen in die Vorträge und Publikationen investierte. Der Deutschen Bundesstiftung Umwelt ist dafür zu danken, dass sie das abschließende Seminar in Karlsruhe, die Erarbeitung des Manuskriptes und den Druck dieses Buches gefördert hat.

Die Universität Karlsruhe (TH) und die Technische Universität Dresden waren Veranstalter der Seminarreihe und führten die Konten. Die Hochschule für Bildende Künste in Dresden und die Staatliche Vermögens- und Hochbauverwaltung in Karlsruhe haben die Vortragsräume zur Verfügung gestellt. Die Baudirektion der Stiftung Frauenkirche Dresden hat den Seminargruppen Zugang zur Baustelle ermöglicht. Neben den Fotografen der am Wiederaufbau beteiligten Ämter und Büros haben Jens Christian Giese und, in großer Anzahl, Jörg Schöner Aufnahmen zu diesem Buch beigesteuert. Der Regiekameramann Ernst Hirsch hat in den Seminaren Filme vom Baufortschritt gezeigt. Ihnen allen ist ebenfalls für ihre Unterstützung zu danken.

Besonderer Dank gebührt der Bauingenieurin Dipl.-Ing. Sandra Tisken. Sie hat die Vorbereitung, Durchführung und Nachbereitung der Seminare übernommen, an der inhaltlichen Ausrichtung mitgewirkt und alles Organisatorische in die Hand genommen. Unter ihrer Leitung entstand die Dokumentation der Seminarvorträge und Diskussionen und sie hat die Aufbereitung des Schrift- und Bildmaterials bis hin zum Layout betrieben. Zusammen mit ihren studentischen Mitarbeitern André Schreyer und Anika Tisken hat sie ganz wesentlichen Anteil am Zustandekommen der Vortragsreihe und dieses Buches.

Referenten und Moderatoren

Dr.-Ing. Ralph Egermann *Karlsruhe*
BFB – Büro für Baukonstruktionen GmbH

Dipl.-Ing. Architekt Christoph Frenzel *Dresden*
IPRO Dresden

Dr.-Ing. Bernd Frese *Karlsruhe*
BFB – Büro für Baukonstruktionen GmbH

Prof. Dr.-Ing. Gerhard Glaser *Heidenau - Großsedlitz*
Sächsischer Landeskonservator i.R.

Dipl.-Ing. Lutz Graupner *Dresden*
Mitinhaber des IVD Ingenieurvermessungsbüros Dresden

Dr.-Ing. Markus Hauer *Karlsruhe*
BFB – Büro für Baukonstruktionen GmbH

Dr.-Ing. Werner Hörenbaum *Karlsruhe*
Universität Karlsruhe (TH) Institut für Massivbau und Baustofftechnologie

Prof. Dr.-Ing. Wolfram Jäger *Radebeul*
Jäger Ingenieure GmbH

Dr. rer. nat. Ekkehard Karotke *Karlsruhe*
Universität Karlsruhe (TH) Mineralogisches Institut

Dipl.-Ing. Architekt Uwe Kind *Dresden*
IPRO Dresden

Dipl.-Ing. Architekt Jörg Lauterbach *Dresden*
IPRO Dresden

Prof. Dr.-Ing. Jörg Peter *Stuttgart*
Prüfingenieur für Baustatik

Dipl.-Ing. Hartmut Pliett *Karlsruhe*
BFB – Büro für Baukonstruktionen GmbH

Walter Simon *Kruft*
TUBAG Trass Vertrieb GmbH & Co. KG

Dipl.-Ing. Volker Stoll *Radebeul*
Jäger Ingenieure GmbH

Dipl.-Ing. Gotthard Voß *Halle*
Landeskonservator Sachsen-Anhalt i.R.

Prof. Dr.-Ing. Jürgen Vogeley *Karlsruhe*
Universität Karlsruhe (TH) Fachgebiet Baustoffe und Produkte

Prof. Dr.-Ing. Dr.-Ing. E.h. Fritz Wenzel *Karlsruhe*
BFB – Büro für Baukonstruktionen GmbH

Diskutanten

Dipl.-Ing. Eberhard Alscher *Karlsruhe*
BFB – Büro für Baukonstruktionen GmbH

Prof. Dr. Egon Althaus *Karlsruhe*
Universität Karlsruhe (TH)

Poul Beckmann *London*

Prof. Dr.-Ing. Harald Garrecht *Karlsruhe*
Fachhochschule Karlsruhe Fachbereich Architektur und Bauwesen

Dipl.-Ing. Hagen Grütze *Dresden*
BFB – Büro für Baukonstruktionen GmbH

Siegfried Kendel *Mannheim*
Leitender Baudirektor, Vermögen und Bau Baden-Württemberg

Peter Knoch *Heidelberg*
Restaurator

Dipl.-Ing. Klaus Künstlin *Karlsruhe*
Ingenieurbüro für Baustatik

Prof. Dr. Dr. h.c. Heinrich Magirius *Dresden*
Landeskonservator i.R.

Dr.-Ing. Helmut Maus *München*
Barthel & Maus Beratende Ingenieure

Dipl.-Ing. Horst Mennecke *Helmstedt*
Beratender Bauingenieur

Dipl.-Ing. Vera Mohr *Karlsruhe*
Architektin

Dipl.-Ing. Gunther Rohrberg *Lippstadt*
Schrieck und Rohrberg Beratende Ingenieure für Bauwesen

Dr.-Ing. Ingrid Rommel *Ulm*
Münsterbaumeisterin Ulm

Dipl.-Ing. Rüdiger Scharff *Braunschweig*
Technische Universität Braunschweig, Institut für Bauwerkserhaltung und Tragwerk

Dipl.-Ing. Willibrord Sonntag *Siegen*
Sonntag + Partner

Dr. Günther Stanzl *Mainz*
Landesamt für Denkmalpflege Rheinland-Pfalz

Dipl.-Ing. Ursula Thomas *Bonn*
Deutsche Stiftung Denkmalschutz

Prof. Dr.-Ing. Michael Ullrich *Münster*
Bauingenieur

und weitere Diskussionsredner, deren Namen nicht festgehalten wurden

Anmerkungen

1) Die Frauenkirche zu Dresden. Werden, Wirkung, Wiederaufbau. Herausgegeben von der Stiftung Frauenkirche Dresden im Michel Sandstein Verlag, Dresden 2005, ISBN 3-937602-27-5

2) In der Ingenieurgemeinschaft Frauenkirche Dresden arbeiteten unter der Leitung von Prof. Dr.-Ing. Fritz Wenzel und Prof. Dr.-Ing. Wolfram Jäger zusammen: Das Büro für Baukonstruktionen, Karlsruhe/Dresden, mit Dr.-Ing. Bernd Frese, Dipl.-Ing. Hartmut Pliett, Dr.-Ing. Markus Hauer u.a., und das Büro Jäger Ingenieure, Radebeul, mit Dipl.-Ing. Volker Stoll u.a.

3) IPRO Architekten und Ingenieure, Dresden. Leitung der Gruppe Frauenkirche: Dr.-Ing. Bernd Kluge, danach Dipl.-Ing. Ulrich R. Schönfeld. Leitende Mitarbeiter: Dipl.-Ing. Christoph Frenzel, Dipl.-Ing. Uwe Kind, Dr.-Ing. Karl-Heinz Schützhold. Vor der Beauftragung von IPRO Dresden als Architekten erfolgte architektonische Beratung des Vorhabens durch Prof. Dr.-Ing. Günter Behnisch, Stuttgart.

4) Die Architektur George Bährs – überliefert in den Ruinenteilen, Fotos und Zeichnungen – war die Grundlage für die architektonische Neuplanung des Steinbaus, des Innenausbaus, der künstlerischen Ausgestaltung des Wiederaufbaus und für die Einpassung der heutigen technischen Ausstattung in das Baugefüge. IPRO Dresden hat dafür Tausende von Entwurfs-, Ausführungs- und Werkzeichnungen erstellt.

5) Die Deutsche Bundesstiftung Umwelt hat zum Zeitpunkt der Enttrümmerung und in den ersten Phasen des Wiederaufbaus 5 Forschungsprojekte gefördert, in denen umweltrelevante Untersuchungen der alten und neuen Mörtel und Steine vorgenommen wurden. Mehr dazu auf Seite 23.

6) Den „Ruf aus Dresden" vom 13. Februar 1990, in dem um weltweite Unterstützung für den Wiederaufbau der Frauenkirche gebeten wurde, haben 22 namhafte Dresdner Persönlichkeiten unterschrieben, die sich 1989 zu einer Bürgerinitiative zusammengeschlossen hatten.

7) Zum Gelingen der vorgespannten Hauptkuppel trugen u.a. bei die Firmen Walter-Bau/Heilit und Wörner (Maurerarbeiten), Sächsische Sandsteinwerke (Sandsteinlieferung), SPESA (Vernadeln, Verpressen, Auspressen des Ankerkanals), Züblin Stahlbau (Herstellen der Spannanker), Paul Maschinenbau (Spanntechnik), TRICOSAL (Mitentwicklung des Einpressmörtels, Nachverpressen des Spannkanals). Bei der Materialwahl für die Ringanker hat die Versuchsanstalt für Stahl, Holz und Steine der Universität Karlsruhe beraten.

8) Hennig, Gitta Kristine:
Darstellung der Baugeschichte in Die Dresdner Frauenkirche. Jahrbuch zu ihrer Geschichte und ihrem archäologischen Wiederaufbau. Weimar 1995-2000 (6 Bände).

9) Eberhard Berndt, Ingolf Schöne:
Ein Bemessungsvorschlag für Mauerwerk aus Elbsandstein auf der Grundlage experimentell ermittelter Tragfähigkeiten. Erhalten historisch bedeutsamer Bauwerke, Universität Karlsruhe, Jahrbuch 1992, Ernst und Sohn.

   Berndt, Eberhard:
Theoretische Untersuchungen und Auswertungen vorhandener Messergebnisse zur Bestimmung von Materialkennwerten als Grundlage für die Schnittkraftberechnung und der statischen Nachweisführung. Gutachten erarbeitet i.A. der Stiftung Frauenkirche Dresden e.V., September 1994,
unveröffentlichtes Manuskript.
Zur Druck- und Schubfestigkeit von Mauerwerk – experimentell nachgewiesen an Strukturen aus Elbsandstein. Bautechnik 73 (1996).

10) Leben und Werdegang von Georg Rüth sind u.a. beschrieben in:
Klaus Pieper: Georg Rüth (1880-1945), Wegbereiter denkmalgerechter Ingenieurmaßnahmen. Erhalten historisch bedeutsamer Bauwerke, Universität Karlsruhe, Jahrbuch 1986, Ernst und Sohn.

11) Die sieben Glocken:
Glockenguß:
Glockengießerei Bachert Karlsruhe GmbH, Karlsruhe, und A. Bachert Glockengießerei GmbH, Bad Friedrichshall.
Glockenzier:
Christian Feuerstein, Neckarsteinach.
Klöppel:
Edelstahl Rosswag GmbH, Schmiedetechnik und Bearbeitung, Pfinztal-Kleinsteinbach.

Bildnachweis

Seite 2	BFB – Büro für Baukonstruktionen GmbH *Karlsruhe*
Seite 4 oben	Henrik Wiedemann *Dresden*
Seite 4 unten	BFB – Büro für Baukonstruktionen GmbH *Karlsruhe*
Seite 8	BFB – Büro für Baukonstruktionen GmbH *Karlsruhe*

Seite 9 – 17

Abb. 1	Jörg Schöner *Dresden*
Abb. 2 – 6	BFB – Büro für Baukonstruktionen GmbH *Karlsruhe*
Abb. 7	Jörg Schöner *Dresden*

Seite 18 – 24

Abb. 1 u. 2	Jörg Schöner *Dresden*
Abb. 3 – 5	Jäger Ingenieure GmbH *Radebeul*

Seite 25 – 27

Abb. 1 – 4	IVD Ingenieur-Vermessungsbüro Dresden *Dresden*

Seite 28

Jörg Schöner *Dresden*

Seite 29 – 37

Abb. 1	montiert aus Archivbildern des Sächsischen Landesamtes für Denkmalpflege (SLAD)
Abb. 2, 3 u. 8	Landeskirchenamt Sachsen (Archiv)
Abb. 4 – 7	BFB – Büro für Baukonstruktionen GmbH *Karlsruhe*
Abb. 9	Jäger Ingenieure GmbH *Radebeul*
Abb. 10 – 12	BFB – Büro für Baukonstruktionen GmbH *Karlsruhe*

Seite 38 – 43

Abb. 1	Archiv SLAD
Abb. 2	Jörg Schöner *Dresden*
Abb. 3	BFB – Büro für Baukonstruktionen GmbH *Karlsruhe*
Abb. 4	Jens Christian Giese *Dresden*
Abb. 5 – 10	BFB – Büro für Baukonstruktionen GmbH *Karlsruhe*

Seite 46 – 52

Abb. 1	Jäger Ingenieure GmbH *Radebeul*
Abb. 2	Jörg Schöner *Dresden*
Abb. 3	Jäger Ingenieure GmbH *Radebeul*
Abb. 4	Jens Christian Giese *Dresden*
Abb. 5	BFB – Büro für Baukonstruktionen GmbH *Karlsruhe*

Seite 53 – 57

Abb. 1	Jörg Schöner *Dresden*
Abb. 2 u. 3	BFB – Büro für Baukonstruktionen GmbH *Karlsruhe*
Abb. 4 – 6	Jörg Schöner *Dresden*
Abb. 7 – 12	BFB – Büro für Baukonstruktionen GmbH *Karlsruhe*

Seite 58 – 64

Abb. 1 – 7	BFB – Büro für Baukonstruktionen GmbH *Karlsruhe*
Abb. 8	Jörg Schöner Dresden
Abb. 9	BFB – Büro für Baukonstruktionen GmbH *Karlsruhe*

Impressum

Herausgeber
Fritz Wenzel

Redaktion
Fritz Wenzel unter Mitarbeit von Sandra Tisken

Gestaltung
Sandra Tisken, Anika Tisken

Universitätsverlag Karlsruhe
c/o Universitätsbibliothek
Straße am Forum 2
D-76131 Karlsruhe
www.uvka.de

Universitätsverlag Karlsruhe 2007
Print on Demand
ISBN: 978-3-86644-090-6